Das Arbeitsrecht in der Praxis

Eine Halbjahresschau

von

DR. FRANZ GOERRIG

IV. Band 1. Halbjahr 1926

1926

München und Berlin

Druck und Verlag von R. Oldenbourg

VORWORT

Jeder Arbeitgeber, mag er viel oder wenig Angestellte und Arbeiter haben, empfindet heute das deutsche Arbeitsrecht als eine der ungeklärtesten Gesetzesgruppen. Dauernd ergeben sich aus der Praxis heraus neue Fragen und Gesichtspunkte. Eine Entscheidung jagt die andere. Gesetzeserneuerungen, Nachträge und Änderungen lösen einander ab, alles ist noch im Fluß.

Obwohl wir vorzügliche Zeitschriften und wissenschaftliche Kommentare besitzen, fehlte ein auf die Praxis besonders zugeschnittenes Handbuch, welches in angemessenen Zeitabständen erscheint und dem überlasteten Betriebsleiter in leicht verständlicher, übersichtlicher, möglichst kurz gehaltener Form einen Überblick über die jeweils geltenden Gesetzesbestimmungen und die bedeutsamsten Ergebnisse der Rechtsprechung in einer Weise bietet, die ihm eine kluge Anpassung ermöglicht und eine reibungslose Betriebsführung erleichtert.

Die vorliegende Halbjahresschau gibt allein das für die Praxis Nötige. Sie setzt keine juristischen Sachkenntnisse voraus und bringt keine Verweisungen auf andere Literatur, welche dem Betriebsleiter in den meisten Fällen nicht rasch genug erreichbar ist, sie beschränkt sich auch nicht auf den meist schwer verständlichen Text der Entscheidungen. Jeder Band bringt einen kurzen Überblick über die Entwicklung des Arbeitsrechtes im letzten Halbjahre und eine übersichtliche Zusammenstellung der am Schlusse des Halbjahres geltenden arbeitsrechtlichen Gesetze und Verordnungen. Im Hauptteil werden nach einem leicht orientierenden Plane alle wesentlichen Gesetzesänderungen und alle im letzten Halbjahre bekanntgewordenen Entscheidungen, soweit sie für die Betriebsleitungen praktisch bedeutsam sind, mit sachdienlichen Erläuterungen zusammengestellt. Eingefügte Leitsätze und ein ausführliches Sachverzeichnis sollten die praktische Benutzung des Buches erleichtern.

Die Stoffteilung des ersten, im Januar 1925 erschienenen Halbjahresbandes wird zur Erleichterung der Benutzung des Gesamtwerkes beibehalten. In den einzelnen Untergruppen werden die Neuerungen und Entscheidungen durch alle Bände hindurch fortlaufend numeriert. Dabei wird jeweils angegeben, wo der Leser in voraufgegangenen Bänden zu derselben Teilfrage Material findet.

INHALTS-ÜBERSICHT

A. Entwicklung der arbeitsrechtlichen Gesetzgebung im 1. Halbjahr 1926.

Auch im ersten Halbjahr 1926 traten die im Band III, Abschnitt A, S. 7 f., der vorliegenden Halbjahresschau gekennzeichneten Nachwirkungen des Kriegsausganges und der Währungsschwierigkeiten (Absatzmangel, Betriebseinschränkungen, Betriebsstillegungen, Zahlungsschwierigkeiten u. dgl.) weiterhin kraß in die Erscheinung.

Im Vordergrunde sozial-politischer Erwägungen und Gesetzesmaßnahmen standen daher nach wie vor die brennenden Fragen der Erwerbslosenfürsorge und Arbeitsbeschaffung. Bei den scharfen Gegensätzen in der Stellungnahme der Arbeitgeber und Arbeitnehmer zu diesen Fragen und bei den finanziellen und innerpolitischen Schwierigkeiten, die jeder grundsätzlichen Neuregelung der Erwerbslosenfrage hemmend im Wege stehen, blieb es jedoch auch auf diesem Gebiete im großen und ganzen bei der bisherigen Regelung. Abgesehen von gewissen Änderungen der Grundsätze betreffend die Befreiung von der Beitragspflicht in der Arbeitslosenversicherung sowie von einer Erhöhung der Unterstützungssätze und Verlängerung der Unterstützungsdauer für Arbeitnehmer, die durch lange unverschuldete Erwerbslosigkeit besonders hart getroffen werden, und neben der Aufnahme der angestelltenversicherungspflichtigen Arbeitnehmer in die Arbeitslosenversicherung erfuhr nur die Frage der Kurzarbeiterfürsorge die unter Nr. B XII besprochene Neuregelung.

Zur Erforschung der tieferen Einzelursachen der langdauernden deutschen Wirtschaftkrise wurde durch Gesetz vom 15. 4. 1926 ein Ausschuß zur Untersuchung der Erzeugungs- und Absatzbedingungen der deutschen Wirtschaft einberufen. Man erwartet, daß durch die Forschungsergebnisse dieses Untersuchungsausschusses wichtige Fingerzeige für eine Behebung der Wirtschaftsnot und eine Verhinderung ähnlicher Wirtschaftskrisen gegeben werden. Ein besonderer Unterausschuß dieses Ausschusses soll die für das Arbeitsrecht besonders wichtige Frage untersuchen, in welcher Weise die Dauer der Arbeitszeit und die Art der

Entlohnung nach den Erfahrungen der letzten Jahre auf die Arbeitsleistung eingewirkt haben.

Recht rege war in der Berichtszeit die Gesetzgebungstätigkeit auf dem Gebiete der Sozialversicherung. Besonders bedeutungsvoll sind hier die im Gesetz vom 25. 6. 1926 zusammengefaßten zahlreichen, zum Teil recht wichtigen Änderungen des Reichsknappschaftsgesetzes. Daneben wurden u. a. die Fragen der Kinderzulagen, Witwen- und Waisenrenten in der Unfall-, Invaliden- und Angestelltenversicherung, der Beitragsberechnung und Beitragserhebung in der Kranken- und Unfallversicherung und der Abfindung für Renten aus der Unfallversicherung teilweise gesetzlich neu geregelt. Der nach den zwischenzeitlichen Änderungen sich ergebende Wortlaut des 3., 5. und 6. Buches der Reichsversicherungsordnung wurde durch Verordnung vom 9. 1. 1926 neu bekannt gemacht.

Auf anderen Gebieten des Arbeitsrechtes wurde u. a. die Amtsdauer der Beisitzer der Verwaltungsausschüsse der Arbeitsnachweisämter durch Gesetz vom 6. 4. 1926 einheitlich neu festgesetzt. Es wurden mit Gesetz vom 26. 3. 1926 weitere Mittel zur Förderung des Kleinwohnungsbaues bereit gestellt. Die Vorschriften betreffend die Beschäftigung von Arbeiterinnen und jugendlichen Arbeitern in Glashütten, Glasschleifereien und Glasbeizereien sowie Sandbläserein vom 9. 3. 1913 wurden unter Anpassung an die Vorschriften der Arbeitszeitverordnung vom 21. 2. 1923 bis zum 31. 3. 1927 verlängert. Die reichsgesetzlichen Vorschriften betreffend Einstellung und Beschäftigung ausländischer Arbeiter wurden unter Berücksichtigung der zwischenzeitlichen Abänderungen in einer Verordnung vom 2. 1. 1926 neu zusammengestellt. Für die Regelung der fürsorgerechtlichen Beziehungen zum Saargebiete wurde durch Gesetz vom 27. 2. 1926 eine neue Grundlage geschaffen. Das Verfahren betreffend die Berechnung und Rückerstattung der Steuer vom Arbeitslohne wurde durch Gesetz vom 26. 2. 1926 vereinfacht. Endlich wurden durch ein Gesetz und durch eine Verordnung vom 8. 6. 1926 die Vorschriften betreffend die Voraussetzung, die Art und das Maß der öffentlichen Fürsorge geändert und es wurden durch Gesetz vom 29. 6. 1926 die Bestimmungen des Mieterschutzgesetzes in verschiedenen Punkten, vor allen Dingen in bezug auf die Räumungsfrage abgeändert.

Auf einer Konferenz der Arbeitsminister der bedeutendsten europäischen Industriestaaten, die in der Zeit vom 15. bis 19. März d. J. in London stattfand, wurden Erläuterungen und Grundsätze zum Washingtoner Arbeitszeitabkommen beschlossen, welche die Ratifikation dieses Abkommens in den beteiligten Staaten erleichtern sollen.

Trotz aller Forderungen machte dagegen die lang ersehnte systematische Vereinheitlichung des Arbeitsrechtes kaum irgendwelche erkennbaren Fortschritte. Es wurde zwar bei den zuständigen Regierungsstellen und in den gesetzgebenden Körperschaften in mehr oder weniger enger Fühlungnahme mit den Verbänden der Arbeitgeber und Arbeitnehmer weiter an wichtigen Teilentwürfen, insbesondere an den Entwürfen eines Arbeitsgerichtsgesetzes und eines Arbeiterschutzgesetzes gearbeitet. Ein Abschluß dieser Arbeiten wurde jedoch in der Berichtszeit nicht erzielt.

Im Gesamtergebnis schließt die gesetzgebende Tätigkeit in der Zeit vom 1. 1. bis 30. 6. 1926 mit einer weiteren bedauerlichen Vermehrung des arbeitsrechtlichen Gesetzeswirrwars durch eine stattliche Anzahl weiterer Einzelgesetze und weiterer Einzelabänderungsbestimmungen ab.

Bei dieser Vielgestaltigkeit und Unübersichtlichkeit der arbeitsrechtlichen Rechtsquellen und bei der Vermehrung der Differenzpunkte zwischen Arbeitgebern und Arbeitnehmern durch die anhaltende Wirtschaftsdepression ist es daher durchaus verständlich, daß sich in der Berichtszeit die arbeitsrechtlichen Schlichtungs-, Schieds- und Gerichtsstellen in besonders ausgiebigem Maße mit grundsätzlichen arbeitsrechtlichen Streitfragen aller Art zu befassen hatten. Dabei trat bei den meisten Entscheidungsstellen das Bestreben deutlich zutage, durch tieferes Eingehen auf die Grundgedanken des Arbeitsrechtes die zahllosen Lücken und Unklarheiten der arbeitsrechtlichen Gesetze sinngetreu zu überbrücken. Dies schließt nicht aus, daß die Einzelergebnisse der Rechtsprechung nach wie vor recht widerspruchsvoll sich gegenüberstehen, wie ein Blick in die Abschnitte B I—XXX der vorliegenden Halbjahresschau ergibt, und daß nichts dringlicher nottut als eine in sich geschlossene klare und klärende Neukodifikation des gesamten deutschen Arbeitsrechtes, verbunden mit einer Neuordnung des Arbeitsgerichtswesens, die es ermöglicht, durch einheitliche Rechtsprechung einer zentralen höchstrichterlichen weitestgehend zuständigen Gerichtsinstanz die gesamte deutsche Rechtsprechung in einheitliche Bahnen zu lenken.

B. Die wichtigsten Neuerungen und Entscheidungen des ersten Halbjahres 1926 auf den Einzelgebieten des Arbeitsrechtes.

I. Neue arbeitsrechtliche Gesetze und Verordnungen

aus der Zeit vom 1. Januar bis 30. Juni 1926.

Lfd. Nr.	Tag des Erlasses	Bezeichnung	Tag des Inkrafttretens	Reichsgesetzblatt I Seite
1.	2. 1. 26	Bekanntmachung d. Wortlautes der Verordnung über Einstellung und Beschäftigung ausländisch. Arbeiter	29. 1. 26	5
2.	9. 1. 26	Zweite Bekanntmachung der Fassung der Reichs-Versicherungs-Ordnung (Drittes, Fünftes und Sechstes Buch)	2. 2. 26	9
3.	17. 1. 26	Gesetz zur Änderung der Verordnung über Erwerbslosenfürsorge	1. 1. 26	89
4.	18. 1. 26	Verordnung zur Änderung der fünften Ausführungsverordnung zur Verordnung über Erwerbslosenfürsorge v. 14. 11. 24	1. 2. 26	91
5.	18. 1. 26	Sechste Ausführungsverordnung zur Verordnung über Erwerbslosenfürsorge	1. 8. 26	92

Lfd. Nr.	Tag des Erlasses	Bezeichnung	Tag des Inkrafttretens	Reichsgesetzblatt I Seite
6.	18. 1. 26	Bekanntmachung d. neuen Fassung der fünften Ausführungsverordnung zur Verordnung über Erwerbslosenfürsorge . . .	1. 2. 26	93
7.	21. 1. 26	Siebente Ausführungsverordnung zur Verordnung üb. Erwerbslosenfürsorge	1. 1. 26	96
8.	19. 2. 26	Verordnung zur Änderung der Siebenten Ausführungsverordnung zur Verordnung über Erwerbslosenfürsorge	1. 1. 26	104
9.	20. 2. 26	Anordnung über Kurzarbeiterfürsorge	1. 3. 26	105
10.	26. 2. 26	Gesetz zur Vereinfachung der Lohnsteuer	3. 3. 26	107
11.	27. 2. 26	Gesetz über die Regelung der fürsorgerechtlichen Beziehungen zum Saargebiete	19. 3. 26	149
12.	4. 3. 26	Verordnung über die Beschäftigung von Arbeiterinnen und jugendlichen Arbeitern in Glashütten, Glasschleifereien und Glasbeizereien sowie Sandbläsereien . .	30. 3. 26	174
13.	26. 3. 26	Gesetz über die Geltungsdauer von Vorschriften der Reichsversicherungsordnung	1. 4. 26	179
14.	26. 3. 26	Gesetz über die Bereitstellung von Kredit zur Förderung des Kleinwohnungsbaues	31. 3. 26	179
15.	31. 3. 26	Dritte Verordnung über Beiträge in der Unfallversicherung	23. 4. 26	191

Lfd. Nr.	Tag des Erlasses	Bezeichnung	Tag des Inkraft-tretens	Reichs-gesetz-blatt I Seite
16.	6. 4. 26	Gesetz über die Amtsdauer der Beisitzer der Verwaltungs-Ausschüsse d. Arbeitsnachweisämter	30. 4. 26	193
17.	15. 4. 26	Gesetz über einen Ausschuß zur Untersuchung der Erzeugungs- und Absatzbedingungen d. deutschen Wirtschaft . . .	4. 5. 26	195
18.	20. 4. 26	Verordnung über das Verbot der Verarbeitung von Pulver in der Hausindustrie	—	201
19.	29. 4. 26	Verordnung über die Verrechnung v. Steigerungsbeträgen für Wanderversicherte aus der Invaliden- u. Angestelltenversicherung	1. 1. 24	213
20.	29. 4. 26	Verordnung zur Durchführung des § 18 des Angestellten-Versicherungsgesetzes	21. 5. 26	213
21.	30. 9. 26	Anordnung über die Verlängerung der Kurzarbeiterfürsorge	1. 5. 26	216
22.	22. 5. 26	Erstes Gesetz zur Abänderung des zweiten Buches der Reichsversicherungsordnung . . .	1. 6. 26	243
23.	8. 6. 26	Gesetz über Abänderung d. Reichsverordnung über die Fürsorgepflicht . . .	12. 6. 26	255
24.	8. 6. 26	Verordnung z. Aufhebung der Verordnung zur Änderung der Reichsgrundsätze über Voraussetzung, Art und Maß der öffentlichen Fürsorge	12. 6. 26	256

Lfd. Nr.	Tag des Erlasses	Bezeichnung	Tag des Inkrafttretens	Reichsgesetzblatt I Seite
25.	14. 6. 26	Verordnung über die Abfindungen für Unfallrenten	1. 7. 25	269
26.	14. 6. 26	Verordnung über Berechnung des Jahresarbeitsverdienstes in der Unfallversicherung	6. 7. 26	271
27.	14. 6. 26	Verordnung über Kleinbetriebe der Fischerei in d. Seeunfallversicherung	1. 1. 26	272
28.	14. 6. 26	Verordnung zur Durchführung der Unfallversicherung	6. 7. 26	272
29.	25. 6. 26	Gesetz über Abänderung des Reichsknappschaftsgesetzes	1. 7. 26	291
30.	25. 6. 26	Gesetz zur Änderung der Reichsversicherungsordnung u. des Angestelltenversicherungsgesetzes .	1. 7. 26	311
31.	25. 6. 26	Gesetz über eine Erhebung in der Erwerbslosenfürsorge	1. 7. 26	316
32.	29. 6. 26	Gesetz zur Abänderung d. Mieterschutzgesetzes . .	1. 7. 26	317

II. Arbeitsvermittlung und Einstellungen, Berufsberatung und Berufsausbildung.

A. Einschlägige Gesetzesbestimmungen.

1. Arbeitsnachweisgesetz vom 22. Juli 1922 (Reichsgesetzblatt I Seite 657) nebst Abänderung vom 30. Oktober 1923 (Reichsgesetzblatt I Seite 1065) und vom 6. April 1926 (Reichsgesetzblatt I Seite 193).
2. Verordnung über die Einstellung und Beschäftigung ausländischer Arbeiter vom 2. Januar 1923 (Deutscher Reichsanzeiger vom 5. Januar 1923) mit den Abänderungen vom 16. März 1925 (Reichsgesetzblatt I Seite 25) und in der Fassung vom 2. Januar 1926 (Reichsgesetzblatt I Seite 5).
3. Verordnung über Anwerbung und Vermittlung von Arbeitnehmern nach dem Ausland vom 4. Oktober 1923 (Reichsgesetzblatt I Seite 960).
4. Bestimmung über die Einstellung unterstützter Erwerbsloser vom 18. Januar 1924 (Reichsgesetzblatt 1924 Seite 34).

B. Die wichtigsten Einzelfragen.

1.—4. siehe Band I, Seite 10—11.

a) Wie weit muß bei Einstellungen der Arbeitsnachweis in Anspruch genommen werden?

1. siehe Band II, Seite 11.

b) Wie weit kann der Arbeitgeber die Mitwirkung des Arbeitsnachweises verlangen?

1. siehe Band II, Seite 11.

c) Wie weit kann der rechtzeitige Dienstantritt neuverpflichteter Arbeitnehmer gesichert werden?

1. siehe Band II, Seite 12.
2. siehe Band III, Seite 12—13.

d) Wie weit dürfen Ausländer eingestellt werden?

1.—2. siehe Band II, Seite 12—13.
3.—4. siehe Band III, Seite 13.

5. **Die gesetzlichen Bestimmungen betreffend die Einstellung und Beschäftigung ausländischer Arbeiter** sind unter Berücksichtigung der zu der Verordnung vom 2. Januar 1923 (Reichsanzeiger Nr. 3/1923) zwischenzeitig ergangenen Abänderungsbestimmungen vom Präsidenten der Reichsarbeitsverwaltung in einer Verordnung vom 2. Januar 1926 neu zusammengestellt und im Reichsgesetzblatt I Nr. 2 sowie im Reichsarbeitsblatt 1926, Nr. 1 bis 2, Seite 2 veröffentlicht worden.

6. **Inlandslegitimierung ausländischer Arbeiter.** In einem Runderlaß des Preußischen Ministers des Innern vom 28. Dezember 1925 Nr. 4 c 377 II (Reichsarbeitsblatt 1925, Nr. 1 bis 2, Seite 5) sind die in Preußen für das Jahr 1926 geltenden Ministerialbestimmungen betreffend die Inlandslegitimierung ausländischer Arbeiter zusammengestellt.

7. **Zwangsweise Entfernung verbotswidrig beschäftigter ausländischer Arbeitnehmer.** Gemäß einem Bescheide des Preußischen Ministers des Innern vom 20. August 1925 (Reichsarbeitsblatt 25, S. 469) können verbotswidrig beschäftigte ausländische Arbeiter nur durch die Polizeiverwaltung auf Grund des § 132 des preußischen Landesverwaltungsgesetzes durch polizeiliche Zwangsmaßnahmen von Arbeitsstellen entfernt werden, an denen sie nach den einschlägigen Gesetzesbestimmungen nicht beschäftigt werden dürfen. Den Landesarbeitsämtern stehen dagegen nach demselben Bescheide unmittelbare Zwangsbefugnisse zur Entfernung ausländischer Arbeiter nicht zu. Sie können die Entfernung nur indirekt durch Strafanträge gegen den Arbeitgeber erzwingen.

e) Wie weit kann unerwünschter Arbeitnehmerwechsel eingeschränkt werden?

1. siehe Band III, Seite 13—14.

2. Verbandsmäßige Einstellungssperren zum Nachteil ausgesperrter Arbeitnehmer. Es verstößt gemäß einem Urteile des Amtsgerichtes Magdeburg vom 22. Oktober 1925 (Mitteilungen der Arbeitgeberverbände Unterelbe und Hamburg-Altona 1926, Nr. 1, S. 158) weder gegen die guten Sitten noch gegen irgendwelche gesetzlichen Verbote, macht also auch die beteiligten Verbände und Verbandsmitglieder nicht schadenersatzpflichtig, wenn Verbände ihre Mitglieder auffordern, bis zur Bekanntgabe einer Gegenorder von der Einstellung namentlich benannter Arbeitnehmer deshalb Abstand zu nehmen, weil dieselben an einem Arbeitskampfe beteiligt oder ausgesperrt sind.

f) Welches Mitwirkungsrecht steht der Betriebsvertretung bei Einstellungen zu?

1. siehe Band III, Seite 14.

2. **Keine Pflicht zur Verständigung der Betriebsvertretung vor Einstellungen geringeren Umfanges.** Gemäß Urteil des Schlichtungsausschusses Guben vom 3. Juni 1921 (Blätter für Arbeitsrecht 1926/9) kann aus dem § 74 des Betriebsrätegesetzes keine Verpflichtung des Arbeitgebers abgeleitet werden, der Betriebsvertretung auch vor der Einstellung einer kleineren Anzahl von Arbeitnehmern zur vorübergehenden Beschäftigung Mitteilung zu machen.

g) Welche Grundsätze gelten für die behördliche Arbeitsvermittlung?

1. **Vermittlung von streikenden oder ausgesperrten Arbeitnehmern anderer Arbeitsnachweisbezirke.** Nach § 42 des Arbeitsnachweisgesetzes dürfen ausständige oder ausgesperrte Arbeitnehmer nur vermittelt werden, wenn die Tatsache des Ausstandes oder der Aussperrung dem Arbeitgeber vorher bekanntgegeben war. Diese Bestimmung des Arbeitsnachweisgesetzes findet gemäß einem Bescheide der Reichsarbeitsverwaltung vom 21. September 1925, Nr. I A 3973/25 (Reichsarbeitsblatt 1925, Nr. 48, S. 564, keine Anwendung auf Arbeitnehmer, welche außerhalb des Arbeitsnachweisbezirkes an einem Streik oder einer Aussperrung beteiligt gewesen sind und sich außerhalb des für den bestreikten oder aussperrenden Betrieb zuständigen Bezirkes zwecks Arbeitsvermittlung an einen Arbeitsnachweis wen-

den. Dagegen ist nach demselben Bescheide die Tatsache, daß ein arbeitsuchender Arbeitnehmer an einem Streik oder einer Aussperrung außerhalb des Arbeitsnachweisbezirkes beteiligt ist, als Eigenschaft des Arbeitsuchenden im Sinne des § 43 des Arbeitsnachweisgesetzes anzusehen, über die dem Arbeitgeber auf Verlangen Auskunft zu geben ist, falls dem Arbeitsnachweis die Tatsache der Beteiligung an einem Arbeitskampfe außerhalb des Arbeitsnachweisbezirkes amtlich etwa durch eigene Angaben der betreffenden Arbeitnehmer bekannt geworden ist.

2. Arbeitsvermittlung bei Arbeitskämpfen in Zweigstellen eines Betriebes. Nach einem Bescheide der Reichsarbeitsverwaltung vom 26. November 1925, Nr. IV 3/3/58a (Reichsarbeitsblatt 1925, Nr. 48, S. 564), gilt eine außerhalb des Sitzes eines Unternehmens befindliche Betriebsstelle nur dann als Betriebsteil im Sinne der Vorschriften über Meldungen bei Streiks und Aussperrungen vom 17. November 1922, wenn diese Betriebsstelle unabhängig von dem Hauptsitze des Unternehmens, also selbständig Arbeitereinstellungen und Entlassungen vornehmen kann. Nur in diesem Falle ist daher für die Meldung bei Streiks und Aussperrungen auf Grund der Verordnung vom 17. November 1922 der Arbeitsnachweis zuständig, in dessen Bezirk der betroffene Betriebsteil liegt. Wenn jedoch die Betriebsstelle in der Weise von der Hauptverwaltung der Firma abhängig ist, daß Arbeitskräfte ausschließlich von der Hauptverwaltung angenommen werden, so sind die Meldungen an den für die annehmenden Stellen, also für den Sitz der Hauptverwaltung zuständigen öffentlichen Arbeitsnachweis zu richten. Nach demselben Bescheide soll jedoch auch dann, wenn ein Betrieb selbständig Arbeitskräfte annimmt, der für ihn zuständige öffentliche Arbeitsnachweis den für den Hauptsitz des Betriebes in Frage kommenden Arbeitsnachweis vom Ausbruch eines Streiks oder einer Aussperrung benachrichtigen, um zu verhüten, daß durch diesen Arbeitsnachweis Arbeitskräfte zur Zweigstelle vermittelt werden, die über die Verhältnisse nicht unterrichtet sind.

3. Kostenerhebung durch nicht gewerbsmäßige Arbeitsnachweise. Nach einem im Reichsarbeitsblatt 1925, Nr. 48, S. 564, abgedruckten Bescheide der Reichsarbeitsverwaltung vom 28. November 1925, Nr. I A 4819/25, steht es mit den Bestimmungen über Einrichtung und Betrieb der nicht gewerbsmäßigen Arbeitsnachweise vom 26. Oktober 1923 (Reichsarbeitsblatt S. 707) nicht in Widerspruch, wenn die

Arbeitsnachweise zur Deckung ihrer Barauslagen einen Vorschuß erheben. Nach demselben Bescheide ist die Angemessenheit der Höhe dieses Kostenvorschusses durch das aufsichtsführende Landesarbeitsamt zu überprüfen, und das Landesarbeitsamt darf auf besondere Verrechnung des Vorschusses nur verzichten, wenn der Vorschuß den Verhältnissen nach die baren Auslagen des nicht gewerbsmäßigen Arbeitsnachweises offenbar nicht übersteigt.

h) Welche Grundsätze gelten für die Lehrlingsannahme und Lehrlingsausbildung?

1. Berechtigung zum „Halten" bzw. „Anleiten" von Lehrlingen. Nach einem Urteil des Kammergerichtes vom 17. August 1925 folgt aus den Bestimmungen des § 41 der Gewerbeordnung, daß jeder selbständige Betrieb eines stehenden Gewerbes das Recht hat, Lehrlinge in beliebiger Zahl anzunehmen bzw. »zu halten«. Nur die Befugnis zur »Anleitung« d. h. zur Ausbildung von Lehrlingen ist auf diejenigen Personen beschränkt, die den Anforderungen der §§ 129 ff. der Gewerbeordnung entsprechen.

2. Schadenersatzpflicht wegen unzulässigen Haltens oder Anleitens von Lehrlingen. Arbeitgeber, welche Lehrlinge halten und selbst oder durch Arbeitnehmer des Betriebes ausbilden lassen, obwohl sie nicht die Befugnis zum Halten von Lehrlingen besitzen bzw. obwohl weder sie selbst noch die von ihnen mit der Anleitung der Lehrlinge betrauten Arbeitnehmer den Bestimmungen der §§ 126—132a der Gewerbeordnung entsprechen, müssen nach einem Urteil des Gewerbegerichtes Saarbrücken vom 18. März 1925, Nr. G 10/25 den Lehrlingen allen aus der unzulässigen Beschäftigung, also insbesondere allen aus der Nichtanerkennung der Lehrzeit entstehenden Schaden ersetzen.

3. Beschäftigung von Lehrlingen im elterlichen Betrieb. Nach einem Urteil des Oberlandesgerichtes Dresden vom 28. August 1925 (Archiv für Rechtspflege in Sachsen 1926, S. 42) liegt in der Beschäftigung eines Jugendlichen im väterlichen Betrieb nur dann ein Lehrverhältnis im Sinne der einschlägigen arbeits- und gewerberechtlichen Bestimmungen, wenn nach dem Willen beider Teile der alleinige oder überwiegende Zweck der Beschäftigung darin besteht, dem jungen Mann im Hinblick auf seine persönliche Zukunft eine umfassende Berufsausbildung zu verschaffen.

4. Schuldhafte Hinauszögerung der Unterzeichnung eines schriftlichen Lehrvertrages. Wenn ein Arbeitgeber entgegen den Bestimmungen der §§ 126 b und 127 f der Gewerbeordnung es unterläßt, rechtzeitig einen schriftlichen Lehrvertrag abzuschließen, oder wenn er einen mündlich vereinbarten und bereits schriftlich abgefaßten Lehrvertrag nicht rechtzeitig unterzeichnet, so macht er sich nach einem Urteil des Gewerbegerichtes Bremen vom 18. Februar 1926 (Gewerbe- und Kaufmannsgericht 1926, S. 331) nicht nur unter Umständen im Sinne des § 150 Ziffer 4 a der Gewerbeordnung strafbar, sondern er hat wegen schuldhafter Vereitelung der schriftlichen Vertragsniederlegung bzw. wegen Verstoßes gegen Treu und Glauben auch dem Lehrling bzw. allen aus der nicht rechtzeitigen vertraglichen schriftlichen Festlegung der Lehrbedingungen entstehenden Schaden zu ersetzen.

5. Züchtigungsrecht des Lehrherrn. Nach einer Entscheidung des Oberlandesgerichtes Dresden vom 10. Juni 1925 (Sächsisches Archiv für Rechtspflege 1926, S. 126) steht den Lehrherren nur ausnahmsweise dann ein Züchtigungsrecht gegenüber ihren Lehrlingen zu, wenn die Eltern der betr. Lehrlinge ihnen ein solches Züchtigungsrecht ausdrücklich übertragen haben.

III. Arbeitsverträge und Kündigungsfristen.

A. Einschlägige Gesetzesbestimmungen.

1. Bürgerliches Gesetzbuch vom 18. August 1896 (RGBl. 1896, S. 195), insbesondere dessen §§ 610—630 über den Dienstvertrag.
2. Handelsgesetzbuch vom 10. Mai 1897 (RGBl. S. 219), insbesondere dessen §§ 59 ff., 83 und 511 ff.
3. Die Gewerbeordnung für das Deutsche Reich vom 26. Juli 1900, insbesondere dessen Titel VII.

B. Die wichtigsten Einzelfragen.

a) Wer trägt die Beweislast bei Streitigkeiten über Arbeitsbedingungen und Kündigungsfristen?

1.—2. siehe Band II, Seite 14.

b) Wie weit können Minderjährige Arbeitsverträge abschließen?

1. siehe Band II, Seite 15.

c) Welche Kündigungsfristen gelten im Einzelfalle?

1.—4. siehe Band III, Seite 15—16.

5. **Ungültige Kündigungsvereinbarung.** Kündigungsvereinbarungen mit Handlungsgehilfen, Werkmeistern oder ähnlichen Angestellten, die besagen, daß das Dienstverhältnis an jedem Ersten zum Letzten des Monats gekündigt werden kann, sind gemäß einem in der Deutschen Werkmeisterzeitung 25, Nr. 17, S. 204, ohne Orts- und Zeitangabe veröffentlichten Amtsgerichtsurteile ungültig, und es gilt in einem solchen Falle die gesetzliche Kündigungsfrist von 6 Wochen zum Quartalsschluß, weil durch eine derartige

Kündigungsklausel die gesetzliche Mindestkündigungsfrist von einem Monat nicht gewahrt wird.

6. Anwendbarkeit des § 133a der Gewerbeordnung. Nur solche Arbeitnehmer können gemäß einem Urteile des Gewerbegerichtes Hamburg vom 7. November 1925 (Stichworte des Arbeitsrechtes 1926/1) die Mindestkündigungsfristen des § 133a der Gewerbeordnung für sich in Anspruch nehmen, die nach Vorbildung und Tätigkeit sich tatsächlich über die unterstellten Arbeitnehmer hervorheben. Die Bezeichnung eines Arbeitnehmers allein bedingt die Anwendbarkeit des § 133a der Gewerbeordnung nicht. Infolgedessen können beispielsweise Arbeitnehmer, die als Meister bezeichnet worden sind, obwohl sie mit den ihnen unterstellten wenigen Arbeitnehmern praktisch mitarbeiten und keine besondere Vorbildung genießen, die Kündigungsmindestfristen des § 133a der Gewerbeordnung für sich nicht in Anspruch nehmen, obwohl sie vielleicht im Dienstvertrage oder im Arbeitszeugnisse ausdrücklich als Werkmeister bezeichnet worden sind.

7. Unwirksamkeit tariflicher Unkündbarkeitsklauseln. Nach einem Urteile des Landgerichtes Duisburg vom 2. Dezember 1924, Nr. 404/24, kann die Anstellung bzw. Beschäftigung von Arbeitnehmern auf Lebensdauer, also die grundsätzliche Unkündbarkeit des Anstellungsvertrages zugunsten des Arbeitnehmers beim Fehlen eines wichtigen Kündigungsgrundes nur durch Einzelvertrag und nicht auch durch Tarifvertrag rechtsgültig festgelegt werden. Demgegenüber vertritt jedoch das Oberlandesgericht Düsseldorf mit Urteil vom 8. Mai 1925, Nr. 10 U 17/25, den Standpunkt, daß auch durch Tarifvertrag festgelegt werden kann, daß die Dienstverträge zwischen den tarifbeteiligten Arbeitgebern und Arbeitnehmern auf Lebensdauer laufen und nur beim Vorliegen eines wichtigen Kündigungsgrundes aufgekündigt werden können. Nach Ansicht des Oberlandesgerichtes Düsseldorf bleibt die durch solche Tarifklauseln zugunsten der tarifbeteiligten Arbeitnehmer herbeigeführte lebenslängliche Vertragsdauer auch dann bestehen, wenn der Tarifvertrag wegfällt, da nach der Urteilsbegründung die tarifbeeinflußten Arbeitsverträge den Charakter von Verträgen auf Lebensdauer durch den Tarifvertrag unwiderruflich erhalten. (Vgl. Neue Zeitschr. für Arbeitsrecht 1925, S. 745.)

8. „Lebensstellung“. Wenn ein Arbeitgeber ein Dienstverhältnis bei der Anstellung oder während der Vertragszeit als »Lebensstellung« bezeichnet hat, ohne daß die Unkündbarkeit des Dienstverhältnisses ausdrücklich festgelegt worden ist, so gilt ein solches Dienstverhältnis gemäß einem Urteile des Kaufmannsgerichtes Hamburg vom 17. Juli 1925 nicht schon wegen dieser Bezeichnung als unkündbar, falls kein wichtiger Kündigungsgrund vorliegen sollte. Die Bezeichnung einer Stellung als Lebensstellung räumt dem betreffenden Arbeitnehmer nur insoweit nach Ansicht des Kaufmannsgerichtes Hamburg eine Sonderstellung ein, als seine Entlassung nicht erfolgen darf, solange der Arbeitgeber noch andere Arbeitnehmer beschäftigt, mit denen diese Abrede nicht getroffen ist.

9. Wirksamkeit der Kündigungsklauseln einer ungültigen Arbeitsordnung. Die in einer Arbeitsordnung für die Kündigung der Einzeldienstverträge vorgesehenen Kündigungsfristen gelten gemäß einem Urteil des Gewerbegerichtes Reichenbach i. V. (Stichworte des Arbeitsrechtes 1926 Nr. 5) auch bei Ungültigkeit der Arbeitsordnung im Verhältnis zwischen dem Arbeitgeber und solchen Arbeitnehmern als wirksame Kündigungsbestimmungen, die unter Berufung auf die betr. Arbeitsordnung eingestellt worden sind, oder denen der Arbeitgeber die Aufnahme der betr. Kündigungsklausel in die Arbeitsordnung mitgeteilt hat, ohne Widerspruch zu finden.

10. Festsetzung der Kündigungsfristen einer Arbeitsordnung durch den Schlichtungsausschuß. Gemäß einer Entscheidung des Schlichtungsausschusses Plauen vom 21. Januar 1926 darf der Schlichtungsausschuß bei Streitigkeiten über den Inhalt einer Arbeitsordnung auf Antrag des Arbeitgebers durch Schiedsspruch nur dann eine andere als die normale gesetzliche 14tägige Kündigungsfrist für die Dienstverhältnisse gewerblicher Arbeitnehmer in eine Arbeitsordnung einsetzen, wenn besondere Betriebs- oder Wirtschaftsverhältnisse eine solche Abweichung von der normalen gesetzlichen Kündigungsfrist rechtfertigen. Ein Antrag des Arbeitgebers auf Einfügung kürzerer Kündigungsfristen.in eine Arbeitsordnung ist nach derselben Entscheidung besonders dann gerechtfertigt, wenn die Betriebsoder Wirtschaftsverhältnisse sehr ungünstig sind, und wenn mit der Notwendigkeit von Betriebseinschränkungen gerechnet werden muß. In solchen Fällen kann der Schlichtungsausschuß nach Ansicht des Schlichtungsausschusses Plauen die Kündigungsbestimmungen einer Arbeitsordnung auf Antrag des Arbeitgebers auch dahin ergänzen, daß der

Arbeitgeber bei Arbeitsmangel ohne Einhaltung einer besonderen Kündigungsfrist berechtigt ist, die Arbeitszeit zu verkürzen oder unproduktive Arbeitskräfte vorübergehend unter Einstellung der Lohn- und Gehaltszahlungen zu beurlauben. (Stichworte des Arbeitsrechtes 1926/4.)

11. **Als Handlungsgehilfen im Sinne der Kündigungssonderbestimmungen des HGB.** gelten nach einem Urteil des Kaufmannsgerichtes Mannheim vom 13. März 1925 (Schlichtungswesen 25, S. 88) alle Arbeitnehmer, deren Tätigkeit sich auf den Umsatz von Waren bezieht, also auch sog. Propagandisten, deren Tätigkeit eine Steigerung des Absatzes bezweckt.

12. **Zulässigkeit 6wöchiger Kündigungsfrist zum Monatsende bei Handlungsgehilfen.** Nach einem Urteil des Kaufmannsgerichtes Offenbach vom 19. November 1925 (Gewerbe- und Kaufmannsgericht 1926, S. 280) ist es rechtlich durchaus zulässig, mit Handlungsgehilfen statt der einmonatigen jede beliebige längere, z. B. eine 6 wöchige Kündigungsfrist zum Schlusse eines jeden Monats und nicht nur zum Quartalsschlusse zu vereinbaren.

13. **Kündigungsklauseln in Satzungen von Betriebspensionskassen.** Zugunsten der Mitglieder von Betriebspensionskassen gelten die in den Satzungen der Betriebspensionskassen für die Arbeitsverträge vorgesehenen Kündigungsklauseln nach einem Urteil des Reichsgerichtes vom 27. Januar 1925, Nr. III 265/24 (Deutsche Juristen-Zeitung 1926, S. 1655) mangels gegenteiliger ausdrücklicher Abmachungen als rechtsgültige Bestandteile der Einzeldienstverträge.

14. **Zum Begriff der vorübergehenden Aushilfe im Sinne des § 69 des H. G. B.** Nach einem Urteil des Kaufmannsgerichtes München vom 22. Januar 1926 (Gewerbe- und Kaufmannsgericht 1926/335) liegt eine unzulässige Umgehung der Kündigungsbestimmungen der §§ 67 ff. des B. G. B. vor, wenn der Arbeitgeber einem Handlungsgehilfen kurz vor Ablauf einer 3monatigen Beschäftigung oder mit Ablauf des 3. Beschäftigungsmonates für nur ganz kurze Zeit, beispielsweise für nur einen Tag entläßt, um ihn alsdann zur vorübergehenden Aushilfe mit kürzerer als einmonatiger Kündigungsfrist anzustellen. Nach demselben Urteil gilt in einem solchem Falle während der 2. Beschäftigungsperiode trotz gegenteiliger Vertragsabmachungen die gesetzliche Kündigungsbestimmung der

§§ 76 ff. des H. G. B., sobald er insgesamt bei demselben Arbeitgeber mehr als 3 Monate beschäftigt gewesen ist.

Weitere Entscheidungen siehe unter Nr. XIII B a.

d) Wie weit kann auf Einhaltung von Kündigungsfristen verzichtet werden?

1. Verzicht auf Einhaltung der tariflichen Kündigungsfrist. Nach einem Urteil des Kaufmannsgerichtes Plauen vom 23. Juni 1926 (Stichworte des Arbeitsrechtes 1926/9) liegt ein rechtsgültiger Verzicht auf die Kündigungsbestimmungen eines Tarifvertrages vor, wenn ein Arbeitnehmer sich im Einzelfalle nach Ausspruch einer Kündigung damit einverstanden erklärt, daß an Stelle der tariflichen längeren Kündigungsfrist eine kürzere Kündigungsfrist eingehalten wird, oder daß schon vor Ablauf der tariflichen Kündigungsfrist die Arbeitszeit oder Arbeitsvergütung gekürzt wird. Dagegen kann ein Arbeitnehmer nach dem vorerwähnten Urteil des Kaufmannsgerichtes Plauen nicht schon im voraus für künftige Fälle rechtswirksam und unwiderruflich auf die tariflichen Kündigungsfristen verzichten.

2. Die Verkürzung der tariflichen Kündigungsfristen durch Einzelvereinbarungen ist als Verschlechterung der Arbeitsbedingungen nach einem Urteil des Kaufmannsgerichtes Chemnitz vom 19. März 1926 (Gewerbe- und Kaufmannsgericht 1926/379) immer nichtig, selbst wenn an sich unter Umständen kürzere Kündigungsfristen für einen Angestellten vorteilhaft sein können. Allerdings ist der Verzicht nur insoweit nichtig, als er für die Zukunft ausgesprochen wird, nicht jedoch auch insoweit, als er für die rückliegende Zeit durch ausdrückliche oder stillschweigende Anerkennung einer mit zu kurzer Kündigungsfrist ausgesprochenen Kündigung erklärt wird.

3. Stillschweigende Anerkennung nicht fristgemäß erfolgter Kündigungen. Wenn ein Arbeitnehmer sich durch widerspruchslose Entgegennahme der Entlassungspapiere und durch längeres Stillschweigen nach der Kündigung und insbesondere nach der Entlassung mit einer vom Arbeitgeber ohne Einhaltung der vollen gesetzlichen Mindestkündigungsfrist ausgesprochenen Kündigung stillschweigend einverstanden erklärt hat, kann er nach einem Urteil des Kaufmannsgerichtes Essen vom 2. März 1926

(Gewerbe- und Kaufmannsgericht 1926/334) nicht etwa noch nachträglich Fortzahlung des Lohnes oder des Gehaltes verlangen, mit der Begründung, daß der Arbeitgeber bei der Kündigung nicht die gesetzlich vorgesehene Mindestkündigungsfrist eingehalten habe, oder daß die zwischen ihm und dem Arbeitgeber vereinbart gewesene Kündigungsbestimmung wegen Verstoßes gegen die gesetzlichen Kündigungsvorschriften nichtig gewesen sei.

(Siehe auch XIII B s und XXI B d).

e) Wie sind die Kündigungsfristen zu berechnen?

1. Berechnung der einmonatigen gesetzlichen Mindestkündigungsfrist. Nach einem Urteil des Kaufmannsgerichtes Köln (Kölner Stadtanzeiger 1926/201) gilt die einmonatige gesetzlich für Handlungsgehilfen, Werkmeister und technische Angestellten vorgeschriebene Mindestkündigungsfrist nur dann als gewahrt, wenn die Kündigung spätestens am Monatsschlusse zum Schlusse des folgenden Kalendermonats ausgesprochen worden ist. Nach demselben Urteil gilt eine erst am Monatsersten zum Monatsschlusse ausgesprochene Kündigung eines Handlungsgehilfen, Werkmeisters oder technischen Angestellten bei Vereinbarung einmonatiger Kündigungsfrist auch dann nicht als rechtzeitig erfolgt, wenn der letzte Tag des vorangegangenen Kalendermonats ein Sonntag oder gesetzlicher Feiertag war, da nach der Begründung eines allerdings umstrittenen Urteils die besonderen Regeln des § 193 B. G. B. auf die Berechnung der Kündigungsfristen keine Anwendung findet.

f) Wie weit können Dienstverträge vor Dienstantritt aufgekündigt werden?

1. Kündigung von Dienstverträgen vor Dienstantritt. Im Gegensatz zu dem im Band I, S. 12, besprochenen Urteile des Gewerbegerichtes Berlin vom 6. Februar 1924 stellten sich die Entscheidungen des Oberlandesgerichtes Hamburg (Hanseatische Gerichtszeitung 91, 310) und des Gewerbegerichtes Leipzig (Gewerbe- und Kaufmannsgericht 24, 223) auf den Standpunkt, daß Dienstverträge zwar schon vor dem festgelegten Dienstantrittstage von Arbeitgeber- oder Arbeitnehmerseite unter Einhaltung der gesetzlichen oder vertraglichen Kündigungsfrist aufgekündigt werden können, daß jedoch in diesem Falle die Kündigungsfrist erst am Tage des vereinbarten Dienstantritts beginnt, mit anderen Worten, daß das Dienstverhältnis mindestens eine der Mindestkündigungsfrist entsprechende Dauer haben muß. Darüber hinaus vertritt ein Urteil des Oberlandesgerichtes Frankfurt (Recht 1902, 269) den Standpunkt, daß Dienstverträge mangels Vorliegens eines wichtigen Kündigungsgrundes vor dem vertraglich vereinbarten Dienstantrittstage überhaupt nicht rechtsgültig aufgekündigt werden können.

IV. Arbeitszeit und Arbeitspausen.

A. Einschlägige Gesetzesbestimmungen.

1. Anordnung über die Regelung der Arbeitszeit gewerblicher Arbeiter vom 23. November und 17. Dezember 1918 (RGBl. S. 1334 und 1436).
2. Verordnung über die Regelung der Arbeitszeit der Angestellten während der Zeit der wirtschaftlichen Demobilmachung vom 18. März 1919 (RGBl. S. 315).
3. Verordnung über die Arbeitszeit vom 21. Dezember 1923 (RGBl. I, S. 1249).
4. Verordnung über die Sonntagsruhe im Handelsgewerbe und in Apotheken vom 5. Februar 1919 (RGBl. S. 176).
5. Gewerbeordnung für das Deutsche Reich vom 26. Juli 1900 (RGBl. S. 871 ff.).
6. Verordnung über die Arbeitszeit in Kokereien und Hochofenwerken vom 20. 1. 1925 (RGBl. I S. 5).
7. Verordnung über die Beschäftigung jugendlicher Arbeiter auf Steinkohlenbergwerken vom 24. 4. 1925 (RGBl. I S. 51).
8. Verordnung über die Beschäftigung von Arbeiterinnen und jugendlichen Arbeitern in Walz- und Hammerwerken vom 28. 5. 1925 (RGBl. I, S. 82).

B. Die wichtigsten Einzelfragen.

a) Wann ist Arbeit über 8 Stunden täglich oder 48 Stunden wöchentlich hinaus zulässig?

1.—4. siehe Band I, Seite 13—15.
5.—7. siehe Band II, Seite 16—18.
8. siehe Band III, Seite 17—18.

9. **Keine freiwillige Mehrarbeit** im Sinne des § 11 der Arbeitszeitverordnung, d. h. keine Mehrarbeit, durch deren Entgegennahme der Arbeitgeber sich nicht strafbar macht, liegt nach den Entscheidungen des Schöffengerichtes Leipzig (Recht und Rechtspraxis 1926/3/12) und des Landgerichtes Zwickau vom 10. 10. 24 Nr. ODA 1925/21/333 vor, wenn Arbeitnehmer Überstundenarbeit, die von der Betriebsleitung oder von Vorgesetzten gewünscht wird, nur deshalb widerspruchslos leisten, weil sie für den Weigerungsfall Benachteiligungen seitens des Arbeitgebers befürchten.

10. **Zulässige freiwillige Mehrarbeit im Sinne des § 11 Absatz 3 der Arbeitszeitverordnung** liegt nach einem Urteil des Oberlandesgerichtes Dresden vom 25. November 1925, Nr. 1 O S t 103/25/2 (Neue Zeitschrift für Arbeitsrecht 1926/309) nur dann vor, wenn es sich um Mehrarbeit handelt, die aus besonderen einmaligen und vorübergehenden Gründen geleistet wird und die offensichtlich eine gesundheitliche Gefährdung der betr. Arbeitnehmer nicht in sich birgt. Dagegen liegt zulässige freiwillige Mehrarbeit im Sinne der vorerwähnten Bestimmung nicht auch dann vor, wenn es sich um Überarbeit zur Leistung von Arbeiten handelt, die sich regelmäßig in bestimmten Saisonzeiten besonders häufen, die sehr lange anhalten und die ebenso gut durch neue Anstellung von Arbeitnehmern sichergestellt werden könnten.

(Siehe auch IV B s).

b) Wie weit dürfen Ausfallstunden nachgeholt werden?

1.—3. siehe Band I, Seite 15—16.
4. » » II, » 18.

c) Wie weit sind behördliche Überstundengenehmigungen möglich?

1.—3. siehe Band I, Seite 16—18.

d) Wie weit haben Betriebsvertretungsmitglieder bei Arbeitszeitverlängerung mitzuwirken?

1.—3. siehe Band I, Seite 18—19.

4. Mitwirkung der Betriebsvertretung bei der Regelung der Arbeitzeit. Das im § 78 Ziffer 2 des Betriebsrätegesetzes den Betriebsräten eingeräumte Recht der Mitwirkung bei der Regelung der Lohn- und Arbeitsbedingungen ist gemäß einem Urteil des Gewerbegerichtes Reichenbach vom 2. Februar 1926 (Stichworte des Arbeitsrechtes 1926 Nr. 4) nicht identisch mit dem Rechte der Zustimmung. Der Arbeitgeber braucht daher bei der generellen Regelung der Lohn- und Arbeitsbedingungen der Betriebsvertretung nur Gelegenheit zur Äußerung ihrer Wünsche zu geben, ist jedoch an ihre Zustimmung nicht gebunden.

5. Tarifliche Zustimmung der Betriebsvertretung zur Mehrarbeit. Sieht ein Tarifvertrag vor, daß der Arbeitgeber überhaupt oder in Sonderfällen Überstundenarbeit rechtswirksam nur mit Zustimmung der Betriebsvertretung anordnen kann, so kann nach einem Urteil des Sächsischen Oberlandesgerichtes vom 23. 9. 1925 (Der Betriebsrat des Verbandes der Fabrikarbeiter Deutschlands vom 13. Februar 1926, S. 14) diese Zustimmung der Betriebsvertretung auch dann nicht durch die Zustimmung der Mehrheit der Belegschaftszugehörigen ersetzt werden, wenn aus irgendwelchen Gründen, beispielsweise infolge Wahlmüdigkeit der Belegschaft in dem betr. Betriebe, eine Betriebsvertretung nicht vorhanden ist.

e) Wie weit können Arbeitszeitverlängerungen durch Betriebsvereinbarungen und Tarifverträge festgelegt werden?

1.—3. siehe Band I, Seite 19—20.
4.—5. » » II, » 19.

6. Anwendbarkeit tariflicher Überstundenklauseln. Besagt ein Tarifvertrag, daß je nach der Eigenart des Betriebes oder den wirtschaftlichen Bedürfnissen Überstunden vom Arbeitgeber bis zu bestimmter täglicher Dauer angeordnet werden dürfen, so ist der Arbeitgeber nach einem Urteil des Landgerichtes Berlin vom 22. Oktober 1925 (Neue Zeitschrift für Arbeitsrecht 6, 3, 185) nicht etwa unbeschränkt zur Anordnung von Überarbeit berechtigt, sondern die Arbeitnehmer können u. U. die weitere Leistung der Überstundenarbeit verweigern, wenn der Arbeitgeber die Überstundenarbeit monatelang bereits gefordert hat und sie auch weiter fordert, obwohl eine sachliche Notwendigkeit dafür nicht vorliegt.

7. Arbeitzeit nach Ablauf eines Tarifvertrages. Obwohl nach der herrschenden Ansicht die Bedingungen eines außer Kraft getretenen Tarifvertrages an sich in tarifloser Zeit bis zur ausdrücklichen Aufkündigung bzw. bis zur Ablösung durch gegenteilige neue Arbeitsbedingungen innerhalb der Einzeldienstverhältnisse fortwirken, kann der Arbeitgeber nach den Entscheidungen des Landgerichtes Elberfeld vom 27. April 1925 (Schlichtungswesen 8, 1, 18) des Gewerbegerichtes Bochold i. W. v. 23. 5. 25. (Gewerbe- und Kaufmannsgericht 1926/307) und des Landgerichtes Münster v. 23. 10. 25 (Betrieb und Wirtschaft 1926/1/17) aus Arbeitzeitbestimmungen eines abgelaufenen Tarifvertrages gegenüber seinen Arbeitnehmern ein Recht auf Überstundenarbeit nicht ableiten.

f) Wie weit sind Arbeitnehmer zur Leistung von Überarbeit verpflichtet?

1.— 5. siehe Band I, Seite 20—23.
6.—15. » » II, » 20—23.
16.—19. » » III, » 18—20.

20. Nur strafrechtliche, keine privatrechtliche Bedeutung des § 3 der Arbeitzeitverordnung. In der viel umstrittenen Frage, ob der § 3 der Arbeitzeitverordnung lediglich in strafrechtlicher Beziehung Überarbeit bis zu 2 Stunden täglich an 30 beliebigen Tagen des Jahres zuläßt oder ob er auch darüber hinaus ohne Rücksicht auf die vertraglichen oder tariflichen Abmachungen dem Arbeitgeber einen privatrechtlichen Rechtsanspruch gegenüber seinen Arbeitnehmern auf Leistung solcher Überstundenarbeit einräumt, stellte sich neuerdings ein Urteil des Gewerbegerichtes Augsburg vom 15. Juli 1925 (Stichworte des Arbeitsrechtes 1925, Nr. 24) auf den Standpunkt, daß dem § 3 der Arbeitzeitverordnung nur strafrechtliche Bedeutung beizumessen ist, daher der Arbeitgeber Überarbeit im Sinne des § 3 der Arbeitzeitverordnung gegenüber den einzelnen Arbeitnehmern unter Androhung der fristlosen Entlassung für den Weigerungsfall nur auf Grund ausdrücklicher vertraglicher oder tariflicher Abmachung verlangen kann. (Vgl. die in demselben und im entgegengesetzten Sinne ergangenen Bd. I, S. 20 bis 30, und Bd. II, S. 20 bis 23, besprochenen weiteren Entscheidungen.)

21. Verweigerung vom Arbeitgeber selbständig angeordneter Überstundenarbeit stellt nach einem Urteil des Gewerbegerichtes Altona vom 6. 8. 1925 (Betriebsräterundschau Nr. 55/1925, S. 222) keinen wichtigen, die fristlose Entlassung rechtfertigenden Kündigungsgrund dar, wenn der Arbeitgeber einen Rechtsanspruch auf Leistung der von ihm angeordneten Überstundenarbeit nach Lage des Einzelfalles weder aus dem Tarif- oder Einzelvertrag oder der Arbeitsordnung noch auch aus den gesetzlichen Arbeitsbestimmungen ableiten kann.

Weitere Entscheidungen siehe unter den Nummern IV B a, XIII B c u. XVIII B h.

g) Welche Arbeitszeit haben die Betriebsangestellten einzuhalten?

1. siehe Band I, Seite 23.
2. » » III, » 20.

h) Wie weit sind Überstunden zu bezahlen?

1. siehe Band I, Seite 23—24.
2.—3. siehe Band II, Seite 23.
4. siehe Band III, Seite 20.

5. Überstundenanordnung. Auch für Überstunden, die nicht von der Betriebsleitung selbst, sondern von einzelnen Abteilungsvorstehern angeordnet worden sind, muß der Betrieb gemäß einer Entscheidung des Bankentarifamtes Stuttgart (Deutsche Bankbeamtenzeitung 25, Nr. 3, S. 44) die vertraglichen bzw. tariflichen Überstundenzuschläge zahlen, sofern Arbeiten vorlagen, die tatsächlich nur in Überstunden erledigt werden konnten und sofern die Betriebsleitung die Überstundenleistung stillschweigend oder ausdrücklich geduldet hat.

(Siehe auch V Bh)

i) Wie weit ist Nachtarbeit und Pausenverkürzung für jugendliche und weibliche Arbeitnehmer zulässig?

1.—2. siehe Band I, Seite 24—25.

k) Wie sind die Wechselschichten überzuleiten?

1.—2. siehe Band I, Seite 25.
3. » » II, » 20—21.

l) Wie sind die Pausen festzulegen, einzuhalten und zu bezahlen?

1.—2. siehe Band I, Seite 25—26.
3.—4. » » II, » 24—25.
5. » » III, » 21.

6. **Einhaltung der Pausen.** Pausen, die der Arbeitgeber unter Beachtung der einschlägigen gesetzlichen und tariflichen Bestimmungen festgesetzt hat, müssen von den Arbeitnehmern auch eingehalten werden. Haben Arbeitnehmer während solcher Pausen ohne Genehmigung ihrer Vorgesetzten und ohne Kontrolle durch die Vorgesetzten durchgearbeitet, so können sie nach den Entscheidungen des Berggewerbegerichtes Dortmund vom 25. September, 8. Oktober und 17. November 1924 für die Arbeitsleistung während der normalen Pausen eine Arbeitsvergütung nicht verlangen, und zwar auch dann nicht, wenn sie die Arbeit mit Rücksicht auf das Durcharbeiten während der Pausen entsprechend früher beendet oder verlassen haben.

7. **Vorliegen von Arbeitspausen trotz Bereitschaft der Arbeitnehmer.** Nach einem Urteil des Gewerbegerichtes Gelsenkirchen vom 21. Dezember 1925 liegen Arbeitspausen im Sinne der Lohn- und Arbeitszeitbestimmungen mangels gegenteiliger ausdrücklicher Vereinbarung auch dann vor, wenn die Arbeitnehmer während der Pause am Arbeitsplatze oder an bestimmten Stellen in der Nähe des Arbeitsplatzes verbleiben müssen, um gegebenenfalls in der Lage zu sein, unverzüglich im Notfalle einzuspringen. (Stichworte des Arbeitsrechtes 1926, Nr. 6).

m) Wie sind die Arbeitsstunden bei Kurzarbeit zu verteilen und zu bezahlen?

1.—2. siehe Band I, Seite 26.
3. » » II, » 25.
4. » » III, » 22.

n) Wie ist der Berufsschulunterricht zu legen und zu beachten?

1. siehe Band I, Seite 27.
2.—4. siehe Band II, Seite 25—26.
5.—7. » » III, » 22—29.

8. **Keine Fortbildungsschulpflicht ausländischer Lehrlinge und jugendlicher Arbeitnehmer.** In Übereinstimmung mit dem im Band II, S. 26 besprochenen Urteil des Kammergerichtes entschied auch ein Urteil des Oberlandesgerichtes Breslau Nr. 3, S. 704/24 (Juristische Wochenschrift 1926/390), daß ausländische in Deutschland beschäftigte Lehrlinge und jugendliche Arbeitnehmer der Fortbildungsschulpflicht nicht unterliegen.

9. **Abtretbarkeit der Verpflichtung des Lehrherrn zur Überwachung des Schulbesuches seiner Lehrlinge.** Auch nach einem mit der herrschenden Meinung übereinstimmendem Urteile des Oberlandesgerichtes Kiel vom 21. Oktober 1925, Nr. S 172/25 (Berliner Börsenzeitung 1926/20) kann der Arbeitgeber die ihm gemäß § 127 der Gewerbeordnung obliegende Verpflichtung zur Überwachung des regelmäßigen Fortbildungsschulbesuches seiner Lehrlinge mit befreiender Wirkung einem zuverlässigen Angestellten oder Arbeitnehmer des Betriebes übertragen. Hat der Arbeitgeber von dieser Möglichkeit Gebrauch gemacht, so kann bei schlechtem Schulbesuch eines Lehrlinges höchstens der betr. mit der Überwachung beauftragte Angestellte, und nicht auch der Lehrherr selbst wegen nicht genügender Beaufsichtigung des Schulbesuches des Lehrlinges bestraft werden.

10. **Fernbleiben vom Fortbildungsschulunterrichte wegen dringlicher Arbeiten** im Betriebe oder Geschäfte des Arbeitgebers ist nach einem Urteile des Kammergerichtes vom 3. Juli 1925 (Gewerbearchiv, Band 23, S. 128) nur mit Zustimmung des Schulvorstandes zulässig und straffrei.

o) Was muß die Arbeitsordnung über die Arbeitszeit besagen?

1. siehe Band I, Seite 27.

p) Wie weit sind landesrechtliche Ausführungsbestimmungen zulässig?

1. siehe Band I, Seite 28.

q) Wie weit ist Arbeit an Sonn- und Feiertagen zulässig?

1. siehe Band I, Seite 28.
2. » » II, » 26.

3. Bedeutung behördlicher Zulassung von Sonntagsarbeit. In einem Erlaß vom 29. Januar 1926, Nr. III 552 (Reichsarbeitsblatt 1926, Nr. 12, S. 89) weist der preußische Minister für Handel und Gewerbe daraufhin, daß behördliche Genehmigungen von Sonntagsarbeit nur die öffentlich-rechtliche Zulässigkeit einer sonntäglichen Beschäftigung herbeiführen, dagegen tarifliche oder vertragliche Sonderabmachungen zwischen dem Arbeitgeber und den beteiligten Arbeitnehmern nicht zuungunsten der Arbeitnehmer ändern.

4. Straffreiheit bei Anordnung von Sonntagsarbeit, die im öffentlichen Interesse liegt. Nach einem Urteil des Amtsgerichtes Ölsnitz vom 12. Februar 1926 (Stichworte des Arbeitsrechtes 1926/8) macht sich ein Arbeitgeber nicht strafbar, wenn er an einem Sonn- oder gesetzlichen Feiertage Arbeitnehmer entgegen den gesetzlichen Bestimmungen betr. die Sonntagsruhe mit der Herstellung eiliger Muster beschäftigt, wenn er befürchten mußte, daß bei nicht beschleunigter Herstellung der Muster dem Betriebe in Aussicht stehende Aufträge entgehen könnten.

5. Kein Beschwerderecht von Arbeitnehmerverbänden gegen behördliche Genehmigungen von Sonntags- oder Überstundenarbeit. Nach einem Urteil des Württembergischen Verwaltungsgerichtshofes steht weder den betroffenen Arbeitnehmern noch den Arbeiter- oder Angestelltengewerkschaften, denen die betroffenen Arbeitnehmer angehören, das Recht der Rechtsbeschwerde gegen Verfügungen von Verwaltungsbehörden zu, durch welche Sonntags- oder Überstundenarbeit auf Antrag von Arbeitgebern zugelassen worden ist.

r) Wie weit sind Überstundenverzeichnisse zu führen?

1. siehe Band I, Seite 28.

s) Wann liegt strafbare Übertretung der Arbeitszeitbestimmungen vor?

1. siehe Band II, Seite 27.

(Weitere Entscheidungen siehe unter Nr. IV B a und IV B q).

t) Welche Ergebnisse zeitigte die Arbeitsstatistik?

1.—2. siehe Band I, Seite 29—31.

u) Wie weit ändern sich bei Änderungen der Arbeitszeit die Arbeitslöhne?

1. **Schichtlöhne bei Änderungen der Schichtdauer.** Mangels gegenteiliger ausdrücklicher Tarifs- oder Vertragsbestimmungen bleibt nach einem Urteil des Landgerichts Dortmund vom 19. November 1925 und nach einem weiteren in Nr. 88/1926 der Rhein.-Westf. Ztg. veröffentlichten Urteil desselben Gerichtes der Schichtlohnanspruch von Arbeitnehmern, die nicht im Stunden- sondern im Schichtlohn beschäftigt werden, unverändert, wenn die Schichtdauer durch Tarifvertrag oder für verbindlich erklärten Schiedsspruch herauf- oder herabgesetzt wird.

v) Wie weit darf der Arbeitgeber selbständig die Arbeitszeit herabsetzen?

1. **Keine einseitige Herabsetzung der Arbeitszeit durch den Arbeitgeber.** Nach einem Urteil des Gewerbegerichtes Glauchau vom 20. Oktober 1925 (Gewerkschaftszeitung, Abteilung Arbeitsrecht 1926, S. 14) kann der Arbeitgeber mangels gegenteiliger tariflicher oder vertraglicher Vereinbarungen die Arbeitszeit nicht einseitig und fristlos, sondern nur mit der für das Dienstverhältnis selbst geltenden Kündigungsfrist gegen den Willen der Arbeitnehmer herabsetzen.

Weitere Entscheidungen siehe unter Nr. XI B e.

w) Wie weit sind die Arbeitszeitverordnungen rechtsverbindlich?

1. Die Verordnung über die Arbeitzeit der Angestellten vom 18. März 1919 ist gemäß einem Urteile des Kammergerichtes vom 6. April 1925 (Jurist. Rundschau I, 662) durch den § 1 der VO. vom 21. Dezember 1923 rechtswirksam neu verkündet worden, so daß sie jedenfalls von dieser Neuverkündigung ab nach Ansicht des Kammergerichtes rechtsgültig ist.

2. Rechtsgültigkeit der Arbeitzeitverordnung vom 21. Dezember 1923. Gemäß Urteil des Bayerischen Obersten Landesgerichtes vom 2. Juli 1925 (Liszts Zeitschr. f. Strafrecht 1925, S. 407) ist die Arbeitzeitverordnung vom 21. Dezember 1923 in rechtswirksamer Weise auf Grund des Ermächtigungsgesetzes vom 8. Dezember 1923 erlassen.

V. Arbeitslohn und Gewinnbeteiligung.

A. Einschlägige Gesetzesbestimmungen.

1.—3. Die unter Nr. IIIA aufgeführten Gesetze.

4. Die Verordnung über Tarifverträge, Arbeiter- und Angestellten-Ausschüsse und Schlichtung von Arbeitsstreitigkeiten vom 23. Dezember 1918 (RGBl. S. 1457).
5. Aufwertungsgesetz vom 16. Juli 1925 (RGBl. I S. 117) nebst den dazu ergangenen, unter Abschnitt C 122 angeführten Änderungs- und Ausführungsbestimmungen.
6. Verordnung über die Einrichtung und das Verfahren der Aufwertungsstellen vom 21. Juli 1925 (RGBl. I S. 154) nebst Abänderungsverordnung vom 27. November 1925 (RGBl. I S. 392).

B. Die wichtigsten Einzelfragen.

a) Wie entwickelten sich die Löhne und Gehälter im letzten Halbjahr?

1.—6. siehe Band I, S. 32—38.
7. siehe Band II, S. 28—29.

b) Wie weit darf der Lohn wegen zu geringer Arbeitsleistung und wegen Ausschußarbeit herabgesetzt werden?

1. siehe Band I, S. 38.
2.—3. siehe Band II, S. 29.

4. Tarifmindestlohn nur bei normaler Leistung. Das Berggewerbegericht Dortmund entschied mit Urteil vom 15. Oktober 1924, daß Arbeitnehmer mangels gegenteiliger ausdrücklicher Vereinbarung den tariflichen Mindestlohn nur dann verlangen können, wenn ihre Leistung mindestens der angemessenen Durchschnittsleistung gleichartiger Arbeitnehmer entspricht.

c) Wann sind einseitige Lohnherabsetzungen wirksam?

1. siehe Band I, S. 38—39.

2. **Leistungszulagen und Tariferhöhungen.** Sofern der Arbeitgeber sich bei der Bewilligung einer Leistungszulage nicht ausdrücklich ein Recht zum jederzeitigen Widerruf bzw. zur Anrechnung der Leistungszulage auf etwaige spätere Tariferhöhungen vorbehalten hat, behalten Arbeitnehmer auch im Falle tariflicher Erhöhung der Mindestlöhne bzw. Mindestgehälter nach einem Urteil des Kaufmannsgerichtes Dortmund (Rhein.-Westf. Ztg. Nr. 103/1926) so lange den Anspruch auf die volle Leistungszulage neben dem neuen tariflichen Mindestlohn oder Mindestgehalte, bis der Arbeitgeber die Leistungszulage unter Einhaltung der im Einzelfalle geltenden gesetzlichen oder vertraglichen Kündigungsfrist aufgekündigt hat bzw. bis die Vereinbarung über die Leistungszulage im gegenseitigen Einvernehmen aufgehoben oder abgeändert worden ist.

3. **Aufkündigung von Leistungszulagen.** Nach einem Urteil des Gewerbegerichts Frankfurt a. M. vom 17. März 1926, Nr. G 2827/43/25 (Zeitschrift für Deutschlands Buchdrucker 1926, Nr. 36,. S. 291) kann der Arbeitgeber mangels gegenteiliger ausdrücklicher Vertrags- oder Tarifbestimmungen auf unbestimmte Zeit bewilligte Leistungszulagen jederzeit unter Einhaltung der im Einzelfalle geltenden gesetzlichen oder vertraglichen Kündigungsfrist und ohne irgendein Mitbestimmungs- oder Einspruchsrecht der Betriebsvertretung aufkündigen.

4. **Keine einseitige Herabsetzung von Akkordlöhnen durch den Arbeitgeber.** Nach einem Urteil des Landgerichtes Gera vom 9. September 1925, Nr. 2 S 9/25 (Textilarbeiter, Nr. 44/1925, S. 183) kann der Arbeitgeber bestehende Akkordlöhne nicht einseitig fristlos durch Anschlag, sondern nur unter Beachtung der einschlägigen Tarifbestimmungen und mangels Zustimmung der betreffenden Arbeitnehmer nur unter Ankündigung mit der im Einzelfalle geltenden gesetzlichen oder vertraglichen Kündigungsfrist herabsetzen.

(Weitere Entscheidungen siehe unter Nr. XXI B q)

d) Wie weit sind erzwungene Lohnzusagen verbindlich?

1. siehe Band I, S. 39.

2. **Widerrechtlich erzwungene Lohnzusagen.** Nach einem Urteil des Amtsgerichts Löbau vom 20. Februar 1925, Nr. 649/25 (Speditions- und Schiffahrtszeitung 1926/17, S. 341) kann der Arbeitgeber Lohn- oder Gehaltszusagen, die er unter dem Druck widerrechtlicher Drohungen der Arbeitnehmer, insbesondere unter dem Druck der Androhung der Arbeitsniederlegung oder passiver Resistenz abgegeben hat, nach den §§ 123 und 124 des BGB. unter Ablehnung der Erfüllung solcher Lohnerhöhungszusagen anfechten.

(Weitere Entscheidungen siehe unter XXI B o.)

e) Wie weit sind Löhne bei Arbeitsbehinderung und Arbeitsunmöglichkeit zu zahlen?

1.— 4. siehe Band I, S. 39—41.
5.— 6. » » II, » 30.
7.—10. » » III, » 25—26.

11. **Kein Lohn- oder Gehaltsanspruch bei Betriebsstilllegung oder Arbeitsverminderung infolge passiver Resistenz.** Wird durch passive Resistenz der Arbeitgeber gezwungen, den Betrieb stillzulegen oder wird durch passive Resistenz der Belegschaft die Arbeitsleistung vermindert, so darf der Arbeitgeber nach den Entscheidungen: Des Gewerbegerichtes Schwelm vom 2. Dezember 1921, Nr. 208/21, des Gewerbegerichtes Bremen vom 2. Mai 1919, des Landgerichtes Danzig vom 4. Februar 1922, Nr. 2 SV 313/21, des Landgerichtes Bremen vom 17. November 1919, des Landgerichtes Bremen (Magazin für Arbeitsrecht 1925, S. 245) für die Zeit der Betriebsstillegung auch schon vor Ablauf der im Einzelfalle geltenden gesetzlichen oder vertraglichen Kündigungsfristen die Lohn- und Gehaltszahlungen verweigern und für die Zeit der Arbeitsminderleistung die Lohn- und Gehaltsbeträge anteilmäßig kürzen.

12. **Kein Lohn- und Gehaltsanspruch bei Betriebsstilllegung wegen Inventuraufnahme.** Sofern die Arbeitsordnung, der Tarif- oder Einzelvertrag im Einzelfalle keine ausdrücklichen gegenteiligen Bestimmungen enthält, ist der Arbeitgeber nach den Entscheidungen des Landgerichtes Elbing vom 10. Februar 1921, Nr. 38, S. 72/20, und des Ge-

werbegerichtes Plauen vom 8. Oktober 1920 (Magazin für Arbeitsrecht, soziale Politik und verwandte Gebiete 1925, S. 247) berechtigt, während der betriebsüblichen Inventuraufnahmen die Lohn- und Gehaltszahlungen für solche Arbeitnehmer zu verweigern, auf deren Dienstleistung er mit Rücksicht auf die wegen der Inventuraufnahme erfolgende Betriebsstillegung vorübergehend verzichtet.

13. Kein Lohnanspruch für die durch Geschworenentätigkeit versäumte Arbeitszeit. Gemäß einem Urteil des Gewerbegerichtes Frankenthal vom 24. November 1921 (Magazin für Arbeitsrecht, soziale Politik und verwandte Gebiete 1925, S. 247) können Arbeitnehmer für die durch Geschworenentätigkeit versäumte Arbeitszeit keine Fortzahlung des Lohnes auf Grund des § 615 des BGB. verlangen.

14. Keine Anrechnung des Krankengeldes auf das Gehalt von Handlungsgehilfen. Die Bestimmung des HGB. betr. das Verbot der Anrechnung von Krankengeld auf das Gehalt von Handlungsgehilfen können nach einem Urteil des Kaufmannsgerichtes Köln (Kölner Stadtanzeiger 1926, 317) weder durch Einzelvereinbarungen noch durch Tarifabmachungen zuungunsten eines Handlungsgehilfen außer Kraft gesetzt werden.

15. Vergütung der Arbeitsversäumnisse von Lehrlingen. Versäumen Lehrlinge durch den Fortbildungsschulbesuch in der Woche nur etwa 5 Arbeitsstunden, so gilt diese Versäumnis nach einem Urteil des Berggewerbegerichtes Waldenburg vom 1. Dezember 1925 (Gewerkschaftszeitung, Beilage Arbeitsrecht 1926, S. 10) als verhältnismäßig unerheblich im Sinne des § 616 BGB., so daß der Arbeitgeber mangels gegenteiliger ausdrücklicher Bestimmungen des Einzel- oder Tarifvertrages oder der Arbeitsordnung für diese Ausfallstunden die Lehrlingsvergütung weiter zu zahlen hat.

16. Bezahlt wird nur die Zeit, während der wirklich gearbeitet wird. In der Klausel einer Arbeitsordnung oder eines Tarifvertrages, die besagt, daß nur die Zeit bezahlt wird, während der wirklich gearbeitet wird, liegt gemäß einem Urteil des Gewerbegerichtes Reichenbach i. V. vom 2. März 1926 (Stichworte des Arbeitsrechtes 1926/27) eine rechts- und formgültige Abdingung der Sonderbestimmungen der §§ 615 und 616 BGB., so daß der Arbeitgeber beim Vorliegen einer solchen Klausel nur dann für die Zeit der Arbeitsbehinderung die Löhne fortzuzahlen hat, wenn er die Arbeitsbehinderung selbst schuldhafterweise herbeigeführt hat.

(Weitere Entscheidungen unter Nr. XI B d und e.)

f) Wie weit sind Löhne, Ruhegehälter usw. aufzuwerten?

1.— 4. siehe Band I, S. 41—42.
5.—14. » » II, » 31—33.
15.—16. » » III, » 26—27.

17. **Die freiwillige Zusage einer Pension oder eines Ruhegehaltes** gegenüber einem Arbeitnehmer oder den Hinterbliebenen eines Arbeitnehmers gilt nach den Entscheidungen des Reichsgerichtes vom 11. Dezember 1925 (Juristische Rundschau 1926, Beilage S. 356) und des Landgerichtes Dresden vom 5. Februar 1926, Nr. 4 D g 320/25 (Neue Zeitschrift für Arbeitsrecht 1926/378) grundsätzlich nicht als reine Schenkung, sondern als Gegenleistung des Arbeitgebers für die Dienste des Arbeitnehmers, so daß solche Zusagen nicht den für Schenkungsversprechen vorgesehenen Form- und Widerrufsvorschriften unterliegen.

18. **Unverbindliche, nicht einklagbare Pensionszusagen** liegen gemäß einem Urteil des Kaufmannsgerichtes Berlin vom 30. März 1926 (Blätter für Arbeitsrecht 5, 11) vor, wenn die Satzung einer Pensionskasse vorsieht, daß eine »Pension gewährt werden kann, soweit die Mittel ausreichen, daß ein Ausschuß berechtigt ist, die Pension zu bewilligen, sie aber auch unter gewissen Voraussetzungen nachträglich herabzusetzen oder ganz wieder zu entziehen, ohne daß dem Berechtigten ein Widerspruchsrecht zusteht«.

19. **Aufwertung von Privatpensionen und Umsatzprovisionen.** Gemäß Urteil des Reichsgerichtes vom 5.November 1925, Nr. VI 263/25, sind Privatpensionen, die einem Arbeitnehmer gegenüber seinem Arbeitgeber auf Grund vertraglicher oder tariflicher Abmachung zustehen, angemessen unter Berücksichtigung der beiderseitigen Verhältnisse aufzuwerten. In dem dem Urteile zugrunde liegenden Falle hat das Reichsgericht einem Prokuristen eine Aufwertung des ihm im Jahre 1919 mit M. 7200 zugesagten Ruhegehaltes auf M. 4800 für das Jahr 1924 zugesprochen. Nach demselben Reichsgerichtsurteile sind auch Umsatzprovisionen, die einem Angestellten für die Zeit nach seinem Ausscheiden aus den Diensten vor oder während der Inflationszeit zugesichert worden sind, angemessen aufzuwerten.

20. **Berücksichtigung der Hilfsbedürftigkeit bei Aufwertung von Pensionsansprüchen.** Soweit die Ruhegehalts- oder Pensionsansprüche eines Arbeitnehmers sich im Sinne des § 65 des Aufwertungsgesetzes gegen eine besondere Betriebs-Pensionskasse richten und nicht auf einer vertraglich übernommenen Verpflichtung des Arbeitgebers selbst beruhen, muß bei der Aufwertung der Pensionsansprüche nach den Urteilen des Oberlandesgerichtes Hamburg vom 21. Oktober 1925 und vom 26. November 1925 Nr. L 874/25 (Hanseat. Gerichtz. 1925, Zivilrechtsbeil. S. 225 f, Steuerblatt und Arbeitg.-Ztg. 1926/10) die Hilfsbedürftigkeit der Anspruchsberechtigten in angemessener Weise berücksichtigt werden.

21. **Aufwertung von Ruhegehaltsansprüchen privater Arbeitnehmer.** Das Reichsgericht vertritt in einem Urteil vom 24. März 1926, Nr. III 199/25, den Standpunkt, daß es im allgemeinen den Grundsätzen von Treu und Glauben entspricht, wenn einem ruhegehaltsberechtigten Angestellten als Ruhegehalt derjenige Reichsmarkbetrag gezahlt wird, der ziffernmäßig dem in der Vorkriegszeit zugesagten Papiermarkbetrage gleichkommt.

22. **Aufwertung von Pensionen von Angehörigen früherer Arbeitnehmer.** In einem Urteil vom 12. Februar 1926, Nr. III 100/25, vertritt das Reichsgericht den Standpunkt, daß Angehörige früherer Arbeitnehmer, denen ein Arbeitgeber vor oder während der Inflationszeit eine Pension freiwillig oder vertraglich zugesichert hat, trotz des Sinkens der Kaufkraft der Goldmark grundsätzlich die Aufwertung der zugesagten Pension höchstens bis zu dem Dollarwerte verlangen können, den die zugesagte Papiermarkpension im Zeitpunkte der Zusage hatte, da sich nach der Urteilsbegründung ein pensionsberechtigter Angehöriger ebensogut eine gewisse Kürzung seiner Pensionsansprüche gefallen lassen muß, wie die Inflation zu einer allgemeinen Verarmung mit Herabschraubung der Lebenshaltungsansprüche geführt hat.

23. **Verpflichtung des Arbeitgebers zur Pensionszahlung nach Übernahme einer aufgelösten Betriebspensionskasse.** Auch dann, wenn ein Arbeitgeber in den einschlägigen Dienstverträgen keine eigene Verpflichtung zur Pensionszahlung an seine Arbeitnehmer übernommen, sich vielmehr lediglich verpflichtet hat, durch Zusatzbeiträge an eine besondere Betriebspensionskasse zur Altersversicherung seiner Arbeitnehmer beizutragen, kann nach einem Urteil des Reichsgerichtes vom 12. Februar 1926, Nr. III 344/25,

unter Umständen eine Verpflichtung des Arbeitgebers zur Zahlung bzw. Aufwertung von Pensionsbeträgen daraus erwachsen, daß der Arbeitgeber eine Betriebspensionskasse aufgelöst und das Vermögen der aufgelösten Pensionskasse übernommen hat.

24. Zuständigkeit der Aufwertungsstelle für Ansprüche auf Aufwertung von Ruhegehältern und Pensionen. Nach einem Urteil des Kammergerichts vom 15. Dezember 1925 (Der leitende Angestellte 1926, Heft 4, S. 32) sind die Aufwertungsstellen auf Grund der §§ 63 Abs. 2, Nr. 6 und 64 des Aufwertungsgesetzes nur dann für Streitigkeiten über die Aufwertung von Ruhegehalts- und Pensionsansprüchen privater Arbeitnehmer zuständig, wenn zur Erfüllung der tariflichen, vertraglichen oder freiwilligen Ruhegehalts-, oder Pensionszusagen besondere selbständige oder unselbständige Pensionskassen oder Pensionsfonds gebildet worden waren, nicht jedoch auch dann, wenn eine solche Bildung einer Pensionskasse oder eines Pensionsfonds nicht stattgefunden hat.

(Weitere Entscheidungen siehe unter Nr XVI B C.)

g) Wann sind Gratifikationen, Tantiemen, Provisionen usw. zu zahlen?

1. siehe Band I, S. 42—43.
2.— 6. » » II, » 33—34.
7.—10. » » III, » 27—28.

11. Gratifikation zur Abgeltung unbezahlter Überstunden. Ist Arbeitnehmern als Abgeltung für geleistete und nicht bezahlte Überstunden eine Weihnachts- oder Abschlußgratifikation in Aussicht gestellt worden, so steht den betr. Arbeitnehmern nach einem Urteil des Kaufmannsgerichtes Hamburg (Bankbeamtenzeitung 1926, Nr. 2, S. 23) mangels gegenteiliger ausdrücklicher Vereinbarungen ein klagbarer Rechtsanspruch auf diese Gratifikation zu.

12. Keine Gratifikationsansprüche kraft Gewohnheitsrechtes und bei vorzeitigem Austritt. Nach einem Urteile des Amtsgerichtes Saarbrücken vom 25. August 1925 (Praxis des Arbeitsrechtes 1925, Nr. 11) können Arbeitnehmer aus regelmäßigen freiwilligen Gratifikationszahlungen des Arbeitgebers Gratifikationsansprüche für die folgenden Jahre nicht ableiten. Nach derselben Entscheidung stehen auch vertraglich oder tariflich zugesicherte Abschlußgratifikationen nicht auch solchen Arbeitnehmern zu, welche während der Zeit der Abschlußarbeiten nicht mehr bei dem betreffenden Arbeitgeber beschäftigt waren.

18. Provisionsansprüche von Handelsagenten. Mangels gegenteiliger ausdrücklicher Vertragsbestimmungen können Handelsagenten gemäß einem Gutachten der Industrie- und Handelskammer Hannover, Nr. Ia 228 46/25 (Wirtschaftsblatt Niedersachsen 1926, S. 176) auch für solche Kaufabschlüsse die allgemein vereinbarte Abschlußprovision verlangen, welche zwischen ihnen selbst und der vertretenen Firma in bezug auf die unter den Agenturvertrag fallenden Waren abgeschlossen worden sind.

h) Wie weit sind Überstunden und Sonntagsarbeitszulagen zu bezahlen?

1. siehe Band I, S. 43.

2. Rechtsgültiger Verzicht auf tarifliche Überstundenzuschläge liegt nach einer Entscheidung des Kaufmannsgerichtes Kassel vom 14. April 1926, Nr. Z 63/26 (Blätter für Arbeitsrecht 1926/11) vor, wenn Arbeitnehmer ohne vorherige Befragung der Geschäftsleitung und ohne ausdrücklich im voraus Überstundenzuschläge zu fordern, Überstundenarbeit leisten, obwohl die Geschäftsleitung bekanntgegeben hat, daß Überstunden mit Rücksicht auf die Geschäftslage nicht mehr genehmigt und bezahlt werden können.

(Weitere Entscheidungen siehe unter Nr. IV B h, l, m und XXI. B, d.)

i) Welche Sonderregeln gelten für Akkordarbeit?

1.—3. siehe Band II, S. 34—35.
4. » » III, » 28.

5. Garantie des Mindeststundenlohnes in Akkordverträgen. Sofern der Arbeitgeber den Akkordarbeitern in den einschlägigen Arbeitsordnungen, Tarif- oder Einzelverträgen als Mindestlohn den für die betr. Arbeitnehmergruppen vorgesehenen tariflichen Stundenlohn garantiert hat, können die Akkordarbeiter mangels gegenteiliger ausdrücklicher Bestimmungen nach einer allerdings umstrittenen Entscheidung des Gewerbegerichtes Hamburg vom 1. März 1926 (Mitteilungen der Arbeitgeberverbände Unterelbe und Hamburg-Altona 1926, Nr. 10, S. 214) diesen garantierten Mindestzeitlohn auch dann verlangen, wenn sie bei der Arbeit es nachweislich an dem nötigen Eifer haben fehlen lassen.

k) Welche Folgen hat unpünktliche Lohn- oder Gehaltszahlung?

1. siehe Band II, S. 35.

l) Welche Rechtsfolgen hat Versäumung der Einspruchsfristen der Arbeitsordnung?

1. Versäumung der Einspruchfrist der Arbeitsordnung. Besagt eine Arbeitsordnung ausdrücklich, daß Einsprüche gegen die Richtigkeit der Lohnabrechnung oder Lohnzahlung innerhalb eines bestimmten Zeitraumes an bestimmten Stellen anzubringen sind, so verlieren Arbeitnehmer, die eine erfolgte Zahlung nicht innerhalb der vorgesehenen Frist ordnungsmäßig beanstanden, nach einem Urteil des Gewerbegerichtes Gelsenkirchen vom 8. September 1925 (Arbeitsrecht 1926, S. 417) auch dann etwaige Nachforderungsansprüche wegen unrichtiger Lohnabrechnung, wenn sie nur deshalb keinen Einspruch gegen die Abrechnung eingelegt haben, weil bereits andere Mitarbeiter gegen die gleiche Art der Abrechnung Einspruch erhoben hatten, und weil die Betriebsvertretung wegen der grundsätzlichen Streitfrage bereits Verhandlungen mit dem Betriebsrate aufgenommen hatte.

(Weitere Entscheidungen siehe unter Nr. XXI B c).

VI. Lohnpfändung und Steuerabzüge.

A. Die einschlägigen Gesetzesbestimmungen.

1. Das Gesetz betr. die Beschlagnahme des Arbeits- oder Dienstlohnes vom 21. Juni 1869 (RGBl. S. 242) nebst den dazu ergangenen Ausführungs- und Abänderungsbestimmungen vom 29. März 1897 (RGBl. 159) vom 17. Mai 1896 (RGBl. S. 332), vom 13. Dezember 1917 (RGBl. S. 1102).
2. Verordnung über Lohnpfändung vom 25. Juni 1919 (RGBl. S. 258) mit den Abänderungen vom 10. August 1920 (RGBl. S. 1572) und vom 23. Dezember 1891 (RGBl. S. 1667) und vom 7. Januar 1924.
3. Gesetz betr. die Pfändbarkeit von Gehaltsansprüchen vom 23. Dezember 1921 (RGBl. 1657).
4. Das Einkommensteuergesetz vom 29. März 1920 (RGBl. S. 359) nebst den dazu ergangenen Abänderungs- und Ausführungsbestimmungen, insbesondere den zahlreichen Bestimmungen über den Steuerabzug.
5. Das Steuerüberleitungsgesetz vom 29. Mai 1925 (RGBl. I S. 75).
6. Einkommensteuergesetz vom 10. August 1925 (RGBl. I. S. 189).
7. Gesetz über Beschränkung der Einnahmen aus der Lohnsteuer vom 3. September 1925 (RGBl. I S. 331).
8. Gesetz über die Senkung der Lohnsteuer vom 19. Dezember 1925 (RGBl. I S. 469).
9. Gesetz zur Vereinfachung der Lohnsteuer vom 26. 2. 26 (RGBl. I S. 107).

B. Die wichstigsten Einzelfragen.

a) Wie weit sind die Löhne und Gehälter unpfändbar?

1.—4. siehe Band I, Seite 44—46.
5.—6. » » II, » 36.
7.—8. » » III, » 30—31.

9. Aufhebung der Unpfändbarkeit von Lohn- und Gehaltsansprüchen durch Vergleichsabschlüsse. Schließt ein Arbeitnehmer, der gegenüber seinem Arbeitgeber Forderungen aus dem Arbeitsvertrage neben anderen nicht unter den Arbeitsvertrag fallenden Forderungen geltend gemacht hat, über seine sämtlichen Forderungen einen Vergleich ab, und läßt sich nach Vergleichsabschluß nicht mehr feststellen, welcher Teil der Vergleichssumme auf die früheren Lohn- und Gehaltsforderungen und welcher Teil auf die sonstigen Forderungen entfällt, so gilt nach einem Urteil des Reichsgerichtes vom 6. Oktober 1925, Nr. VI 229/25 (Deutsche Juristen-Zeitung 1926, S. 377), mit dem Vergleichsabschlusse mangels gegenteiliger ausdrücklicher Vereinbarung auch die Unpfändbarkeit der in der Vergleichssumme enthaltenden früheren Lohn- und Gehaltsbeträge unter.

b) Wie weit darf der Arbeitgeber gegen Lohn- und Gehaltsforderungen aufrechnen oder ein Zurückbehaltungsrecht geltend machen?

1.— 2. siehe Band I, Seite 46.
3.— 7. » » II, » 37—38.
8.—13. » » III, » 31—33.

14. Aufrechnung mit Schadenersatzforderungen gegen unpfändbare Lohn- und Gehaltsteile. Auch das Kaufmannsgericht Hamburg stellte sich mit Urteil vom 2. Juli 1925 (Stichworte des Arbeitsrechtes 1926, Nr. 2) auf den Standpunkt, daß der Arbeitgeber gegenüber unpfändbaren Lohn- und Gehaltsteilen jedenfalls mit solchen Schadenersatzforderungen aufrechnen kann, die ihm wegen einer vorsätzlich begangenen strafbaren Handlung des Arbeitnehmers zustehen. Dagegen nimmt ein Urteil des Gewerbegerichtes Augsburg vom 2. September 1925 (Betriebsräterundschau 1925, Nr. 53, S. 214) an, daß der Arbeitgeber gegenüber unpfändbaren Lohn- und Gehaltsansprüchen auch nicht wegen seiner aus einem Vertragsbruch der Arbeitnehmer entspringenden Schadenersatzansprüche ein Recht der Lohnaufrechnung, Lohneinbehaltung oder Lohnzurückhaltung geltend machen kann.

15. Zurückbehaltungsrecht gegenüber unpfändbaren Lohn- und Gehaltsforderungen. Ein vereinzeltes Urteil des Gewerbegerichtes Bremen vom 24. September 1925 (Mitteilungen d. Arbeitgeberverb. Unterelbe und Hamburg-Altona 1926, Nr. 2, S. 163) vertritt die Ansicht, daß der Arbeitgeber gegenüber an sich unpfändbaren Lohn- und Gehaltsteilen auch wegen solcher Gegenforderungen ein Zurückbehaltungsrecht ausüben darf, die auf fahrlässiger Schadenzufügung durch den Arbeitnehmer beruhen und nicht nur, wie die herrschende Meinung annimmt, wegen solcher Gegenforderungen, die auf vorsätzlich vertragswidrigen oder unerlaubtem Verhalten des Arbeitnehmers beruhen.

16. Lohnabzüge wegen Beschädigung oder Verlust von Arbeitsgeräten. Nach den Entscheidungen des Berggewerbegerichtes Dortmund vom 15. Oktober und 11. November 1924 sowie des Berggewerbegerichtes Aachen vom 8. September 1924 (Arbeitsrecht 1925, S. 1024) ist der Arbeitgeber berechtigt, Lohn- und Gehaltsbeträge um seine angemessenen Schadenersatzforderungen zu kürzen, wenn durch vorsätzliches oder fahrlässiges Verhalten eines Arbeitnehmers Arbeitsgeräte verlorengegangen oder beschädigt worden sind.

c) Wie ist der Steuerabzug vom Arbeitslohn zu berechnen und durchzuführen?

1.— 7. siehe Band I, Seite 46—49.
8.—21. » » II, » 38—44.
22.—27. » » III, » 33—46.

28. Rückerstattung von Steuerabzugsbeträgen. Durch ein im Reichsgesetzblatt I, Nr. 11, S. 107, veröffentlichtes Gesetz zur Vereinfachung der Lohnsteuer vom 26. Februar 1926 sind die Bestimmungen des Einkommensteuergesetzes vom 10. August 1925 über die Rückerstattung überhobener Steuerabzugsbeträge wesentlich vereinfacht worden.

29. Einforderung der Steuerbücher vom Arbeitgeber. Wenn auch im allgemeinen nach § 55 der Durchführungsbestimmungen über den Steuerabzug vom Arbeitslohne vom 20. Dezember 1923 (Reichssteuerblatt S. 478) in erster

Linie die Arbeitnehmer zur Ablieferung ihrer Steuerbücher an das Finanzamt verpflichtet sind, so kann das Finanzamt gemäß einem Urteile des Reichsfinanzhofes vom 14. Oktober 1925, Nr. VI A 810/25 doch auch den Arbeitgeber zu Nachprüfungszwecken unter Androhung und eventueller Festsetzung von Ordnungsstrafen anhalten, die in seinem Besitz befindlichen Steuerbücher bzw. Steuerkarten seiner Arbeitnehmer innerhalb bestimmter angemessener Fristen einzuliefern.

30. Erhöhung der Werbungskosten für Kriegsbeschädigte und Kriegerwitwen. Gemäß einem Erlaß des Reichsfinanzministers vom 12. Dezember 1925 sind die Finanzämter berechtigt, rentenberechtigten Kriegsbeschädigten, die um 25 vH erwerbsbeschränkt sind, auf ihren Antrag mit Rücksicht auf ihre besonderen wirtschaftlichen Verhältnisse und die ihnen erwachsenden höheren Werbungskosten und Sonderleistungen eine Erhöhung des gesetzlichen steuerfreien Lohnbetrages und der Pauschalsätze von Werbungskosten und Sonderleistungen (also des Gesamtbetrages von zurzeit 100 Reichsmark monatlich) um den Hundertsatz ihrer anerkannten Erwerbsbeschränkung zu bewilligen. Darüber hinaus kann in Einzelfällen eine besondere weitere Erhöhung der steuerfreien Lohnbeträge stattfinden, sofern dies mit Rücksicht auf die besondere Art der Kriegsbeschädigung gerechtfertigt erscheint. Bei Kriegsbeschädigten, die gemäß § 31 des Reichsversorgungsgesetzes eine Pflegezulage erhalten, sind die steuerfreien Lohnbeträge um mindestens 200 vH zu erhöhen. Bei Kriegerwitwen rechnen nach demselben Erlasse des Reichsfinanzministers Aufwendungen im Haushalte, die durch die Erwerbstätigkeit der Kriegerwitwe beim Vorhandensein minderjähriger Kinder veranlaßt werden, zu den besonderen wirtschaftlichen Verhältnissen, die gemäß § 75 Nr. 1 des Einkommensteuergesetzes durch Erhöhung des steuerfreien Lohnbetrages berücksichtigt werden können.

31. Abführung von Steuerabzugskleinbeträgen. Gemäß einem Erlaß des Reichsfinanzministers vom 31. Dezember 1925, Nr. IIIc 7750 (Steuerblatt der Deutschen Arbeitgeberzeitung 1926, Nr. 2) brauchen mit Wirkung vom 1. Februar 1926 ab die vom Arbeitgeber einbehaltenen Steuerabzugsbeträge nicht dekadenweise, sondern erst zum 5. des folgenden Monates an das Finanzamt abgeführt zu werden, wenn sie im ganzen Kalendermonate für die sämtlichen bei dem betreffenden Arbeitgeber beschäftigten Arbeitnehmer den Betrag von 100 Reichsmark nicht übersteigen.

32. Steuerabzug bei Kurzarbeit. Gemäß einem Erlaß des Reichsfinanzministers vom 9. 2. 1926, Nr. IIIe 900 (Steuerblatt der Deutschen Arbeitgeberzeitung 1926/5), sind im Falle der Kurzarbeit die gesetzlich für den ganzen Lohnzahlungszeitraum vorgesehenen steuerfreien Beträge auch dann als steuerfrei außer Ansatz zu lassen, wenn der Arbeitnehmer während eines Teiles des Lohnzahlungszeitraumes ohne sein Verschulden keinen Lohn bezogen hat.

33. Steuerabzug von Dienstaufwandsentschädigungen. In einem Erlaß vom 31. Dezember 1925 Nr. IIIc 7000 (Steuerblatt der deutschen Arbeitgeberzeitung 1926, Nr. 2) hat der Reichsfinanzminister neue eingehende Richtlinien darüber aufgestellt, wann und in welchem Umfange Dienstaufwandsentschädigungen, die privaten Arbeitnehmern für Repräsentationszwecke usw. gewährt werden, der Steuerabzugspflicht und der Einkommensteuer überhaupt unterliegen.

34. Streikunterstützungen sind nicht steuerabzugspflichtig. Gemäß einer Entscheidung des Reichsfinanzministers vom 26. Februar 1926, Nr. III e 1050 (Industrieschutz 1926/1008).

35. Rechtsmittel gegen Ablehnung der Erhöhung der steuerfreien Lohnbeträge. Gemäß einem Urteile des Reichsfinanzhofes vom 24. Juli 1925, Nr. VI A 242/24 (Steuerblatt der Deutschen Arbeitgeberzeitung 1926 Nr. II), können, Arbeitnehmer gegen einen Bescheid des Finanzamtes, durch den eine beantragte Erhöhung des steuerfreien Lohnbetrages abgelehnt oder nicht in vollem Umfange bewilligt worden ist, innerhalb eines Monates seit Zustellung des Bescheides Einspruch erheben. Gegen den Einspruchsbescheid kann Berufung und gegen den Berufungsbescheid Rechtsbeschwerde eingelegt werden.

36. Berufung gegen Bescheide nach Artikel I § 19 der Steuernotverordnung. Nach einer Entscheidung des Reichsfinanzhofes vom 24. Juni 1925 (Juristische Wochenschrift 1926, S. 726) steht Arbeitnehmern gegenüber Bescheiden gemäß Artikel I § 19 der Steuernotverordnung das Recht der Berufung zu.

d) Welche Rechtsfolgen hat verspätete Lohnzahlung?

1. siehe Band I, Seite 49.
2. » » III, » 47.

(Weitere Entscheidungen siehe unter Nr. V B k.)

e) Wie weit sind Lohn- und Gehaltsforderungen gegen Konkursausfälle gesichert?

1. siehe Band III, Seite 47.

f) Wann müssen die Lohn- und Gehaltszahlungen stattfinden?

1. **Keine Sondervergütung für das Abholen des Arbeitslohnes.** Wird die Arbeit an Lohnzahlungstagen auf Grund von Sonderabmachungen oder von Tarifbestimmungen ausgesetzt, so können die Arbeitnehmer, die zwecks Abholung des Arbeitslohnes an den Ausfalltagen besonders zur Arbeitsstelle kommen, für die dafür benötigte Zeit nach einem Urteil des Gewerbegerichtes Altona vom 11. Februar 1926 (Stichworte des Arbeitsrechtes 1926/7) eine Sondervergütung nicht verlangen.

(Weitere Entscheidungen siehe unter Nr. VB k und VI B d.)

VII. Arbeitsleistung und Leistungsverweigerung.

A. Einschlägige Gesetzesbestimmungen.

1—3. Siehe unter Nummer III A.
4. » » » V A 2.
5. » » » XIII A.

B. Die wichtigsten Einzelfragen.

1.—2. siehe Band II, Seite 45.
3.—5. » » III, » 48—49.

6. Leistung ungewöhnlicher Arbeiten. In Notfällen kann der Arbeitgeber gemäß einem ohne Zeitangabe in der Praxis des Arbeitsrechtes 1925, Nr. 11, veröffentlichten Urteile des Kaufmannsgerichtes Berlin auch die Leistung solcher Arbeiten verlangen, die zwar außerhalb des normalen Arbeitsrahmens des betreffenden Arbeitnehmers liegen, die jedoch nach Lage des Falles dem betreffenden Arbeitnehmer nach den Grundsätzen von Treu und Glauben zugemutet werden können. So kann der Arbeitgeber nach der vorerwähnten Entscheidung beispielsweise auch von Expedienten die Erledigung von Botengängen in dringenden Ausnahmefällen unter Androhung der fristlosen Entlassung für den Weigerungsfall verlangen.

7. Unverschuldete Arbeitrückstände eines Buchhalters bilden allein gemäß Urteil des Kaufmannsgerichtes Breslau (Arbeitsrecht 1925, S. 1031) keinen wichtigen, die fristlose Entlassung rechtfertigenden Kündigungsgrund.

8. Fristlose Entlassung wegen Arbeitsverweigerung nur nach wiederholter Aufforderung zur Arbeit. Nach einem allerdings umstrittenen Urteil des Gewerbegerichtes Berlin vom 23. April 1925 (Blätter für Arbeitsrecht 5/3) ist die fristlose Entlassung von Arbeitnehmern auf Grund des § 123 Abs. 1 Ziffer 3 wegen Arbeitsverweigerung im allgemeinen nur dann gerechtfertigt, wenn der Arbeitnehmer die Arbeit trotz wiederholter Verwarnung bzw. Aufforderung zur Wiederaufnahme der Arbeit während einer erheblichen Zeitdauer in offenkundiger Widersetzlichkeit verweigert hat.

(Weitere Entscheidungen siehe unter den Nr. XIII Bc und h und XVIII f, g und h.)

VIII. Unfall- und Gesundheitsschutz.

A. Einschlägige Gesetzesbestimmungen.

1. Gewerbeordnung für das Deutsche Reich vom 26. Juli 1900 (RGBl. S. 871).
2. Bürgerliches Gesetzbuch vom 18. August 1896 (RGBl. S. 195).
3. Reichsversicherungsordnung in der Fassung vom 15. Dezember 1924 (RGBl. S. 779) und vom 9. 1. 26 (RGBl. I S. 9) mit der in Abschnitt C unter Nr. 117 aufgeführten Abänderungen.
4. Angestelltenversicherungsgesetz vom 28. 5. 1924 (RGBl. I S. 563) nebst den in Abschnitt C unter Nr. 112 aufgeführten Ausführungs- und Abänderungsbestimmungen.
5. Reichsknappschaftsgesetz vom 23. 6. 1923 (RGBl. S. 291) nebst den in Abschnitt C unter Nr. 98 aufgeführten Abänderungsbestimmungen.
6. Verordnung über Arbeiterschutz vom 12. November 1918 (RGBl. S. 1309).
7. Verordnung über den Betrieb der Anlagen der Großeisenindustrie vom 23. Januar 1920 (RGBl. S. 75).
8. Gesetz über Ausbau der Angestellten- und Invalidenversicherung und über Gesundheitsfürsorge in der Reichsversicherung vom 28. 7. 1925 (RGBl. S. 157) nebst den in Abschnitt C unter Nr. 130 ausgeführter Abänderungsbestimmungen.
9. Verordnung über die Beschäftigung von Arbeiterinnen und jugendlichen Arbeitern in Glashütten, Glasschleifereien und Glasbeizereien sowie Sandblasereien vom 4. März 1926 (RGBl. I S. 174).
10. Hausarbeitsgesetz vom 30. Juni 1923 (RGBl. S. 472).

B. Die wichtigsten Einzelfragen.

a) Was geschah zur Unfallbekämpfung?

1. siehe Band I, Seite 51.
2. » » II, » 46.
3. » » III, » 50.

4. Länderausschuß für Unfallverhütung. Gemäß einem im Reichsarbeitsblatt 196, Nr. 3, S. 14 veröffentlichten Erlasse des Reichsarbeitsministers vom 24. Dezember 1925 Nr. III, B 6898 ist unter dem Vorsitz des Präsidenten der Reichsarbeitsverwaltung ein aus Vertretern der obersten Landesbehörden zusammengesetzter Landesausschuß für Unfallverhütung geschaffen worden, der die Aufgabe hat, zu prüfen, in welcher Weise die Unfallverhütungsvorschriften der Berufsgenossenschaften auszugestalten sind, um den Anforderungen der Gewerbeaufsicht zu entsprechen.

5. Gemeinschaftsarbeit bei der Ausführung der Unfallverhütungsvorschriften. Um ein enges Uusammenarbeiten der technischen Aufsichtsbeamten der Berufsgenossenschaften und der Gewerbeaufsichtsbeamten zu erzielen und um zu verhüten, daß der gleiche Betrieb zwecks Überwachung der Unfallverhütung ohne zwingenden Grund hintereinander von dem Gewerbeaufsichtsbeamten und technischen Aufsichtsbeamten besichtigt wird, sind Richtlinien über eine Gemeinschaftsarbeit zwischen den Berufsgenossenschaften und den Gewerbeaufsichtsbehörden aufgestellt, die mit einem Erlaß des Reichsarbeitsministers vom 28. Dezember 1925, Nr. III B 6769 im Reichsarbeitsblatt Nr. 3 S. 15 veröffentlicht werden.

6. Zusammenarbeiten der technischen Aufsichtsbeamten der Berufsgenossenschaften mit den Betriebsvertretungen. In einem Runderlasse vom 4. Dezember 1925, Nr. I U 2051 (Reichsarbeitsblatt 1925, S. 564), weist das Reichsversicherungsamt die technischen Aufsichtsbeamten der Berufsgenossenschaften an, zu den Betriebsbesichtigungen die gesetzlichen Betriebsvertretungen, in erster Linie die Betriebsobmänner bzw. die Vorsitzenden der Betriebsräte bzw. die mit den Fragen der Unfallverhütung besonders vertrauten Mitglieder des Betriebsrates oder der Belegschaft nach Möglichkeit heranzuziehen. Sofern besondere Unfallvertrauensmänner in dem betreffenden Betriebe gewählt sind, sollen sie ebenfalls von den technischen Aufsichtsbeamten zu der Besichtigung zugezogen werden. Die Berufsgenossenschaften sind weiterhin angewiesen worden, Anregungen, Vorschläge und besondere Auskünfte der Betriebsvertretungs- bzw. Belegschaftsmitglieder in den Besichtigungsberichten zu vermerken, auf derartige Anregungen und Vorschläge in den Verhandlungen mit der Betriebsleitung besonders einzugehen und in den Jahresberichten die Durchführung und die Wirkung dieses neuen Runderlasses ausführlich darzulegen.

7. **Grundsätze für die Sicherheit von Niederdruck-, Warmwasserheizanlagen und von Warmwasserbereitungsanlagen,** sind von der Reichsarbeitsverwaltung auf Antrag des Verbandes der Zentralheizungsindustrie mit der Bitte mitgeteilt, sie möglichst als Grundlagen für ihre Maßnahmen zu benutzen. Diese Grundsätze entsprechen den in den Erlassen des preußischen Ministers für Handel und Gewerbe vom 22. Mai und 5. Juni 1925, Nr. III 1574 und III 1221 (Ministerialblatt der Handels- und Gewerbeverwaltung, Heft 11 und 12/1925) niedergelegten Grundsätzen und sind im Reichsarbeitsblatt 1926, S. 132, veröffentlicht.

b) Was gilt als Betriebsunfall?

1.—2. siehe Band II, Seite 46—47.
3.—6. » » III, » 50—51.

7. **Unfälle von Betriebsangehörigen beim Reinigen von Essgeschirren** innerhalb der Betriebsräume bzw. innerhalb des Betriebsgeländes gelten nach einer Entscheidung des Reichsversicherungsamtes Nr. I a 887/25 als entschädigungspflichtige Betriebsunfälle im Sinne der Reichsversicherungsverordnung.

8. **Indirekte Unfallfolgen.** Zu den Unfallfolgen, für die die Berufsgenossenschaft dem Unfallversicherten im Rahmen der Versicherungsbestimmungen Ersatz zu leisten hat, gehören nach einem Urteile des Reichsgerichtes vom 11. Dezember 1925 Nr. III 14/25 auch solche Gesundheitsbeschädigungen, die erst nachträglich auftreten, die jedoch mit dem Betriebsunfall selbst nach ärztlichem Gutachten im Kausalzusammenhang stehen, so beispielsweise Tuberkuloseerkrankungen, die mit Knochenbrüchen, Quetschungen usw. in kausalem Zusammenhange stehen.

9. **Selbstmord als Unfallfolge.** Nach einem Urteil des Reichsversicherungsamtes vom 3. Oktober 1925, Nr. I a 1063/24 (Arbeiterrecht und Arbeiterversicherung 1926,

Nr. 4, S. 24), gilt Selbstmord eines Unfallverletzten nur ausnahmsweise dann als entschädigungspflichtige Unfallfolge wenn der Selbstmord nachweislich in einem durch den Unfall hervorgerufenen Zustande der Unzurechnungsfähigkeit begangen worden ist, in dem die freie Willensbestimmung ausgeschlossen war.

10. Betriebsunfälle von Arbeitnehmern bei vorübergehender Aushilfe in fremden Betrieben. Erleiden Arbeitnehmer Betriebsunfälle in Zeiten, in denen sie von ihrem Arbeitgeber einem anderen Arbeitgeber zu Aushilfsarbeiten vorübergehend zur Verfügung gestellt worden sind, so gehen die Lasten dieser Betriebsunfälle gemäß einem Urteile des Reichsversicherungsamtes vom 25. Juni 1924, Nr. I a 164/24, zu Lasten derjenigen Berufsgenossenschaft, welcher der Arbeitgeber angehört, der den betreffenden Arbeitnehmer während der Zeit des Betriebsunfalles gezahlt hat. Gleichgültig ist dabei, ob der lohnzahlende Arbeitgeber dem anderen Arbeitgeber die vorgelegten Lohn- und Gehaltsbeträge jeweils in Rechnung stellt.

c) Wie weit sind Schutzkleider zu stellen?

1. siehe Band III, Seite 52.

d) Wie weit sind Rauchverbote einer Arbeitsordnung wirksam?

1. Rauchverbote. Besagt eine Arbeitsordnung, daß das Rauchen in den als feuergefährlich bezeichneten Arbeitsräumen verboten ist, so ist der Arbeitgeber gemäß Urteil des Gewerbegerichtes Berlin vom 20. Oktober 1925 (Blätter für Arbeitsrecht 4, 26) selbstverständlich befugt, die einzelnen Räume zu bezeichnen, die im Sinne eines solchen Rauchverbotes der Arbeitsordnung als feuergefährlich anzusehen sind. Dies gilt natürlich nur dann, wenn die Arbeitsordnung nicht ausdrücklich der Betriebsvertretung oder dritten Stellen ein Recht der Mitbestimmung bei der Bezeichnung der feuergefährlichen Räume einräumt.

e) Welche Rechtsfolgen hat die Nichtbeachtung von Unfallverhütungsvorschriften?

1. Schadenersatzpflicht des Arbeitgebers gegenüber der Berufsgenossenschaft wegen Übertretung von Unfall-Verhü-

tungsvorschriften. Haben Arbeitgeber durch Nichtbeachtung von Unfallverhütungsvorschriften in fahrlässiger Weise einen Unfall eines Arbeitnehmers verschuldet, so kann die zuständige Berufsgenossenschaft nach einem Urteil des Reichsgerichtes vom 8. Februar 1926, Nr. IV 278/25, von den betr. Arbeitgebern Ersatz derjenigen Aufwendungen an Unfallrenten, Krankengeld usw. verlangen, die die Berufsgenossenschaft aus Anlaß des in Frage kommenden Unfalles zu machen hatte.

2. Strafbarkeit der Nichtbeachtung von Unfallverhütungsvorschriften. Nach einem Urteil des Reichsgerichtes vom 16. Februar 1926, Nr. I D 43/26 (Deutsche Bergwerkszeitung 1926/84), können Arbeitgeber, Betriebsleiter oder Aufsichtspersonen wegen fahrlässiger Tötung mit Geld oder Gefängnisstrafen belegt werden, wenn sie durch Nichtbeachtung der in Frage kommenden Unfallverhütungsvorschriften tödliche Unfälle verschulden.

IX. Erholungsurlaub.

A. Einschlägige Gesetzesbestimmungen

fehlen; es gelten lediglich die allgemeinen Vertrags- und Tarifgrundsätze.

B. Die wichtigsten Einzelfragen.

a) Besteht Anspruch auf Erholungsurlaub auch ohne ausdrückliche Vereinbarung?

1.—2. siehe Band I, Seite 52.
3.—4. » » III, » 53.

5. Urlaubsansprüche kraft Gewohnheitsrechtes? Im Gegensatz zu der herrschenden Ansicht entschied das Landgericht Elberfeld in den Urteilen vom 24. März und 7. April 1926, Nr. 7, S. 123 und 126/25, daß Arbeitnehmer auf Grund des § 612, Absatz 2 B.G.B., als Teil der üblichen Arbeitsvergütung den in den Vorjahren regelmäßig gewährten Erholungsurlaub jedenfalls solange beanspruchen können, als zwischen ihnen und dem Arbeitgeber nicht ausdrücklich etwas Gegenteiliges vereinbart ist.

b) Besteht Anspruch auf Erholungsurlaub trotz Außerkrafttretens des Tarifvertrages?

1.—2. siehe Band I, Seite 52—53.
3.—5. » » II, » 48—49.
6.—8. » » III, » 54.

9. Urlaubsanspruch trotz Ablaufs des Tarifvertrages und trotz Entlassung. Nach den Entscheidungen des Amtsgerichtes Aaken (Deutscher Verkehrsbund 1926, S. 2, Nr. 1) und des Landgerichtes Elberfeld vom 24. März und 7. April 1926, Nr. 7, S. 123 und 126/25 gilt der tariflich oder verträglich zugesicherte Erholungsurlaub als Teilvergütung für die Arbeitsleistung der Arbeitnehmer; so daß Arbeitnehmer den tariflich vorgesehenen und vor dem Ablauf des Tarifvertrages bzw. vor der Entlassung verdienten Urlaubsanspruch bzw. die dafür vorgesehene Urlaubsvergütung auch dann beanspruchen können, wenn der Tarifvertrag abläuft oder das Arbeitsverhältnis durch Kündigung seitens des Arbeitgebers oder des Arbeitnehmers zur Beendigung gebracht wird.

10. Kein Urlaubsanspruch in tarifloser Zeit oder auf Grund der Rückwirkung eines Tarifvertrages. Nach einem Urteil des Gewerbegerichtes Kamens (Industrieschutz 1926/98) ist die Urlaubsgewährung rechtlich als eine nur auf Grund ausdrücklicher tariflicher oder verträglicher Vereinbarung und nicht auch gewohnheitsrechtlich einem Arbeitnehmer zustehender zeitweiliger Verzicht des Arbeitgebers auf die von dem Arbeitnehmer zu leistenden Arbeit anzusehen, so daß Arbeitnehmer in tarifloser Zeit mangels gegenteiliger ausdrücklicher Vereinbarung Erholungsurlaub nicht verlangen können, und Arbeitnehmern, die vor dem Abschluß eines neuen Tarifvertrages entlassen worden sind, auch dann nicht auf Grund dieses neuen Tarifvertrages nachträglich eine Abgeltung des nicht genommenen Erholungsurlaubes verlangen können, wenn der betr. Tarifvertrag mit Rückwirkung in Kraft gesetzt ist und der Arbeitnehmer auf Grund dieses Tarifvertrages Erholungsurlaub hätte verlangen können, falls der Tarifvertrag bereits an dem Tage abgeschlossen worden wäre, bis zu welchem ihm Rückwirkung verliehen worden ist.

(Weitere Entscheidungen siehe unter Nr. XXI B f.)

c) Besteht Anspruch auf Erholungsurlaub auch nach Kündigung oder Beendigung des Dienstverhältnisses?

1.—2. siehe Band I, Seite 53.
3.—6. » » II, » 49—50.
7.—11. » » III, » 54—56.

12. Wegfall des Urlaubsanspruches bei fristloser Entlassung aus wichtigem Grunde. Enthält der einschlägige Dienst- oder Tarifvertrag keine ausdrücklichen gegenteiligen Bestimmungen, so verlieren Arbeitnehmer ihren vertraglichen oder tariflichen Anspruch auf den noch nicht genommenen Erholungsurlaub, wenn sie dem Arbeitgeber einen wichtigen Kündigungsgrund geben und der Arbeitgeber daraufhin das Dienstverhältnis fristlos aufkündigt nach den Entscheidungen des Schlichtungsausschusses Frankfurt-Main vom 20. Juni 1921 (Schlichtungswesen

3, 148), des Berggewerbegerichtes Dortmund, Kammer Essen I vom 30. Mai 1924 (Industrieschutz 1925/93), des Gewerbegerichtes Berlin vom 16. Juni 1925, Nr. 610/'25, des Berggewerbegerichtes Zwickau vom 23. Dezember 1924, des Gewerbegerichtes Hamburg vom 7. August 1925 (Arbeiterrecht und Arbeiterversicherung 1925/79), des Gewerbegerichtes Heidelberg vom 26. Juni 1922 (Gewerbe- und Kaufmannsgericht 28. Oktober 1922).

13. Wegfall des Urlaubsanspruches bei wichtigem Kündigungsgrund. Sieht ein Tarif- oder Dienstvertrag den Wegfall des Urlaubanspruches für das laufende Jahr im Falle des Vorliegens eines wichtigen, die fristlose Entlassung rechtfertigenden Kündigungsgrundes bzw. im Falle der fristlosen Entlassung aus wichtigem Grunde vor, so fällt der Urlaubsanspruch nach einem Urteil des Kölner Gewerbegerichts (Kölner Stadtanzeiger 1926 Nr. 64) grundsätzlich, d. h. mangels gegenteiliger ausdrücklicher Vertragsabmachungen nur dann endgültig weg, wenn der Arbeitgeber auch tatsächlich binnen einer Woche seit Entstehung bzw. Bekanntwerden des wichtigen Kündigungsgrundes tatsächlich die fristlose Entlassung ausspricht.

14. Anspruch auf Urlaubsvergütung trotz fristloser Entlassung? Im Gegensatz zu der vielfach vertretenen Auffassung, nach welcher der Urlaubsanspruch ersatzlos wegfällt, falls der Arbeitgeber aus wichtigem Grunde das Dienstverhältnis fristlos aufkündigt, bevor der Arbeitnehmer den zustehenden Erholungsurlaub tatsächlich genommen hat, vertreten die Entscheidungen des Landgerichtes Berlin vom 26. März 1925 (Arbeiterrecht und Arbeiterversicherung, Nr. 7, S. 53), des Gewerbegerichtes Hannover vom 1. August 1926 (Gewerbe- und Kaufmannsgericht 28, 88) den Standpunkt, daß mangels gegenteiliger ausdrücklicher Vertrags- oder Tarifbestimmungen im Falle fristloser Entlassung seitens des Arbeitgebers der Anspruch des Arbeitnehmers auf den bereits vorher nach dem einschlägigen Tarif- oder Einzelvertrag verdienten Erholungsurlaub sich in einem klagbaren durch die fristlose Entlassung nicht untergehenden Anspruch auf die vertragliche oder tarifliche Urlaubsvergütung umwandelt.

15. Wegfall des Urlaubsanspruches bei Kündigungen durch den Arbeitgeber. Macht ein Tarifvertrag die Entstehung des Urlaubsanspruches von der Zurücklegung einer ununterbrochenen Mindestbeschäftigungsdauer bei demselben Arbeitgeber abhängig, so fällt der Urlaubsanspruch nach einem Urteil des Gewerbegerichtes Hamburg vom 24. August 1925 auch dann weg, wenn der Arbeitgeber kurz vor Erreichung der Mindestbeschäftigungszeit das Dienstverhältnis fristlos oder befristet kündigt, es sei denn, daß die Kündigung lediglich aus Schikane ausgesprochen worden ist, um die Entstehung des Urlaubsanspruches zu vereiteln.

16. Urlaubsanspruch nach Kündigungen durch den Arbeitgeber. Nach einem Urteile des Gewerbegerichtes Hamburg vom 7. August 1925 (Gewerkschaftszeitung, Abt. Arbeitsrecht 25, S. 79) fällt mangels gegenteiliger ausdrücklicher Vereinbarung der Urlaubsanspruch eines Arbeitnehmers, auch soweit er sich auf die rückliegende Zeit bezieht, automatisch weg, sobald der Arbeitgeber das Dienstverhältnis aus wichtigem Grunde fristlos aufkündigt. Kündigt der Arbeitgeber dagegen mangels Vorliegens eines wichtigen Kündigungsgrundes das Dienstverhältnis unter Einhaltung der im Einzelfalle geltenden gesetzlichen oder vertraglichen Kündigungsfrist auf, so bleibt der Urlaubsanspruch bestehen und der Arbeitgeber muß dem Arbeitnehmer den Erholungsurlaub auf Verlangen noch während der Kündigungsfrist geben und den Erholungsurlaub auch dann voll bezahlen, wenn die Kündigungsfrist kürzer als die tariflich zustehende Erholungsurlaubszeit ist. Voraussetzung ist allerdings, daß der Arbeitnehmer den Urlaubsanspruch rechtzeitig geltend macht und nicht durch Unterlassung oder Verspätung der Geltendmachung auf den Urlaubsanspruch ganz oder teilweise verzichtet.

17. Anspruch auf Erholungsurlaub bzw. Urlaubsvergütung trotz Kündigung seitens des Arbeitgebers. Kündigt der Arbeitgeber einem Arbeitnehmer nach dem Tage, von welchem ab dem Arbeitnehmer auf Grund tariflicher oder vertraglicher Vereinbarungen Erholungsurlaub zusteht, so bleibt der Urlaubsanspruch mangels gegenteiliger ausdrücklicher Abmachungen bestehen und soweit die Kündigungsfrist zur Gewährung des vollen Erholungsurlaubes nicht mehr ausreicht, wandelt der Urlaubsanspruch sich in einen Anspruch auf die Urlaubsvergütung um nach den Entscheidungen des Gewerbegerichtes Hamburg vom 7. August 1925 (Gewerkschaftszeitung Abteilung Arbeitsrecht 1925 S. 79 und Arbeitsrecht 1926, S. 75), des Amtsgerichtes Aaken (Deutscher Verkehrsbund, S. 2, Nr. 1) des Gewerbegerichtes Hamburg vom 7. August 1925 (Hansiatische

Gerichtszeitung Abteilung Arbeitsrecht 1925, Nr. 42) des Gewerbegerichtes Hamburg (Hanseatische Gerichtszeitung, Abteilung Arbeitsrecht 1925, Nr. 42 und 1926, Nr. 5—8, sowie Arbeitsrecht 1926/75) des Gewerbegerichtes Flöha vom 31. August 1923 (Schlichtungswesen 1924, S. 41, und Karten-Auskunftei des Arbeitsrechtes vom 13. Sept. 1924.)

18. Urlaubsanspruch trotz Aufkündigung des Dienstvertrages durch den Arbeitnehmer. Den Urlaubsanspruch, den der Arbeitnehmer durch die vorangegangene Arbeitsleistung nach den einschlägigen Vertrags- oder Tarifbestimmungen bereits erworben hatte, behält ein Arbeitnehmer nach den Entscheidungen des Gewerbegerichtes Berlin vom 27. November 1924 (Schlichtungswesen 1925, S. 32, und Arbeitsrecht 1925, 580) des Amtsgerichtes Aaken (Deutscher Verkehrsbund, S. 2, Nr. 1, und Arbeitsrecht und Arbeitsversicherung 1926, S. 22, des Gewerbegerichtes Berlin vom 27. November 1924 (Schlichtungswesen 1925/32 und Arbeitsrecht 1925/580), des Gewerbegerichtes Flöha vom 31. August 1923 (Schlichtungswesen 1924, S. 41), auch dann, wenn er auf Grund eigner Kündigung aus dem Dienstverhältnisse ausscheidet. Voraussetzung ist allerdings, daß er den Urlaubsanspruch spätestens vor der endgültigen Entlassung geltend macht. Demgegenüber nimmt jedoch ein Urteil des Gewerbegerichtes Münster vom 28. August 1924 an, daß der Anspruch auf den Erholungsurlaub mangels gegenteiliger ausdrücklicher Vereinbarung verloren geht, wenn der Arbeitnehmer seinerseits das Dienstverhältnis aufkündigt, ohne daß der Arbeitgeber einen wichtigen Grund zum Fristlosen Austritt gegeben hat.

19. Urlaubsanspruch trotz Entlassung vor Beginn der Urlaubsperiode bzw. vor dem für den Urlaubsanspruch maßgebenden Stichtage. Nach einer Entscheidung des Schlichtungsausschusses München vom 21. April 1921 (Schlichtungswesen 3, 127) können Arbeitnehmer ausnahmsweise auch trotz Entlassung vor Beginn der Urlaubsperiode bzw. vor dem für die Entstehung des Urlaubsanspruches maßgebenden Stichtage Erholungsurlaub bzw. die Urlaubsvergütung verlangen, wenn der Arbeitgeber die Kündigung bzw. Entlassung nachweislich nur deshalb ausgesprochen hat, um die Entstehung des Urlaubsanspruches im letzten Augenblicke zu vereiteln.

20. Entlassung vor Festlegung der Urlaubslage. Bestimmt ein Tarifvertrag, daß die Arbeitnehmer den zugesicherten Erholungsurlaub nicht zu beliebiger Zeit sondern nur innerhalb eines bestimmten Zeitraumes und zu einer vom Arbeitgeber zu bestimmenden oder mit ihm zu vereinbarenden Zeit nehmen können, so entsteht der Urlaubsanspruch nach einem Urteil des Gewerbegerichtes Bungstädt vom 5. Juli 1923 (Schlichtungswesen 1924/39) erst mit der tatsächlichen Bestimmung der Urlaubslage, so daß Arbeitnehmer die vor diesem Zeitpunkte auf Grund eigner Kündigung oder auf Grund einer Kündigung seitens des Arbeitgebers aus dem Dienstverhältnisse ausscheiden, weder Urlaub noch Urlaubsvergütung verlangen können. Demgegenüber vertritt jedoch das Gewerbegericht Flöha mit Urteil vom 21. 8. 1923 (Schlichtungswesen 1924/41) den Standpunkt, daß der Urlaubsanspruch auch in solchen Fällen nicht erst mit der Festlegung der Urlaubslage sondern schon mit Ablauf der tariflichen Wartezeit entsteht, so daß Arbeitnehmer, die die Wartezeit erfüllt haben, auch dann im Falle der Entlassung mangels gegenteiliger ausdrücklicher Vertrags- oder Tarifbestimmung und mangels Vorliegens eines wichtigen, die fristlose Entlassung rechtfertigenden Kündigungsgrundes Erholungsurlaub bzw. die Urlaubsvergütung verlangen können, wenn zur Zeit der Kündigung die Urlaubslage noch nicht vom Arbeitgeber festgelegt oder mit ihm vereinbart war.

21. Kein Urlaubsanspruch bei Entlassung vor der Urlaubszeit. Sieht ein Tarif- oder Einzelvertrag ausdrücklich vor, daß der Jahresurlaub nur während einer bestimmten kalendermäßig bezeichneten Zeit beansprucht werden kann, so steht nach einem Urteil des Gewerbegerichtes Hamburg vom 11. Mai 1925 (Hanseatische Gerichtszeitung, Abteilung Arbeitsrecht 1926, Nr. 10, S. 37) nicht auch solchen Arbeitnehmern Erholungsurlaub zu, die auf Grund eigener Kündigung oder auf Grund einer Kündigung seitens des Arbeitgebers ordnungsmäßig vor dieser Stichzeit aus dem Dienstverhältnisse ausgeschieden sind.

(Weitere Entscheidungen siehe unter Nr. XIII B s.)

d) Besteht Anspruch auf Erholungsurlaub auch bei Betriebsstillegung und Werksbeurlaubung?

1.—4. siehe Band I, S. 53—55.
5.—9. » » II, S. 50—51.
10. » » III, S. 56.

11. Wegfall des Urlaubsanspruches nach Werksbeurlaubung. Sieht ein Dienst- oder Tarifvertrag vor, daß nur solche Arbeitnehmer Erholungsurlaub für das laufende Jahr verlangen können, die seit der letzten Urlaubserteilung mindestens ein Jahr lang ununterbrochen in Beschäftigung desselben Arbeitgebers gestanden haben, so fällt der Urlaubsanspruch nach den Entscheidungen des Berggewerbegerichtes Dortmund vom 11. September 1924, 29. und 30. Oktober 1924 sowie des Gewerbegerichtes Düren vom 7. August 1924 (Glückauf 24/21 bis 26) schon dann fort, wenn die betreffenden Arbeitnehmer im voraufgegangenen Jahre längere Zeit werksbeurlaubt gewesen sind. (Vgl. auch die Entscheidungen bei Goerrig, »Das Arbeitsrecht in der Praxis«, Band I, S. 53 f., und Band II, S. 50 f.)

12. Keine Urlaubsansprüche Werksbeurlaubter nach endgültiger Entlassung. Nach einer Entscheidung des Landgerichtes Krefeld vom 23. September 1925 (Stichworte des Arbeitsrechtes 1926/11) können Werksbeurlaubte jedenfalls dann mangels gegenteiliger ausdrücklicher Vertragsabmachungen keinen Erholungsurlaub mehr verlangen, wenn sie nach Werksbeurlaubung mit Rücksicht auf die neuen Bestimmungen betr. die Erwerbslosenfürsorge zwecks Erlangung der Erwerbslosenunterstützung ihre formelle Entlassung durch den Arbeitgeber herbeigeführt haben, bevor sie den vertraglich oder tariflich zustehenden Erholungsurlaub genommen haben.

13. Wegfall des Urlaubsanspruches bei Betriebsstillegung. Ist der Arbeitgeber durch höhere Gewalt gezwungen, seinen Betrieb stillzulegen, so fällt mit der Betriebsstillegung gemäß einem Urteile des Gewerbegerichtes Schleiden (Arbeitsrecht 1925, S. 1024) für die von der Stillegung betroffenen Arbeitnehmer auch der Anspruch auf den bis dahin noch nicht genommenen Erholungsurlaub weg.

(Weitere Entscheidungen siehe unter Nr. XI d, e und f.)

e) Besteht Anspruch auf Erholungsurlaub trotz Krankheit am Stichtage oder längerer Arbeitsunfähigkeit?

1. siehe Band I, S. 55—56.
2. » » II, S. 51.

3. Kein Anspruch auf Urlaubsabgeltung in Krankheitsfällen. Ist ein Arbeitnehmer, der selbst gekündigt hat, oder dem vom Arbeitgeber gekündigt worden ist, durch Krankheit gehindert, den ihm noch zustehenden Erholungsurlaub innerhalb der Kündigungsfrist anzutreten, so steht ihm nach einem Urteile des Kaufmannsgerichtes Hamburg vom 8. November 1924 nicht etwa ein Anspruch auf Entschädigung für den nicht genommenen Erholungsurlaub zu.

f) Wieviel Stunden sind bei Erholungsurlaub zu bezahlen, und wie ist die Urlaubsvergütung zu berechnen?

1. siehe Band I, S. 56.

2. Urlaubsvergütung der Akkordarbeiter. Bestimmt der einschlägige Tarifvertrag, daß Akkordarbeiter während des tariflich zustehenden Erholungsurlaubes den Durchschnittsstundenlohn erhalten, ohne daß nähere tarifliche Bestimmungen betr. die Berechnung dieses Durchschnittslohnes vorgesehen sind, so können die betr. Akkordarbeiter nach einer Entscheidung des Gewerbegerichtes Rudolstadt vom 4. September 1925, Nr. A 31/25/10, Arbeiterrecht und Arbeiterversicherung 1926/5/40) als Urlaubsvergütung das Akkorddurchschnittsverdienst der letzten 4 Wochen vor dem Urlaubsantritt verlangen.

3. Urlaubsvergütung bei Kurzarbeit. In der viel umstrittenen Frage, ob Arbeitnehmer, welche ihren Erholungsurlaub in einer Zeit nehmen, in der ihre Betriebsabteilung verkürzt bei verkürzter Arbeitsvergütung arbeitet, den normalen vollen Arbeitslohn oder auch nur eine entsprechend gekürzte Urlaubsvergütung verlangen können, sofern der einschlägige Tarif- oder Dienstvertrag einschlägige Bestimmungen nicht enthält, hat sich das Landgericht Leipzig mit Urteil vom 5. Mai 1925, Nr. D g 309/24 (Neue Zeitschr. f. Arbeitsrecht 1925, S. 742) auf den Standpunkt gestellt, daß Arbeitnehmer während des Erholungsurlaubes beim Fehlen ausdrücklicher gegenteiliger Vertrags- oder Tarifbestimmungen grundsätzlich die Vergütung beanspruchen können, die sie erhalten würden, falls sie zur Zeit des Erholungsurlaubes tatsächlich im Betriebe arbeiteten. Daraus folgert das Landgericht Leipzig, daß Arbeitnehmer, die ihren Erholungsurlaub in einer Zeit nehmen, in der ihre Mitarbeiter verkürzt arbeiten, auch nur eine entsprechend gekürzte Urlaubsvergütung verlangen können, und zwar auch dann, wenn sie während des voraufgegangenen Arbeitsjahres überwiegend voll gearbeitet haben. Denselben Standpunkt nimmt ein Urteil des Gewerbegerichtes Bremen vom 14. Januar 1926 (Gew.- und Kaufmannsgericht 1926/312) ein.

g) Wie werden die Dienstjahre für Urlaubsansprüche berechnet?

1. siehe Band I, S. 56.
2. » » II, » 51—52.
3. » » III, » 56.

4. Wegfall des Urlaubsanspruches wegen Wechsels des Firmeninhabers. Besagt ein Tarifvertrag, daß ein Urlaubsanspruch nur solchen Arbeitnehmern zusteht, die ein Jahr lang im gleichen Betriebe beschäftigt gewesen sind, bzw. im letzten Jahre vor der Urlaubsbeantragung ein Jahr lang ununterbrochen in Beschäftigung desselben Arbeitgebers gestanden haben, so haben gemäß einem Urteile des Gewerbegerichtes Freiburg i. B. vom 7. November 1924 (Internationale Hotel-Industrie Nr. 41, vom 8. Oktober 1925) nicht auch solche Arbeitnehmer Erholungsurlaubsanspruch, die zwar in demselben Betriebe während des letzten Jahres ununterbrochen beschäftigt gewesen sind, deren Arbeitgeber jedoch in dieser Zeit gewechselt hat, weil der Betrieb innerhalb des letzten Jahres von dem bisherigen Arbeitgeber an einen anderen Arbeitgeber verpachtet oder verkauft worden ist.

h) Besteht Anspruch auf Erholungsurlaub nach Arbeitskämpfen?

1. siehe Band I, S. 56—57.
2. » » II, S. 52.

3. Urlaubsanspruch bei Teilstreiks und Aussperrung. Die Tatsache eines Teilstreiks oder einer Aussperrung und die darauf gestützte Entlassung nimmt Arbeitswilligen nach einem Urteil des Gewerbegerichtes Nowawes vom 30. Juni 1925 (Arbeiterrecht im Betriebe vom 19. Dezember 1925) mangels gegenteiliger ausdrücklicher Vertrags- oder Tarifbestimmung auch dann nicht den vorher verdienten Urlaubsanspruch bzw. den Anspruch auf die Urlaubsvergütung, wenn sie sich aus irgendwelchen Gründen mit der fristlosen Entlassung durch den Arbeitgeber einverstanden erklären.

4. Urlaubsanspruch trotz Arbeitsniederlegung? Besagt der einschlägige Tarifvertrag ausdrücklich, daß der Urlaubsanspruch für das laufende Jahr nur bei fristloser Entlassung aus wichtigem Grunde wegfällt, so verlieren nach den Urteilen des Gewerbegerichtes Hamburg vom 7. August 1925 und nach 5 weiteren Urteilen desselben Gerichtes (Hanseatische Gerichtszeitung, Abteilung Arbeitsrecht 1925, Nr. 42, und 1926, Nr. 5 bis 8) nicht auch solche Arbeitnehmer den Erholungsurlaub für das laufende Jahr, die unter Kündigungsausschluß beschäftigt sind und die Arbeit im Streik niedergelegt haben. Den gegenteiligen Standpunkt nimmt dagegen ein Urteil desselben Gerichtes vom 9. August 1925 ein.

5. Urlaubsanspruch bei Wiedereinstellung nach Streikentlassung. Mangels gegenteiliger vertraglicher oder tariflicher Vereinbarung können Arbeitnehmer gemäß einem Urteil des Gewerbegerichtes Neuß vom 17. Dezember 1925 (Der Proletarier 1926, Nr. 2, S. 7) nach Wiedereinstellung auf Grund einer sog. Maßregelungsklausel den tariflichen oder vertraglichen Urlaubsanspruch ohne Rücksicht auf die zwischenzeitige Streikentlassung und Unterbrechung des Dienstverhältnisses in vollem Umfange geltend machen.

6. Verlust des Urlaubsanspruches bei Arbeitsniederlegung bzw. fristloser Entlassung wegen Streikbeteiligung. Arbeitnehmer, die wegen Arbeitsniederlegung unter Tarif- oder Vertragsbruch vom Arbeitgeber fristlos oder befristet entlassen worden sind, können mangels gegenteiliger ausdrücklicher Vereinbarungen oder Tarifbestimmungen Erholungsurlaub bzw. Urlaubsvergütung nach der Entlassung gemäß den Entscheidungen des Schlichtungsausschusses Krefeld vom 8. Juni 1923 und des Gewerbegerichtes Heidelberg vom 26. Juni 1922 (Deutsche Bergwerkszeitung vom 21. Dezember 1923, Jahrbuch arbeitsr. Entsch. III/19, und Gewerbe- und Kaufmannsgericht 28, 10) auch insoweit nicht mehr verlangen, als die Urlaubsansprüche bereits vor der fristlosen Entlassung verdient waren, der Erholungsurlaub jedoch tatsächlich noch nicht angetreten war.

i) Wann kann Abgeltung des Erholungsurlaubes in Geld verlangt werden?

1.—3. siehe Band II, S. 52.
4. » » III, S. 57.

5. Abgeltung verweigerten Erholungsurlaubes. Nach den Entscheidungen des Landgerichtes Elberfeld vom 24. März 1926 und 7. April 1926 (Arbeiterrecht und Arbeiterversicherung 1926/5, S. 37) des Kaufmannsgerichtes Dresden (Der deutsche Bankangestellte 1924/15/156) des Landgerichtes Lübeck vom 31. Mai 1923 (Neue Zeitschrift für Arbeitsrecht 1923/7/61) können Arbeitnehmer, denen der Arbeitgeber vertraglich oder tariflich zustehenden Erholungsurlaub trotz rechtzeitiger Beantragung rechtswidrig verweigert hat, im Falle der Entlassung, des Dienstaustrittes oder des Ablaufes der Urlaubsperiode auch dann Abgeltung des Erholungsurlaubes, d. h. Zahlung der vertraglichen oder tariflichen Urlaubsvergütung neben dem Lohn oder Gehalte für die Zeit der tatsächlichen Arbeitsleistung verlangen, wenn der einschlägige Tarif- oder Einzelvertrag ausdrücklich besagt, daß der Urlaubsanspruch nicht abgeltbar ist.

Weitere Entscheidungen siehe unter Nr. XXII B b.

k) Darf während des Erholungsurlaubes bezahlte Beschäftigung anderweitig aufgenommen werden?

1.—2. siehe Band III, S. 57.

l) Wann liegt Verzicht auf den Urlaubsanspruch vor?

1. siehe Band III, S. 57.

2. Kein Urlaubsanspruch bei verspäteter Geltendmachung. Arbeitnehmer, die den vertraglich oder tariflich zustehenden Erholungsurlaub in Falle eigener Kündigung oder Kündigung seitens des Arbeitgebers nicht so rechtzeitig beantragen, daß der Urlaub noch vor der endgültigen Entlassung genommen werden kann, oder die in Fällen, in denen die Kündigungsfrist kürzer als die Dauer des vertraglich zustehenden Erholungsurlaubes ist, den Urlaub nicht spätestens bei der Kündigung oder unverzüglich nach Ausspruch der Kündigung beantragen, verzichten damit nach den Entscheidungen der Schlichtungsstelle für den Hafenbetrieb Hamburg vom 21. Januar 1924 (Hanseatische Gerichtszeitung, Abt. Arbeitsrecht II, Nr. 2) des Gewerbegerichtes Hamburg vom 11. April 1924 (Arbeitsrecht 1924/4) des Schiedsgerichtes für Seefrachtschiffe vom 4. September 1923 (Neue Zeitschrift für Arbeitsrecht 1924/175) des Gewerbegerichtes Halle vom 14. Februar 1924 (Stichworte des Arbeitsrechtes), endgültig auf den bestehenden Urlaubsanspruch und können nicht etwa nachträglich Abgeltung des nicht genommenen Erholungsurlaubes verlangen und einklagen.

8. Doppelter Urlaubsanspruch wegen Nichtantritts des Erholungsurlaubes im Vorjahre. Sofern der einschlägige Dienst- oder Tarifvertrag nicht ausdrücklich etwas Gegenteiliges besagt, können Arbeitnehmer, die im Vorjahre ihren Erholungsurlaub auf ausdrücklichen Wunsch des Arbeitgebers mit Rücksicht auf die Betriebsverhältnisse nicht angetreten bzw. hinausgeschoben haben, im folgenden Jahre einen doppelten Urlaubsanspruch geltend machen. (Urteil des Kaufmannsgerichtes Berlin, Wäschereizentralblatt 1925, S. 708.)

(Weitere Entscheidungen siehe unter Nr. XIII B s und XXI d.)

m) Wie weit ist bei Gewährung des Erholungsurlaubes der Fortbildungsschulunterricht zu berücksichtigen?

1. siehe Band III, S. 58.

X. Arbeiter- und Angestellten-versicherung.

A. Einschlägige Gesetzesbestimmungen.

1. Reichsversicherungsordnung vom 19. Juli 1911 (RGBl. S. 509) in der Fassung vom 15. 12. 1924 (RGBl. I S. 779 und vom 9. Januar 1926 (RGBl. I S. 9) nebst den dazu ergangenen zahlreichen Abänderungs- und Ausführungsbestimmungen (siehe Abschnitt C Nr. 117).
2. Versicherungsgesetz für Angestellte vom 20. Dezember 1911 (RGBl. S. 989) in der Fassung vom 28. Mai 1924 (RGBl. I S. 563) nebst den dazu ergangenen Abänderungs- und Ausführungsbestimmungen (siehe Abschnitt C Nr. 112).
3. Reichsknappschaftsgesetz vom 23. 6. 1923 (RGBl. I S. 431) nebst den in Abschnitt C unter Nr. 98 angeführten Abänderungs- und Ausführungsbestimmungen.
4. Verordnung über Erwerbslosenfürsorge vom 16. Februar 1924 (RGBl. S. 127) nebst den Ausführungs- und Abänderungsverordnungen vom 13. März 1924, 25. März 1924, 24. Mai 1924, 14. November 1924, 27. März 1925, 27. März 1925, 30. April 1925, 2. Mai 1925, 2. Mai 1925, 17., 18. und 21. Januar sowie 19. und 20. Februar 1926. (RGBl. S. 279, 376, 562, 89, 91, 92, 93, 95, 104, 105. Deutscher Reichsanzeiger Nr. 271 vom 15. November 1924, (RGBl. I S. 31, 33, 53, 61 und 63).
5. Gesetz über Ausbau der Angestellten- und Invalidenversicherung und über Gesundheitsfürsorge der Reichsversicherung vom 28. Juli 1925 (RGBl. I S. 157) nebst den in Abschnitt C unter Nr. 130

angeführten Abänderungs- und Ausführungsbestimmungen.

6. Verordnung zur Durchführung der Angestelltenversicherung bei den Ersatzkassen vom 4. August 1925 (RGBl. S. 187).
7. Verordnung über Krankenhilfe bei den Krankenkassen vom 30. 10. 23 (RGBl. S. 1054) mit den Änderungen vom 29. 11. 23 (RGBl. S. 1157) und 22. 5. 26 (RGBl. S. 243).

B. Die wichstigsten Einzelfragen.

1. Allgemeines.

a) Wie werden die Verdienstgrenzen in der Sozialversicherung berechnet?

1. siehe Band I, Seite 58.
2. » » III, S. 60.

b) Welchen Einfluß hat vorübergehende Beurlaubung auf die Versicherungspflicht?

1. siehe Band I, S. 59.
2. » » II, S. 54.

c) Wie sind die Leistungen aus der Sozialversicherung aufzuwerten?

1. siehe Band I, Seite 59.

d) Welche Gebührensätze gelten im versicherungsrechtlichen Streitverfahren?

1. siehe Band I, Seite 60.

e) Welche ärztlichen Gebührentarife gelten in der Sozialversicherung?

1. siehe Band I, Seite 60.

f) Welche grundsätzlichen Änderungen erstrebt man für die Sozialversicherung?

1. siehe Band I, Seite 60—61.
2. » » III, » 60—61.

g) Welche Vorbeugungsmaßnahmen sieht die Sozialversicherung vor?

1. siehe Band III, Seite 61.

2. Krankenversicherung.

a) Wer ist versicherungspflichtig in der Krankenversicherung?

1.—3. siehe Band I, Seite 61—62.
4.—5. » » II, » 54—55.
6. » » III, » 61—62.

b) Wie hoch sind die Krankenkassenbeiträge?

1.—2. siehe Band I, Seite 62—63.
3. » » II, » 55—56.

4. **Festsetzung der Grundlöhne, Berechnung und Erhebung der Beiträge in der Krankenversicherung.** Durch ein im Reichsgesetzblatt I, Nr. 17, S. 179 veröffentlichtes Gesetz über die Geltungsdauer von Vorschriften der Reichsversicherungsordnung vom 26. März 1926 sind die Bestimmungen im Absatz 8 des § 180 und in den zweiten Absätzen der §§ 318b, 318c, 393a und 393b der Reichsversicherungsordnung in der Fassung vom 15. Dezember 1924 (Reichsgesetzblatt 779) mit Wirkung vom 1. April 1926 gestrichen worden.

c) Welche Verzugszuschläge sind für rückständige Beiträge zu zahlen?

1.—2. siehe Band I, Seite 63.
3. » » II, » 56.

4. **Verzugszuschläge für rückständige Krankenkassenbeiträge.** Durch ein im Reichsgesetzblatt I, Nr. 30, Seite 243,

veröffentlichtes Gesetz vom 22. 5. 1926 über Abänderung des zweiten Buches der Reichsversicherungsordnung ist u. a. mit Wirkung vom 1. 6. 1926 ab der § 397 a der Reichsversicherungsordnung dahin abgeändert worden, daß in Zukunft der Vorstand der Krankenkasse von Arbeitgebern, die mit der Zahlung der Beiträge für die angemeldeten Beschäftigten und Hausgewerbetreibenden in Verzug sind, als Verzugszuschlag zu den Beiträgen nur noch die am Sitze der Kasse üblichen durchschnittlichen Bankzinsen für Leihgelder erheben darf, und daß die Erhebung solcher Verzugszuschläge auch dann nur zulässig ist, wenn die betreffenden Arbeitgeber mit der Beitragszahlung länger als eine Woche von der Fälligkeit und von der Zahlungsaufforderung seitens der Kasse ab in Verzug sind.

d) Unter welchen Voraussetzungen können Betriebskrankenkassen errichtet und erweitert werden?

1.—2. siehe Band I, Seite 64.

3. Ausdehnung von Betriebskrankenkassen auf neu angegliederte Betriebsabteilungen. Werden Betriebe mit selbständigen Betriebsabteilungen durch Angliederung neuer Betriebseinrichtungen bzw. durch Aufnahme früher selbständig gewesener Betriebe erweitert, so werden die in den neuen Betriebsabteilungen beschäftigten Arbeitnehmer gemäß einem Urteile des Reichsversicherungsamtes vom 20. Juni 1924, Nr. II, K 22/24 B (Entscheidungen und Mitteilungen des Reichsversicherungsamtes, Band 16, S. 276) automatisch Mitglieder der Betriebskrankenkasse der betreffenden Firma. Gegen eine solche Angliederung steht der Krankenkasse, der die betreffenden Arbeitnehmer bisher angehört hatten, ein Einspruchs- oder Beschwerderecht nach derselben Entscheidung grundsätzlich nicht zu.

e) Wer kann die Kassenleistungen beanspruchen und bei der Selbstverwaltung mitwirken?

1.—4. siehe Band II, Seite 56—57.
5.—7. » » III, » 62—63.

f) Welche Verfahrensvorschriften gelten für die Krankenkassenorgane?

1.—3. siehe Band III, Seite 63—64.

g) Welche Rechtsfolgen haben Verstöße gegen die Krankenkassensatzungen?

1. Keine mehrmalige Festsetzung einer Ordnungsstrafe wegen Nichtanmeldung eines krankenversicherungspflichtigen Arbeitnehmers. Hat die Krankenkasse einmal eine Ordnungsstrafe gegen einen Arbeitgeber festgesetzt, weil er es unterlassen hat, einen krankenversicherungspflichtigen Arbeitnehmer rechtzeitig anzumelden, so kann nach einem Urteil des Reichsversicherungsamtes Nr. II K 63/25 B nicht nachträglich eine weitere Ordnungsstrafe gegen den betr. Arbeitgeber festgesetzt werden, weil er es trotz der erstmaligen Verhängung der Ordnungsstrafe unterlassen hat, den betr. Arbeitnehmer nachträglich anzumelden.

2. Bestrafung wegen verspäteter Abführung von Krankenkassenbeiträgen. Arbeitgeber, die trotz Mahnung seitens der Krankenkasse fällige Krankenkassenbeiträge, insbesondere die bei den Lohn- und Gehaltszahlungen einbehaltenen Krankengeldanteile der Arbeitnehmer nicht rechtzeitig an die zuständige Krankenkasse abführen, können auch bei tatsächlich vorliegenden Zahlungsschwierigkeiten nach einem Urteil des Amtsgerichtes Nürnberg vom 14. Januar 1926 (Wirtschaftl. Rundschau 1926, Nr. 6, S. 32) mit Gefängnisstrafen auf Grund einer Strafanzeige der zuständigen Krankenkasse belegt werden.

3. Unfallversicherung.

(Siehe auch Nr. VIII.)

a) Welche Leistungen werden in der Unfallversicherung gewährt?

1.—3. siehe Band I, Seite 64—65.
4.—5. » » II, » 57—58.

6. Berechnung des Jahresarbeitsverdienstes in der Unfallversicherung. Durch eine im Reichsgesetzblatt I, Nr. 35, S. 271 veröffentlichte Verordnung vom 14. Juni 1926 über Berechnung des Jahresarbeitsverdienstes in der Unfallversicherung sind die Vorschriften des Artikel 140, Abs. 2 und 3, und der Artikel 141—145 des Gesetzes vom 14. Juli 1925 (Reichsgesetzblatt I, S. 97) mit Wirkung für die Zeit nach dem 30. Juni 1925 in verschiedenen Punkten abgeändert worden.

7. Kinderzulagen, Witwen- und Waisenrenten in der Unfallversicherung. Die Vorschriften betreffend die Bewilligung und Berechnung von Kinderzulagen, Witwen- und Waisenrenten in der Unfallversicherung (§ 559 b und 591 der Reichsversicherungsordnung) sind durch ein im Reichsgesetzblatt I, Nr. 38, S. 311, veröffentlichtes Gesetz vom 25. Juni 1926 mit Wirkung vom 1. Juli 1926 ab in verschiedenen Punkten abgeändert worden.

8. Zwangsabfindung für Unfallrenten. Die Bestimmung des § 616, Abs. 1, der Reichsversicherungsordnung ist durch Gesetz vom 25. Juni 1926 (RGBl. I, Nr. 38, S. 311) abgeändert worden.

b) Welcher Berufsgenossenschaft muß der Betrieb angehören?

1. siehe Band II, Seite 58.

c) Wie sind die Beiträge für die Berufsgenossenschaft zu berechnen und zu entrichten?

1. Beitragsregelung in der Unfallversicherung. Durch eine im Reichsgesetzblatt Nr. I 19, S. 192, veröffentlichte Verordnung des Reichsarbeitsministers vom 31. März 1926 sind die Vorstände der Berufsgenossenschaften auf Grund des § 1 des Gesetzes über Notmaßnahmen in der Unfallversicherung vom 8. Oktober 1923 (RGBl. I, S. 935) ermächtigt worden, die Ergänzung der Rücklage bei der Umlage für das Jahr 1925 abweichend von den Vorschriften der Reichsversicherungsordnung durch geringere Zuschläge zu den Beiträgen vorzunehmen oder von einer Ergänzung der Rücklage für das Jahr 1925 überhaupt Abstand zu nehmen.

d) Wie weit besteht eine Auskunfts- und Unterstützungspflicht gegenüber den Berufsgenossenschaften?

Unterstützungspflicht der Krankenkassen und Unternehmer in der Unfallversicherung. Nach den §§ 1501 und 1543c der Reichsversicherungsordnung in der Fassung vom 9. Januar 1926 (Reichsgesetzblatt I Nr. 3, S. 9 ff.) sind die Krankenkassen und Unternehmer verpflichtet, den Berufsgenossenschaften bei der Durchführung der Unfallversicherung Hilfe zu leisten, ihnen insbesondere über die Behandlung und den Zustand von Unfallverletzten Auskunft zu erteilen. Durch eine im Reichsgesetzblatt I, Nr. 35, S. 272, veröffentlichte Verordnung vom 14. Juni 1926 ist die Befugnis, hierüber nähere Ausführungsanweisungen zu erlassen, auf das Reichsversicherungsamt übertragen worden.

4. Invalidenversicherung.

a) Wer ist invalidenversicherungspflichtig?

1. siehe Band II, Seite 58—59.

b) Wie berechnen sich die Beiträge und Beitragszeiten für die Invalidenversicherung?

1.—3. siehe Band I, Seite 65—66.
4. » » II, » 59.
5.—11. » » III, » 64—66.

12. Beitragsätze für Selbst- und Weiterversicherte. In Auslegung des § 1440 Abs. 1 der Reichsversicherungsordnung besagt ein Bescheid des Reichsarbeitsministers vom 24. Oktober 1925, Nr. II 9563/25, daß für Selbst- und Weiterversicherte in der Invalidenversicherung der Beitrag der Lohnklasse 2 nur dann ausreicht, wenn der betreffende Arbeitnehmer nur ein der Lohnklasse 2 entsprechendes Einkommen oder ein geringeres Einkommen bezieht, daß jedoch zu allen anderen Fällen die höheren, dem wirklichen Einkommen entsprechenden Beitragsätze zu entrichten sind.

13. Volle Beitragspflicht des Arbeitgebers in der Invalidenversicherung. Durch Gesetz vom 25. Juni 1926 (RGBl. I, Nr. 38, S. 311) ist mit Wirkung vom 1. Juli 1926 ab der Satz 2 des § 1387, Abs. 2, der Reichsversicherungsordnung dahin abgeändert worden, daß der Arbeitgeber nur für solche Lehrlinge, Arbeiter und Angestellte die vollen Beiträge in der Invalidenversicherung zu tragen hat, deren regelmäßiges wöchentliches Entgelt 6 Reichsmark nicht übersteigt.

c) Welche Leistungen gewährt die Invalidenversicherung?

1.—2. siehe Band II, Seite 59—60.
3.—4. » » III, » 66—67.

5. Verrechnung von Steigerungsbeträgen für Wanderversicherte aus der Invaliden- und Angestelltenversicherung. Eine im Reichsgesetzblatt I, Nr. 25, S. 213 veröffentlichte Verordnung über die Verrechnung von Steigerungsbeträgen für Wanderversicherte aus der Invaliden- und Angestelltenversicherung vom 29. April 1926 bringt auf Grund des § 1290 a der Reichsversicherungsordnung, des § 57, Absatz 3, des Angestelltenversicherungsgesetzes und des § 74 des Knappschaftsgesetzes in Ausführung der Bestimmungen der §§ 57, 72, 44—46, 78, 28, 31 und 36 des Angestelltenversicherungsgesetzes und 1290a bzw. 1405 der Reichsversicherungsordnung eingehende Ausführungsbestimmungen, betreffend die Erstattung der Steigerungsbeträge der Invalidenversicherung an die Träger der Angestelltenversicherung, die Erstattung der Steigerungsbeträge der Angestelltenversicherung an die Träger der Invalidenversicherung und den Ausgleich solcher Erstattungsansprüche.

6. Kinderzulagen, Waisen- und Witwenrente in der Invalidenversicherung. Durch Gesetz vom 25. Juni 1926 (RGBl. I, Nr. 28, S. 311) sind die Vorschriften der §§ 1259 bis 1262, 1291 und 1299 der Reichsversicherungsordnung, betreffend die Bewilligung und Berechnung von Kinderzulagen, Witwen- und Waisenrenten in der Invalidenversicherung teilweise abgeändert worden.

7. Zusammentreffen von Unfall- und Invalidenrenten. Für den Fall des Zusammentreffens von Ansprüchen auf Unfall- und Invalidenrente bringt das Gesetz vom 25. Juni 1926 (RGBl. I, Nr. 38, S. 311) durch Einfügung der §§ 1311—1311 d in die Reichsversicherungsordnung neue Vorschriften.

d) Welche Rechtsfolgen hat die Nichtentrichtung von Beiträgen zur Invalidenversicherung?

1. siehe Band II, Seite 60—61.

5. Angestelltenversicherung.

a) Wer ist versicherungspflichtig und versicherungsberechtigt?

1.—3. siehe Band I, Seite 66—69.
4.—10. » » II, » 61—62.
11.—17. » » III, » 67—69.

18. Angestelltenversicherungspflicht von Bureauboten. Bureauboten sind nach einem Urteil des Reichsversicherungsamtes vom 6. Juni 1925, Nr. II a V 11/25 (Juristische Wochenschrift 1926, S. 734) nur dann angestellten- und nicht invalidenversicherungspflichtig, wenn sie neben reinen Botengängen, Aufräumungsarbeiten und ähnlichen körperlichen Arbeiten in beträchtlichem Umfange auch innerhalb der eigentlichen Bureauräume schriftliche Arbeiten zu erledigen haben. Adressenschreiben und ähnliche Arbeiten, die Bureauboten in ihrer freien Zeit zu erledigen haben, gelten dagegen nach Ansicht des Reichsversicherungsamtes nicht schon als angestelltenversicherungspflichtige Beschäftigungsarten, sofern diese Arbeiten als Nebenarbeiten nur einen verhältnismäßig geringen Teil der Gesamtarbeitszeit ausfüllen.

19. Die Angestelltenversicherungspflicht von Meistern bleibt bestehen nach einer Entscheidung des Reichsversicherungsamtes vom 17. Mai 1926, Nr. I/13/7098/5, wenn der Meister zwar in das Arbeiter- oder Vorarbeiterverhältnis überführt worden ist und Stundenlohn gezahlt wird, jedoch seine die Angestelltenversicherungspflicht begründende Meistertätigkeit fortsetzt.

20. Zur Durchführung des § 18 des Angestelltenversicherungsgesetzes bringt eine im Reichsgesetzblatt I, Nr. 25, S. 215, veröffentlichte Verordnung vom 29. April 1926, verschiedene Ausführungsbestimmungen.

b) Wie berechnen sich die Beiträge und Beitragszeiten?

1. siehe Band I, Seite 69.
2. » » II, » 62.
3.—11. siehe Band III, Seite 69—72.

12. Gültigkeit der nach dem Überweisungssystem geleisteten Angestelltenversicherungsbeiträgen nach Einführung des Markensystems. Beiträge, die in der Übergangszeit nach Einführung des Markensystems noch nach dem alten Einzahlungs- bzw. Überweisungssystem gutgläubig geleistet worden sind, sind nach einer Entscheidung des Reichsversicherungsamtes Nr. II a A V 81/25 als vollgültige, bei Berechnung der Wartefristen und Rentenhöhe zu berücksichtigenden Beiträge anzusehen.

13. Schadenersatzpflicht des Reichsversicherungsamtes bei Schäden infolge unrichtiger Auskunftserteilung. Haben Arbeitgeber auf Grund einer von einem zuständigen Beamten des Reichsversicherungsamtes oder einer Zweigstelle bzw. eines Rentenausschusses für Arbeitnehmer erteilten Auskunft Beiträge zur Angestelltenversicherung vorübergehend nicht gezahlt und müssen sie später für die rückliegende Zeit die Beiträge noch entrichten, ohne von den Arbeitnehmern die Erstattung ihres Beitragsanteiles verlangen zu können, so muß das Reichsversicherungsamt gemäß Urteil des Reichsgerichtes vom 30. Oktober 1925, Nr. III 546/24, den entstandenen Schaden ersetzen, sofern die unrichtige Auskunfterteilung auf eine Verletzung der Sorgfalts- bzw. Amtspflicht des betreffenden Angestellten zurückzuführen ist.

c) Welche Leistungen gewährt die Angestelltenversicherung?

1.—3. siehe Band I, Seite 69—70.
4.—5. » » II, » 63.
6.—11. » » III, » 72—73.

12. Kein Widerruf der Abkürzung der Wartezeit durch die Reichsversicherungsanstalt. Sofern im Einzelfalle nicht Voraussetzungen der §§ 623 ff. des BGB. vorliegen, welche eine Anfechtung wegen arglistiger Täuschung oder wegen Irrtums rechtfertigen, kann die Reichsversicherungsanstalt nach einer Entscheidung des Reichsversicherungsamtes vom 11. Dezember 1925, Nr. A.V. 93/25 »Juristische Wochenschrift 1926/734) die einmal einem Angestellten gegenüber ausgesprochene Abkürzung der Wartezeit im Sinne des Angestelltenversicherungsgesetzes nicht nachträglich widerrufen.

13. Kinderzulagen-, Witwen- und Waisenrenten in der Angestelltenversicherung. Verschiedene Abänderungen zu den §§ 33—35, 58 und 63 des Angestelltenversicherungsgesetzes, betreffend die Bewilligung und Berechnung von Kinderzulagen-, Witwen- und Waisenrenten in der Angestelltenversicherung bringt das Gesetz vom 25. Juni 1926 (RGBl. I, Nr. 38, S. 311).

14. Zusammentreffen von Renten aus der Unfall- und Angestelltenversicherung. Das Gesetz vom 25. Juni 1926 (RGBl. I, Nr. 38, S. 311) fügt in das Angestelltenversicherungsgesetz die §§ 71a—71e, betreffend das Zusammenfallen von Ansprüchen aus der Unfall- und Angestelltenversicherung ein.

d) Welche Rechtsfolgen hat die Nichtentrichtung der fälligen Beiträge?

1. siehe Band I, Seite 70—71.

2.—3. siehe Band III, Seite 73.

4. Straf- und zivilrechtliche Haftbarkeit der Firmenleitung für die Beitragszahlung in der Angestelltenversicherung. Nach einer Entscheidung der Reichsversicherungsanstalt für Angestellte können die Leiter bzw. Geschäftsführer von Firmen mit Geld- und Ordnungsstrafen auf Grund des § 336 des Angestelltenversicherungsgesetzes bestraft werden, wenn die Firma es unterlassen hat, fällige Beiträge zur Angestelltenversicherung rechtzeitig an die Reichsversicherungsanstalt für Angestellte abzuführen. In solchen Fällen kann den verantwortlichen Firmenleitern oder Geschäftsführern neben einer Geldstrafe als weitere Ordnungsstrafe der ganze Beitragsrückstand auferlegt werden.

6. Arbeitslosenversicherung.

a) Wer ist beitragspflichtig und beitragsberechtigt?

1.—2. siehe Band I, Seite 71.

3.—4. » » II, » 64.

5. Ausdehnung der Versicherungspflicht in der Erwerbslosenfürsorge. Durch Gesetz vom 17. 1. 26 (RGBl. I, Nr. 4, S. 89), in Kraft gesetzt zum 1. 1. 1926, sind die §§ 34 und 35 der Verordnung über Erwerbslosenfürsorge vom 16. 2. 1924 (RGBl. 1, S. 127) dahin abgeändert worden, daß der Reichsarbeitsminister mit Zustimmung des Reichsministers der Finanzen und des Reichsrates nach dem Benehmen mit dem Verwaltungsrate des Reichsamtes für Arbeitsvermittlung auch die Beschäftigung von Arbeitnehmern, deren Arbeitsverdienst über die Grenze der Krankenversicherungspflicht hinausgeht, für beitragspflichtig erklären oder diese Arbeitnehmer zu freiwilligen Beiträgen zulassen und gleichzeitig bestimmen kann, auf welche Weise die Beiträge für solche Arbeitnehmer zu erheben sind, und ob dabei der volle Arbeitsverdienst zwecks Beitragserrechnung zugrunde gelegt werden soll, oder nur der eine bestimmte Summe nicht übersteigende Jahresarbeitsverdienst.

6. Beitragspflicht der angestellten-, jedoch nicht krankenversicherungspflichtigen Arbeitnehmer. Auf Grund der im Gesetz vom 17. Januar 1926 (RGBl. I, S. 89) erteilten Ermächtigung hat der Reichsarbeitsminister in einer 7. Ausführungsverordnung zur Verordnung über Erwerbslosenfürsorge vom 21. Januar 1926 (Reichsarbeitsblatt 1926, Nr. 4, S. 23) auch alle jeweils der Angestellten- und nicht auch der Krankenversicherungspflicht unterliegenden Arbeitnehmer und deren Arbeitgeber mit Wirkung vom 1. Januar 1926 für beitragspflichtig in der Erwerbslosenfürsorge erklärt. Bei der Berechnung der Beiträge wird jedoch für die nur der Angestellten- und nicht auch der Krankenversicherungspflicht unterliegenden Arbeitnehmer und deren Arbeitgeber nicht das wirkliche Jahres- bzw. Monatsarbeitsverdienst, sondern nur die jeweils für die Krankenversicherungspflicht gesetzte Verdienstgrenze, zurzeit also der Betrag von RM. 2700 jährlich oder RM. 225 monatlich zugrunde gelegt. Von diesem Grundbetrage wird der für den betreffenden Arbeitsnachweisbezirk jeweils gleichmäßig festgesetzte Beitragsprozentsatz berechnet. Der Beitrag ist je zur Hälfte vom Arbeitgeber und vom Angestellten aufzubringen. Arbeitgeber, die Angestellte jetzt oder in Zukunft beschäftigen bzw. seit dem 1. Januar 1926 beschäftigt haben, die der Angestelltenversicherungspflicht und nicht auch der Krankenversicherungspflicht unterliegen, die also infolgedessen auch beitragspflichtig in der Erwerbslosenfürsorge sind, haben jeweils unverzüglich derjenigen Krankenkasse, bei der die betreffenden Angestellten für den Fall der Krankheit pflichtversichert wären, wenn ihr Arbeitsverdienst nicht über die Grenze der Krankenversicherungspflicht hinausginge, die Namen, Vornamen, Geburtsdaten, Beschäftigungsorte, Wohnungen, Arbeitsverdienste sowie den Beginn der Beschäftigung der betreffenden Angestellten bekanntzugeben und die Beiträge an den Fälligkeitstagen zu entrichten. Die Beiträge für die nicht der Krankenversicherungspflicht unterliegenden Angestellten sind möglichst gesondert von anderen Beiträgen an die Krankenkasse abzuführen. Geschieht dies nicht, so muß in einer besonderen Nachweisung und auf Verlangen der Krankenkasse auf besonderen Formularen bekanntgegeben werden, wie sich die Beiträge auf die verschiedenen Arbeitnehmer bzw. Arbeitnehmergruppen verteilen. Bei Beendigung der Beschäftigung der neu versicherungspflichtig gewordenen Angestellten oder beim Ausscheiden der betreffenden Angestellten aus der Angestelltenversicherungspflicht wegen Überschreitens der Jahresverdienstgrenze von zurzeit M. 6000 hat der Arbeitgeber die betreffenden Angestellten sofort bei der zuständigen Krankenkasse abzumelden. Zur Beitragsleistung bleibt er so lange verpflichtet, bis eine ordnungsmäßige Abmeldung bei der Krankenkasse eingegangen ist.

Bezüglich der Beitragsfreiheit angestelltenversicherungspflichtiger, der Krankenversicherung nicht unterliegender Arbeitnehmer gelten die unter Ziffer 3 besprochenen Regeln der 5. Ausführungsverordnung zur Verordnung über Erwerbslosenfürsorge vom 18. Januar 1926.

Die neu versicherungspflichtig gewordenen Angestellten sind mit Wirkung vom 1. Januar 1926 ab in Fällen der Arbeitslosigkeit unter den gleichen Voraussetzungen wie die krankenversicherungspflichtigen Arbeitnehmer berechtigt, Erwerbslosenunterstützung zu verlangen. Bei Unterstützungsanträgen solcher Angestellten, die bis zum 31. März 1926 gestellt werden, gelten die Voraussetzungen bezüglich der Bezugsberechtigung im Sinne des § 4 der Verordnung über Erwerbslosenfürsorge auch dann schon als erfüllt, wenn die betreffenden Angestellten in den letzten 2 Jahren vor Eintritt ihrer Unterstützungsbedürftigkeit wenigstens 6 Monate hindurch eine angestelltenversicherungspflichtige Beschäftigung ausgeübt haben. Bei der Prüfung der Bedürftigkeitsfrage haben die zuständigen Stellen nach einem Erlaß des Reichsarbeitsministers vom 21. Januar 1926, Nr. IV 1201/26, sich jeder kleinlichen Engherzigkeit zu enthalten. Sie haben insbesondere kleineren Besitz (Spargroschen, Wohnungseinrichtungen usw.) bei der Beurteilung der Bedürftigkeit außer acht zu lassen und dürfen die Zahlung von Erwerbslosenunterstützung nicht etwa so lange verweigern, bis geringe Ersparnisse aufgebraucht und Gegenstände der Wohnungseinrichtung veräußert worden sind.

7. Beitragspflicht höher bezahlter Angestellter in der Erwerbslosenfürsorge. Nach einem Bescheide des Reichsarbeitsministers vom 30. Januar 1926 Nr. IV 1715/26 (Reichsarbeitsblatt 1926 Nr. 7 S. 47) sind Angestellte, deren Jahresarbeitsverdienst mehr als 2700, jedoch nicht mehr als 6000 Reichsmark beträgt, grundsätzlich nur dann von der Beitragspflicht in der Erwerbslosenfürsorge befreit, wenn sie kraft Gesetzes angestelltenversicherungsfrei oder auf Antrag von der Angestelltenversicherung befreit sind (weil sie sich beispielsweise in einer beamtenähnlichen Stellung befinden, oder weil sie auf Grund des Angestelltenversicherungsgesetzes bereits Ruhegeld oder Witwerrenten beziehen), nicht jedoch auch schon dann, wenn sie nur wegen Vorliegens einer Lebensversicherung von der eignen Beitragszahlung zur Angestelltenversicherung befreit sind.

8. **Die Beitragspflicht hoher bezahlter Angestellter in der Erwerbslosenfürsorge bleibt auch während einer Krankheit der betr. Angestellten** gemäß einem Urteil des Reichsarbeitsministers vom 19. Mai 1926, Nr. IV 5966/20 (Reicharbeitsblatt 1926/22/174) bestehen, gleichgültig ob während der Krankheitsdauer das Gehalt fortgezahlt wird oder nicht.

9. **Ausscheiden hochbesoldeter Angestellter aus der Erwerbslosenfürsorge.** Nach einem Bescheide des Reichsarbeitsministers vom 8. April 1926, Nr. IV 4559/26 (Reichsarbeitsblatt 1926, Nr. 17, S. 130) endet die Beitragspflicht hoch besoldeter Angestellter und ihrer Arbeitgeber wegen Überschreitens der oberen Versicherungsgrenze in der Erwerbslosenfürsorge erst mit dem ersten Tage des 4. Monats nach der tatsächlichen Überschreitung der oberen, für die Angestelltenversicherungspflicht gesetzen Verdienstgrenze.

10. **Keine freiwilligen Beiträge in der Erwerbslosenfürsorge.** Mit Rücksicht darauf, daß der Reichsarbeitsminister von der im § 34, Absatz 4, Nr. 3, der Verordnung über Erwerbslosenfürsorge vom 16. Februar 1924 bzw. 17. Januar 1926 enthaltenen Ermächtigung zur Zulassung freiwilliger Beiträge in der Erwerbslosenfürsorge noch keinen Gebrauch gemacht hat, kann gemäß einem Bescheide des Reichsarbeitsministers vom 9. April 1926, Nr. IV 2337/26, zur Zeit durch freiwillige Beiträge die Berechtigung zum Bezuge der Erwerbslosenfürsorge noch nicht erworben werden.

b) Wer ist von der Beitragspflicht befreit?

1.—8. siehe Band I, Seite 71—75.
9. » » II, » 64.
10.—11. » » III, » 74.

12. **Änderung der Beitragsfreiheit in der Erwerbslosenfürsorge.** Durch eine im RGBl. I, Nr. 5, S. 91, veröffentlichte Verordnung zur Änderung der 5. Ausführungsverordnung zur Verordnung über Erwerbslosenfürsorge (RGBl. I, S. 741) vom 18. Januar 1926 sind die Bestimmungen über die Beitragsfreiheit in der Erwerbslosenfürsorge mit Wir-

kung vom 1. Februar 1926 ab in verschiedenen Punkten geändert worden. Gleichzeitig ist in derselben Nummer des Reichsgesetzblattes der neue Wortlaut der 5. Ausführungsverordnung zur Verordnung über Erwerbslosenfürsorge (betr. die Beitragsfreiheit) veröffentlicht worden. Nach dieser Neufassung sind neben den in der Land- und Forstwirtschaft auf Grund schriftlicher Verträge oder auf Grund tariflicher Vereinbarung auf mindestens ein Jahr oder mit mindestens dreimonatiger Kündigungsfrist beschäftigten Arbeitnehmern und neben den in der Land- und Forstwirtschaft oder in der Binnen- und Küstenfischerei nur nebenher bzw. bei Familienangehörigen oder mit einem Anteil am Fange beschäftigten Arbeitnehmern nur noch Lehrlinge auf Grund mindestens zweijähriger schriftlicher Lehrverträge sowie Hausgehilfen und ländliches Gesinde sowie deren Arbeitgeber beitragsfrei, falls sie in die häusliche Gemeinschaft des Arbeitgebers aufgenommen sind. Für die industriellen Betriebe sind also von den der Kranken- oder Angestelltenversicherungspflicht unterliegenden Arbeitnehmern nur noch solche Lehrlinge beitragsfrei, mit denen ein schriftlicher Lehrvertrag von mindestens zweijähriger Dauer abgeschlossen worden ist, und deren vertragsmäßige Lehrzeit noch mindestens 6 Monate dauert. Die Beitragsfreiheit beginnt erst am Montag derjenigen Woche, in der eine Befreiungsanzeige des Arbeitgebers bei der zuständigen Krankenkasse eingegangen ist. Die Befreiungsanzeige braucht nur noch vom Arbeitgeber unterzeichnet zu werden; es muß aber mit ihr der schriftliche Lehrvertrag vorgelegt werden.

13. Befreiungsanzeigen in der Erwerbslosenfürsorge. Nach einem Bescheide des Reichsarbeitsministers vom 24. Februar 1926 (Reichsarbeitsblatt 1926, S. 63) genügt eine Erklärung des Arbeitgebers, daß die Beitragsfreiheit für alle Arbeitnehmer während der Dauer ihrer Beschäftigung in Anspruch genommen wird, nicht als ordnungsmäßige Befreiungsanzeige im Sinne der Artikel 2 und 6, Absatz 1 und 2 der 5. Ausführungsverordnung zur Verordnung betr. die Erwerbslosenfürsorge vom 18. Januar 1926.

14. Weitergabe von Befreiungsanzeigen an die Versicherungsämter. Gemäß einem Bescheide des Preußischen Handelsministers vom 18. September 1925 (Arbeit und Beruf 25, S. 523) muß jede Betriebs-, Orts-, Land- und Innungskasse die bei ihr eingehenden Befreiungsanzeigen zur Entscheidung über die Beitragsfreiheit in der Erwerbslosenversicherung an das vorgesetzte Versicherungsamt weitergeben, sofern es bei Eingang der Befreiungsanzeige nicht zweifelsfrei feststeht, daß eine Beitragspflicht nicht in Frage kommt.

c) Wie hoch sind die Beiträge in der Arbeitslosenversicherung?

1.—5. siehe Band I, Seite 75—77.
6.—7. » » II, » 64—65.
8. » » III, » 74—75.

9. Berechnung der Beiträge zur Erwerbslosenfürsorge für Kurzarbeiter. Nach einem Bescheide des Reichsarbeitsministers vom 8. März 1926, Nr. IV 2442/26 (Reichsarbeitsblatt 1926, Nr. 12, S. 87) ist bei der Berechnung der Beiträge zur Erwerbslosenfürsorge für Kurzarbeiter auch dann nur der tatsächlich verdiente Kurzarbeiterlohn zugrunde zu legen, wenn sich die betr. Kurzarbeiter freiwillig mit höheren Beträgen bei der zuständigen Krankenkasse für den Krankheitsfall versichert haben.

10. Bildung eines Reichsausgleichsfonds in der Erwerbslosenfürsorge. Eine im Reichsgesetzblatt I, Nr. 5, S. 92, veröffentlichte 6. Ausführungsverordnung zur Verordnung über Erwerbslosenfürsorge vom 18. Januar 1926 schreibt die Bildung eines Reichsausgleichsfonds in der Erwerbslosenfürsorge vor, der durch Erhebung von Zuschlagsbeiträgen in den einzelnen Arbeitsnachweisbezirken gebildet, von der Reichsarbeitsverwaltung verwaltet und dazu benutzt werden soll, solche Landesämter für Arbeitsvermittlung mit Zuschüssen zu versehen, die mit Beiträgen aus dem eigenen Bezirk und mit Hilfe ihres eigenen Bezirksausgleichsfonds die Kosten der Erwerbslosenfürsorge nicht decken können, obwohl sie mindestens einen Monat hindurch im ganzen Bezirke die höchstzulässigen Beiträge erhoben haben und diese auch weiterhin erheben.

d) Wie sind die Beiträge abzuführen?

1.—3. siehe Band I, Seite 77—79.
4.—6. » » II, » 65—66.

7. Keine Abführung von Erwerbslosenfürsorgebeiträgen für höher bezahlte Angestellte an die Ersatzkassen. Nach einem Bescheide des Reichsarbeitsministers vom 4. Januar

1926, Nr. IV, 1584/24 (Reichsarbeitsblatt 1926 Nr. 7 S. 46) sind die Beiträge in der Erwerbslosenfürsorge für Angestellte, die nur der Angestellten- und nicht auch der Krankenversicherungspflicht unterliegen, in keinem Falle an eine Ersatzkasse, sondern nur an diejenige Orts-, Land-, Betriebs- oder Innungskrankenkasse bzw. Knappschaftskrankenkasse abzuführen, bei der die betr. Angestellten pflichtversichert wären, falls ihr Jahresarbeitsverdienst den Betrag von 2700 Goldmark nicht übersteigen würde.

e) Wie weit können zu viel gezahlte Beiträge zurückverlangt werden?

1.—2. siehe Band I, Seite 79.

XI. Arbeitsmangel und Betriebseinschränkungen.

A. Einschlägige Gesetzesbestimmungen.

1. Verordnung betr. Maßnahmen gegenüber Betriebsabbrüchen und Betriebsstillegungen vom 8. November 1920 (RGBl. S. 1901).
2. Verordnung über Betriebsstillegungen und Arbeitsstreckung vom 15. Oktober 1923 (RGBl. S. 983).
3. Verordnung über Erwerbslosenfürsorge vom 16. Februar 1924 (RGBl. I S. 127) nebst den Ausführungsverordnungen vom 18. Januar 1924, 13. März 1924, 25. März 1924, 24. Mai 1924, 27. März 1925, 27. März 1925, 30. April 1925, 2. Mai 1925, 2. Mai 1925, 17., 18. und 21. Januar 19. und 20. Februar 1926 (RGBl. I S. 34, 35, 279, 376, 562, 31, 33, 53, 61, 63, 89, 91, 92, 93, 95, 104 und 105.
4. Betriebsrätegesetz vom 4. Februar 1920 (RGBl. S. 147) insbesondere dessen §§ 74, 84 ff. und 96 f.).
5. Gesetz über die Beschäftigung Schwerbeschädigter vom 12. Januar 1923 (RGBl. I S. 57), insbesondere dessen §§ 15 und 16.
6. Gesetz über einen Ausschuß zur Untersuchung der Erzeugungs- und Absatzbedingungen der deutschen Wirtschaft vom 15. April 1926 (RGBl. I S. 195).

B. Die wichtigsten Einzelfragen.

a) Wann liegt eine Betriebsstillegung im Sinne des Gesetzes vor, so daß

aa) die Sperrvorschriften der Stillegungsverordnung beachtet werden müssen, oder

bb) Kündigungen von Arbeitnehmern und Betriebsvertretungsmitgliedern vorgenommen werden können, ohne daß ein Einspruchsrecht nach § 84 ff. des Betriebsrätegesetzes gegeben oder zur Kündigung eines Betriebsvertretungsmitgliedes die Zustimmung der Betriebsvertretung erforderlich ist.

1.— 9. siehe Band I, Seite 80—84.
10.—16. » » II, » 67—69.
17.—23. » » III, » 76—78.

24. Auch vorübergehende Aussperrungsstillegungen gelten als Betriebsstillegungen im Sinne der §§ 95 und 96, Absatz 2, BRG. Nach den mit der herrschenden Meinung übereinstimmenden Entscheidungen des Gewerbegerichtes Leipzig vom 15. 9. 1925, Nr. 228 53/25 und des Landgerichtes Dresden vom 17. Oktober 1925, Nr. 8 D g 1925 (Neue Zeitschrift für Arbeitsrecht 1926, S. 185 und 187) gelten auch vorübergehende Aussperrungsstillegungen als Stillegungen im Sinne der §§ 85 und 96, Absatz 2, des Betriebsrätegesetzes. Diese Entscheidung des Landgerichtes Dresden vom 17. Oktober 1925 ist besonders deshalb beachtlich, weil das erkennende Gericht in dieser Entscheidung in eingehender Begründung ausdrücklich von den gegenteiligen, im Urteil vom 6. Juni 1925, Nr. 8 D g 4/25 (Wirtschaft und Wissen I, S. 163) eingenommenen Standpunkten abgeht.

25. Teilaussperrungen gelten gemäß einem allerdings umstrittenen Urteile des Gewerbegerichtes Senftenberg vom 27. Oktober 1925, Nr. G G I 145/25 (Arbeiterrecht und Arbeiterversicherung 1926, S. 6) nicht als Betriebsstilllegung im Sinne des § 96, Absatz 2, Ziffer 2 des Betriebsrätegesetzes.

26. Vorübergehende Aussperrungsstillegungen gelten nach einem Urteil des Landgerichtes I, Berlin vom 12. Juni 1925 (Neue Zeitschrift für Arbeitsrecht 26, S. 122) nur ausnahmsweise dann als Betriebsstillegungen im Sinne der §§ 85 und 96, Absatz 2, des Betriebsrätegesetzes, wenn sich der Arbeitgeber durch den Arbeitskampf gezwungen sieht, seinen Betrieb entweder auf eine nicht ganz unerhebliche Zeit völlig einzustellen oder ihn erst nach wirtschaftlicher Umstellung fortzuführen.

27. Stillegung einer Betriebsabteilung oder einer kaufmännischen Abteilung trotz Weiterbeschäftigung weniger Arbeitnehmer, Lehrlinge oder Volontäre. Nach den Entscheidungen des Kaufmannsgerichtes Dresden vom 14. Oktober

1924 (Gewerbe- und Kaufmannsgericht 1926/314) und des Landgerichtes Hagen vom 11. November 1924, Nr. 1, S. 319/24 (Mag. f. Arb.R. pp. 1925/225) liegt eine teilw. Betriebsstillegung im Sinne der §§ 85 und 96, Absatz 2, des Betriebsrätegesetzes bei Entlassung sämtlicher übrigen Arbeitnehmer der betr. selbständigen Betriebsabteilung oder kaufmännischen Abteilung auch schon dann vor, wenn einige wenige, besonders einige langfristig angestellte Angestellte, Arbeiter, Lehrlinge oder Volontäre weiterbeschäftigt werden.

28. Betriebsstillegungen aus Anlaß von Arbeitskämpfen, d. h. Betriebsstillegungen, die lediglich die Folge eines Streiks oder einer Aussperrung darstellen, gelten nach einem Urteile des Landgerichtes Dresden vom 6. Juni 1925 (Holzarbeiterzeitung 25, Nr. 33, S. 166) nicht als Betriebsstilllegungen im Sinne der §§ 85 und 96 des Betriebsrätegesetzes, so daß in solchen Fällen Kündigungseinspruch zulässig ist und Betriebsvertretungsmitglieder nur mit Zustimmung der Betriebsvertretung entlassen werden können. (Vergleiche jedoch die gegenteilige, im Band I, S. 80 besprochene Entscheidung des Kammergerichtes.)

29. Die Stillegung einzelner Maschinen ohne Stillegung mindestens einer selbständigen ganzen Betriebsabteilung gilt gemäß einem Urteile des Kammergerichtes vom 8. Mai 1925 (Gewerbe- und Kaufmannsgericht 31, 82) nicht als teilweise Betriebsstillegung im Sinne der §§ 85 und 96 des Betriebsrätegesetzes, so daß mangels Vorliegens eines wichtigen, die fristlose Entlassung rechtfertigenden Kündigungsgrundes die an den stillgelegten Maschinen beschäftigt gewesenen Arbeitnehmer, soweit sie Betriebsvertretungsmitglieder sind, nur mit Zustimmung der Betriebsvertretung oder Ersatzzustimmung des Arbeitsgerichtes entlassen werden können und die der Betriebsvertretung nicht angehörenden Arbeitnehmer gegen eine etwaige Kündigung Einspruch auf Grund der §§ 84ff. des Betriebsrätegesetzes erheben können.

30. Teilweise Betriebsstillegung auch bei Stillegung einzelner Maschinen? Während die vorherrschend in Literatur und Rechtsprechung vertretene Auffassung der Ansicht ist, daß eine teilweise Betriebsstillegung im Sinne der §§ 85 und 96, Absatz 2, des Betriebsrätegesetzes nur dann vorliegt, wenn mindestens eine einzelne selbständige geschlossene Betriebsabteilung zur Stillegung kommt, entschied das Gewerbegericht Nürnberg mit Urteil vom 6. April 1926

(Wirtschaftliche Rundschau 1926/21/103) daß eine teilweise Betriebsstillegung im Sinne der vorerwähnten Gesetzesbestimmungen auch schon dann vorliegt, wenn zwar keine geschlossene selbständige Betriebsabteilung, wohl aber ein wesentlicher Bestandteil eines Betriebes zur Stillegung kommt, wenn beispielsweise von 20 gleichartigen oder ähnlichen Maschinen eines Betriebes 7 zur Stillegung kommen, gleichgültig, ob für die Dauer der Betriebsstillegung immer dieselben 7 Maschinen oder bald die einen oder bald die anderen 7 Maschinen nicht benutzt werden.

31. Ersatz von Handarbeiten durch Maschinen. Nach einem Urteil des Landgerichtes Stendal vom 29. Januar 1926, Nr. S 203/25 (Die Gewerkschaft 1926/362) liegt eine teilweise Betriebsstillegung im Sinne der §§ 85 und 96 des Betriebsrätegesetzes nicht schon dann vor, wenn die Handarbeit eines einzelnen Arbeitnehmers oder mehrerer Arbeitnehmer durch Einführung neuer Maschinen ersetzt wird.

32. Eine Betriebseinschränkung, die lediglich in einem Personalabbau bzw. in Arbeiterentlassungen besteht, bei der jedoch nicht mindestens eine geschlossene Betriebsabteilung zur Stillegung kommt, gilt nach den Entscheidungen des Gewerbegerichtes Mannheim vom 4. November 1925 (Badische Rechtspraxis 1926, S. 431) und des Landgerichtes Dresden vom 1. Oktober 1924 nicht als Stillegung im Sinne der §§ 85 und 96, Absatz 2, BRG.

33. Zusammenrechnung von Einzelentlassungen im Sinne der Stillegungsverordnung. Nimmt ein Arbeitgeber aus demselben Grunde in verschiedenen aufeinanderfolgenden Zeitpunkten zur Einschränkung des Betriebes Entlassungen vor, so sind diese Entlassungen nach einem Urteil des Gewerbegerichtes Freiburg vom 5. September 1924 (Betriebsräterundschau 1925, Nr. 53, S. 215) zwecks Prüfung der Frage, ob eine Stillegung im Sinne der §§ 1 und 2 der Stilllegungsverordnung vorliegt, zusammenzurechnen.

34. Zur Auslegung des Begriffes der teilweisen Betriebsstillegung. Nach einem Urteil des Landgerichtes Gießen vom 11. Februar 1926 (Stichworte des Arbeitsrechtes 1926, Nr. 9) liegt eine teilweise Betriebsstillegung im Sinne der §§ 85 und 96 des Betriebsrätegesetzes nicht nur dann vor, wenn einzelne Betriebszwecke dauernd aufgegeben werden, sondern auch dann, wenn einzelne Anlagen des Produktionsprozesses für eine verhältnismäßig erhebliche Zeit außer Tätigkeit gesetzt werden. Dabei genügt es, daß die außer Tätigkeit gesetzten Anlagen besondere Unterabteilungen des Gesamtbetriebes bildeten. Es ist also nicht erforderlich, daß diese Unterabteilungen einen wirtschaftlich und räumlich von den übrigen Abteilungen getrennten, wirtschaftlich selbständigen Teilbetrieb darstellten.

35. Nur vorübergehende Betriebsstillegungen, die durch freien Entschluß des Arbeitgebers und nicht durch unabwendbaren Zwang herbeigeführt worden sind, gelten nach einem Urteil des Oberlandesgerichtes Celle vom 20. Juni 1925 (Schlichtungswesen 1925, S. 178) im allgemeinen nicht als Betriebsstillegungen im Sinne des § 96, Absatz 2, des Betriebsrätegesetzes.

36. Auch ganz kurzfristige Stillegung eines Betriebes oder einer selbständigen Betriebsabteilung gilt unter der Voraussetzung, daß sie ernstlich gemeint war, nach einem Urteil des Gewerbegerichtes Wetzlar vom 23. 12. 1925 (Stichworte des Arbeitsrechtes 1926, Nr. 3, als Betriebsstillegung im Sinne der Stillegungsverordnung vom 8. November 1920 bzw. der §§ 85 und 96 des Betriebsrätegesetzes.

37. Eine Betriebsstillegung im Sinne der Stillegungsverordnung, die den Arbeitgeber zur Beachtung der Vorschriften der Stillegungsverordnung verpflichtet und Entlassungen mangels vorzeitiger Genehmigung frühestens zum Ablauf der Sperrfrist zuläßt, liegt nach einem Urteil des Landgerichtes Köln vom 26. 2. 1926, Nr. 57/26 (Blätter für Arbeitsrecht 1926/9) nur dann vor, wenn nicht nur die in der Stillegungsverordnung vorgesehene Mindestzahl von Arbeitnehmern zur Entlassung kommt, sondern wenn gleichzeitig auch Betriebsanlagen im engeren Sinne beispielsweise Maschinen, Werkbänke, Schraubstöcke usw. zur Stilllegung kommen, bzw. infolge der Betriebseinschränkung vorübergehend oder dauernd nicht mehr benutzt werden und wenn gerade an diesen Betriebsanlagen die in der Stilllegungsverordnung vorgesehene Mindestzahl von Arbeitnehmern beschäftigt war und infolge der Betriebseinschränkung zur Entlassung kommen soll. Dabei gelten Arbeitsplätze nicht schon als Betriebsanlagen im vorerwähnten Sinne.

38. Keine Anwendung der Stillegungsverordnung bei Betriebsstillegungen infolge höherer Gewalt. Müssen Betriebe oder Betriebsabteilungen infolge höherer Gewalt stillgelegt werden, so brauchen nach einem Urteil des Berggewerbegerichtes Dortmund vom 17. Januar 1924 die Sperrvorschriften der Stillegungsverordnung auch dann nicht beachtet zu werden, wenn die in der Stillegungsverordnung angegebenen Mindestzahlen von Arbeitnehmern zur Entlassung kommen.

39. Anwendbarkeit der Stillegungsverordnung bei Betriebsstillegungen aus Anlaß eines Konkurses oder einer Geschäftsaufsicht. Unter ausdrücklicher Aufgabe seines gegenteiligen, in dem Bescheide vom 16. Juli 1924, Nr. III 5116 (Reichsarbeitsblatt 1924, Nr. 17) eingenommenen Standpunktes vertritt der preußische Minister für Handel und Gewerbe in einem neuen Bescheide vom 6. August 1925, Nr. III 6295 (Reichsarbeitsblatt 1926, Nr. 12, S. 87) die Ansicht, daß die Stillegungsverordnung in vollem Umfange auch auf solche Stillegungen Anwendung findet, die bei einem Konkurse oder während der Dauer der Geschäftsaufsicht vorgenommen werden. Der preußische Minister für Handel und Gewerbe betont in dem neuen Bescheide vom 6. August 1925, daß diese Ansicht auch von dem Reichswirtschaftsminister, dem Reichsarbeitsminister und dem Reichsjustizminister geteilt wird.

40. Die Auslegung des Begriffes der Betriebsstillegung durch das Reichsgericht. Nach einem Urteil des Reichsgerichtes vom 16.2.1926, Nr. III 427/25, liegt eine Betriebsstillegung im Sinne der §§ 85 und 96, Absatz 2, des Betriebsrätegesetzes nur dann vor, wenn der innere Organismus des ganzen Betriebes bzw. der ganzen in Frage kommenden selbständigen Betriebsabteilung unter Auflösung der Produktionsgemeinschaft durch die Stillegung betroffen wird. Daraus folgert das Reichsgericht, daß eine Betriebsstilllegung im vorerwähnten Sinne nur vorliegt, wenn die Betriebsstillegung eine gewisse Dauer hat, oder haben sollte. Es liegt daher nach dem vorerwähnten Urteil keine Betriebsstillegung im vorerwähnten Rechtssinne vor, wenn sich die Wiederaufnahme des Betriebes so schnell an die Stilllegung anschließt, daß die Wiederaufnahme nur als eine Fortsetzung des alten Betriebes anzusehen ist.

41. Bei Massenentlassungen von Arbeitnehmer finden nach den Entscheidungen des Gewerbegerichtes Wetter vom 5. 8. 1924 und des Gewerbegerichtes Leipzig (Arbeitsrecht 1925/1044) die Bestimmungen der Stillegungsverordnung nur dann Anwendung, wenn mindestens einzelne Betriebsanlagen zur Stillegung oder zum Abbruch kommen.

(Weitere Entscheidungen siehe unter den Nummern XX B g und XVIII B i.)

b) Was ist vor der Betriebsstillegung zu beachten?

1. siehe Band I, Seite 84.
2.—8. siehe Band II, Seite 70—72.
9.—13. » » III, » 78—79.

14. Rückwirkende Genehmigung von Entlassungen vor Ablauf der Sperrfrist. Die vom Demobilmachungs-Kommissar auf Grund der §§ 1 und 2 der Stillegungsverordnung nachträglich zu bereits vor Ablauf der Stillegungsfrist durchgeführten Entlassungen ausgesprochene Genehmigung macht die Entlassungen nach einem Urteil des Gewerbegerichtes Berlin vom 26. Februar 1925 (Schlichtungswesen 1925, S. 51) frühestens von dem Zeitpunkte ab wirksam, in welchem die Stillegungsanzeige beim Demobilmachungs-Kommissar eingegangen ist.

15. Rückwirkende nachträgliche Genehmigung von Kündigungen im Sinne des § 11 der Geschäftsaufsichts-Verordnung. Die nach § 11 der Geschäftsaufsichts-Verordnung vom 14. Dezember 1926 in der Fassung der Verordnungen vom 8. Februar und 14. Juni 1924 erforderliche Ermächtigung des Gerichtes zur Kündigung von Arbeitnehmern eines unter Geschäftsaufsicht stehenden Unternehmens mit der gesetzlichen Kündigungsfrist statt mit der längeren vertraglichen oder tariflichen Kündigungsfrist kann nach einem Urteil des Oberlandesgerichtes Hamburg vom 11. Januar 1926, Nr. B f I 432/25 (Tageszeitung für Brauerei 1926, S. 409) auch noch nach bereits erfolgtem Kündigungsausspruch mit rückwirkender Kraft durch das zuständige Amtsgericht erteilt werden.

c) Wie weit sind Betriebsvertretungen und Gewerkschaften vor Betriebsstillegungen und Betriebseinschränkungen zu hören?

1.—4. siehe Band I, Seite 85—86.
5.—7. » » II, » 72—73.

8. Ein Verstoß gegn § 74 des Betriebsrätegesetzes liegt nach einem Urteil des Bezirksschlichtungsausschusses für die Verwaltungen des Preußischen Staates in Groß-Berlin vom 22. März 1923 (Blätter für Arbeitsrecht 1926/9) vor, wenn der Arbeitgeber bei der Bekanntgabe beabsichtigter Entlassungen der Betriebsvertretung eine wesentlich kleinere Zahl von Entlassungen ankündigt als tatsächlich von ihm beabsichtigt und späterhin durchgeführt werden.

9. Nichtbeachtung des § 74 des Betriebsrätegesetzes, also die Unterlassung rechtzeitiger Verständigung der Betriebsvertretung vor Durchführung von Massenentlassungen macht die erforderlichen Kündigungen und Entlassungen gemäß den Entscheidungen des Schlichtungsausschusses Augsburg vom 4. August 1921 und des Schlichtungsausschusses Augsburg vom 22. Juli 1922 (Blätter für Arbeitsrecht 1926/9) des Regierungspräsidenten in Arnsberg vom 4. August 1921 und des Schlichtungsausschusses Groß-Berlin vom 15. Februar 1921 nicht rechtsunwirksam.

10. Keine Anwendung des § 74 BGB. bei Arbeitskämpfen. Nach einer Entscheidung des Schlichtungsausschusses Augsburg (Blätter für Arbeitsrecht 1926/9) finden die Bestimmungen des § 74 des Betriebsrätegesetzes keine Anwendung auf Betriebseinschränkungen und Massenentlassungen, die bei Arbeitskämpfen etwa in der Form von Aussperrungen zur Durchführung kommen.

11. Nur Mitwirkungs-, kein Mitbestimmungsrecht der Betriebsvertretung bei Arbeitverkürzungen. Nach einem Urteil des Gewerbegerichtes Leipzig vom 5. Januar 1926 (Neue Zeitschrift für Arbeitsrecht 1926/307) folgt aus dem § 78, Absatz 2, des Betriebsrätegesetzes kein volles Mitbestimmungs-, sondern nur ein beschränktes Mitwirkungsrecht der Betriebsvertretung bei der Einführung von Kurzarbeit, so daß der Arbeitgeber unter Umständen auch gegen den ausdrücklichen Willen der Betriebsvertretung die Arbeitszeit unter Beachtung der einschlägigen Vertrags- und Tarifbestimmungen bei gleichzeitiger Verkürzung der Arbeitsvergütung verkürzen darf.

12. Keine Nachprüfung der Notwendigkeit von Arbeitsstreckungen durch die Betriebsvertretung. Nach einer Entscheidung des Schlichtungsausschusses Aschersleben (Blätter für Arbeitsrecht 1926/9) steht der Betriebsvertretung ein Recht zur Nachprüfung der Entscheidung des Arbeitgebers bezüglich der Durchführung einer Arbeitsstreckung nicht zu. Die Betriebsvertretung kann dementsprechend auch nicht den Schlichtungsausschuß mit dem Antrage anrufen, zu untersuchen, ob die vom Arbeitgeber angekündigte oder durchgeführte Arbeitsstreckung sachlich notwendig ist.

(Weitere Entscheidungen siehe unter Nr. XVIII B c und w.)

d) Wie weit berechtigt Betriebsstillegung zur Einstellung der Lohn- und Gehaltszahlungen und zur fristlosen Entlassung?

1.— 5. siehe Band I, Seite 86—88.
6.— 9. » » II, » 73—74.
10.—24. » » III, » 80—84.

25. Betriebsstillegungen wegen höherer Gewalt, beispielsweise Betriebsstillegungen, die erfolgen müssen, weil der Betrieb von der Besatzungsbehörde beschlagnahmt worden ist, geben dem Arbeitgeber gemäß einem Urteile des Landgerichtes Dortmund vom 6. April 1925 (Deutsche Technikerzeitung 1925, Nr. 19, S. 247) ein Recht zur fristlosen Entlassung unter sofortiger Einstellung der Lohn- und Gehaltszahlungen vom Tage der fristlosen Entlassung ab.

26. Fristlose Entlassung bei Betriebsstillegungen wegen höherer Gewalt. Die Stillegung eines Betriebes wegen höherer Gewalt, beispielsweise wegen der mit dem passiven Widerstand verbundenen unabwendbaren Schwierigkeiten bildet gemäß einem Urteil des Landgerichtes Bochum vom 12. Dezember 1925, Nr. 5, S. 303/25 (Industrieschutz 1926/107, S.7) im allgemeinen einen wichtigen, die fristlose Entlassung der in der stillgelegten Betriebsabteilungen beschäftigten Arbeitnehmer rechtfertigenden Kündigungsgrund im Sinne der §§ 626 BGB., 124a und 133b der Gewerbeordnung und 70 des HGB.

27. Lohn- und Gehaltsanspruch bei Verkehrsstörungen. Arbeiter, die durch Verkehrsstörungen, beispielsweise durch Ausfall von Zügen, Zugverspätungen, Versagen der Straßenbahn usw. einen Teil der Arbeitzeit oder ganze Arbeitstage versäumt haben, können gemäß einem Urteile des Berggewerbegerichtes Dortmund vom 18. Dezember 1923 (Arbeitsrecht 1925, S. 1041) mangels gegenteiliger ausdrücklicher Vereinbarung für die versäumte Zeit die Fortzahlung des Lohnes oder Gehaltes durch den Arbeitgeber nicht verlangen.

28. Fristlose Entlassung wegen Betriebseinschränkung. Nach einem Urteil des Reichsgerichtes vom 23. März 1926, Nr. III 321/25, gilt ein wirtschaftlicher Niedergang des Betriebes und eine dadurch notwendig gewordene Betriebseinschränkung im allgemeinen nicht als wichtiger, die fristlose Entlassung rechtfertigender Kündigungsgrund. Nach Ansicht des Reichsgerichtes kann nur in Ausnahmefällen und nur beim Vorliegen ganz besonderer Umstände und im allgemeinen nur dann eine Betriebs- oder Wirtschaftskrise die fristlose Entlassung von Arbeitnehmern gestatten, wenn durch die obwaltenden, vom Arbeitgeber in keiner Weise mitverschuldeten Schwierigkeiten der wirtschaftliche Fortbestand des ganzen Unternehmens im Falle einer Weiterbeschäftigung der betr. Arbeitnehmer bis zum Ablauf der Kündigungsfristen ernstlich bedroht wäre.

29. Auch bei Betriebsstörungen bleibt mangels gegenteiliger ausdrücklicher Vereinbarung gemäß einem Urteile des Landgerichtes Gera vom 28. Oktober 1925 der Lohn- oder Gehaltsanspruch der von der Betriebsstörung betroffenen Arbeitnehmer mindestens für die Dauer der gesetzlichen oder vertraglichen Kündigungsfristen bestehen, sofern die Betriebsstörung nicht im Einzelfalle auf höhere Gewalt zurückzuführen ist.

30. Kein Lohnanspruch bei Werksbeurlaubungen auf Grund höherer Gewalt. Wird der Arbeitgeber durch höhere Gewalt, beispielsweise durch Beschlagnahme des Betriebes seitens der Besatzungsbehörde zu Betriebsstillegungen und Werksbeurlaubungen gezwungen, so fällt beim Fehlen gegenteiliger Vertrags- oder Tarifbestimmungen nach einem Urteile des Berggewerbegerichtes Dortmund vom 5. August 1924 (Arbeitsrecht 1925, S. 1041) für die betroffenen Arbeitnehmer der Lohn- und Gehaltsanspruch automatisch mit der Werksbeurlaubung, und zwar schon vor Ablauf der im Einzelfalle geltenden gesetzlichen oder vertraglichen Kündigungsfrist weg.

31. Wegfall des Lohn- und Gehaltsanspruches wegen Strommangels. Wird der Arbeitgeber durch Strommangel oder Stromunterbrechungen unerwarteterweise genötigt, den Betrieb vorübergehend stillzulegen, so fällt nach den Urteilen des Gewerbegerichtes Dresden-N. vom 3. Dezember 1925 und des Gewerbegerichtes Köln-Mülheim vom 16. August 1925 für die Zeit der Arbeitsbehinderung der Lohn- und Gehaltsanspruch der Arbeitnehmer mangels gegenteiliger ausdrücklicher Vereinbarung weg.

32. Fortzahlung der Lehrlingsvergütung an Arbeitswillige bei Aussperrungen. Gemäß einem Urteile des Gewerbegerichtes Nowawes vom 25. Mai 1925 (Arbeiterrecht und Arbeiterversicherung 1926, S. 2) behalten arbeitswillige Lehrlinge, sofern der Lehrvertrag nichts Gegenteiliges besagt, ihren vertraglichen Anspruch auf die Lehrlingsvergütung auch für die Zeiten, in denen der Arbeitgeber von ihrer Dienstleistung keinen produktiven Gebrauch machen kann, weil die Mehrzahl der beteiligten Arbeitnehmer ausgesperrt ist. Voraussetzung für die Fortdauer des Vergütungsanspruches ist allerdings, daß noch Werkmeister oder sonstige Arbeitnehmer weiter beschäftigt werden, welche in der Lage sind, die betreffenden Lehrlinge weiter auszubilden.

33. Anwendbarkeit des § 615 BGB. auch bei Unmöglichkeit der Arbeit. Nach einem allerdings umstrittenen Urteil des Landgerichtes Königsberg vom 8. Januar 1924 (Schlichtungswesen 1925, S. 54) ist der Arbeitgeber mangels gegenteiliger ausdrücklicher Bestimmungen der einschlägigen Arbeitsordnung bzw. des in Frage kommenden Einzel- oder Tarifvertrages auch dann auf Grund des § 615 BGB. bis zum Ablauf der im Einzelfalle geltenden gesetzlichen oder vertraglichen Kündigungsfrist zur Fortzahlung der Löhne und Gehälter an die arbeitsbereiten Arbeitnehmer verpflichtet, wenn für ihn eine unverschuldete Unmöglichkeit besteht, von der Arbeitsleistung der betr. Arbeitnehmer in produktiver Weise Gebrauch zu machen.

34. Wegfall der Lohnansprüche bei baulichen Änderungen in Kesselanlagen. Muß ein Betrieb oder eine Betriebsabteilung vorübergehend stillgelegt werden, weil an den Kesselanlagen bauliche Verbesserungen vorgenommen werden sollen, so liegt nach den Entscheidungen des Gewerbegerichtes Wandsbek vom 4. Juni 1925 und des Landgerichtes Altona vom 10. Dezember 1925 (Hanseatische Gerichtszeitung, Abteilung Arbeitsrecht 1925, Nr. 33, S. 191, und 1926, Nr. 9, S. 33) eine Unmöglichkeit der Arbeit im Sinne des § 323 des BGB. vor, so daß der Arbeitgeber für solche Zeiten von der Lohn- und Gehaltszahlungspflicht gegenüber den Arbeitnehmern befreit ist, auf deren Dienstleistung er vorübergehend verzichtet.

(Weitere Entscheidungen siehe unter den Nummern V B e und IX B d.)

e) Wie weit befreit Werksbeurlaubung und Kurzarbeit von der Lohn- und Gehaltszahlungspflicht und wann ist Kurzarbeit bzw. Werksbeurlaubung zulässig?

1.—3. siehe Band I, Seite 88—89.
4.—9. » » II, » 74—75.
10. » » III, » 84—85.

11. Einseitige Einführung von Kurzarbeit nur nach ausdrücklicher formeller Kündigung. Nach einer Entscheidung des Gewerbegerichtes Leipzig vom 28. April 1926, Nr. GG 1374/26 (Arbeiterrecht und Arbeiterversicherung 1926/5/40) ist der Arbeitgeber zur Einführung von Kurzarbeit ohne Zustimmung der betroffenen Einzelarbeitnehmer nur ausnahmsweise dann berechtigt, wenn er die einschlägigen Dienstverträge zuvor ausdrücklich und formell unter Einhaltung der im Einzelfalle geltenden gesetzlichen oder vertraglichen Kündigungsfrist angekündigt und gleichzeitig neue Arbeitsverträge mit verkürzter Arbeitszeit und verkürzter Arbeitsvergütung angeboten hat. Demgegenüber vertritt jedoch die vorherrschend in Literatur und Rechtsprechung vertretene Auffassung (z. B. ein Urteil des Gewerbegerichtes Nürnberg vom 8. Dezember 1924 (Industrieschutz 1926/105) den Standpunkt, daß der Arbeitgeber auch ohne ausdrückliche formelle Aufkündigung der Einzeldienstverträge berechtigt ist, Kurzarbeit auch gegen den Willen der betroffenen Einzelarbeitnehmer einzuführen, wenn er die Kurzarbeit zuvor unter Einhaltung der im Einzelfalle geltenden gesetzlichen oder vertraglichen Kündigungsfrist angekündigt hat.

12. Ankündigung von Kurzarbeit. Hat der Arbeitgeber durch Anschlag oder Einzelmitteilungen bekanntgegeben, daß er nach Ablauf der im Einzelfalle geltenden gesetzlichen oder vertraglichen Kündigungsfrist eine Kürzung der Arbeitzeit und Arbeitsvergütungen eintreten lassen werde, so gelten Arbeitnehmer, die nach Ablauf der Kündigungsfrist im Dienstverhältnis verbleiben, gemäß einem Urteile des Landgerichtes Nürnberg vom 14. Oktober 1925, Nr. III, F 10/25, als mit der Kürzung der Arbeitzeit und Arbeitsvergütung einverstanden.

13. Vereinbarung der Arbeitsstreckung mit der Betriebsvertretung. Nach einem Urteil des Gewerbegerichtes Reichenbach vom 2. Februar 1926 (Stichworte des Arbeitsrechtes 1926, Nr. 4) ist die Anordnung der Arbeitsstreckung durch den Arbeitgeber für die Arbeitnehmer eines Betriebes auch bei Nichteinhaltung der gesetzlichen oder vertraglichen Kündigungsfrist bei der Ankündigung der Arbeitsstreckung verbindlich, wenn die Betriebsvertretung ihre Zustimmung zur Arbeitsstreckung und entsprechenden Kürzung der Arbeitsvergütung erteilt hat oder wenn nach einer ausdrücklichen Feststellung durch das Gericht die Betriebsvertretung die Zustimmung zur Arbeitsstreckung verweigert hat, obwohl der Arbeitgeber sie mit gewichtigen Gründen um diese Zustimmungserklärung ersucht hatte. Demgegenüber vertritt allerdings ein Urteil des Landgerichtes Dresden vom 6. Juni 1925, Nr. 8 D G 131/25, den Standpunkt, daß der Arbeitgeber auch bei vorliegender Zustimmung der Betriebsvertretung den einzelnen Arbeitnehmern gegenüber zur Arbeitsstreckung und zur entsprechenden Lohn- oder Gehaltszahlung nur dann berechtigt ist, wenn die Arbeitnehmer sich mit der Kürzung entweder allgemein in entsprechenden Vertragsabmachungen oder dem in Frage kommenden Einzelfalle einverstanden erklärt haben oder wenn der Arbeitgeber die Arbeitsstreckung ausdrücklich und formgültig unter Einhaltung der im Einzelfalle für die Dienstverhältnisse geltenden gesetzlichen oder vertraglichen Kündigungsfrist angekündigt hatte.

14. Kein einseitiger Rücktritt der Arbeitnehmer von Werksbeurlaubungsabmachungen. Haben sich Arbeitnehmer einmal unter der Bedingung ihrer bevorzugten Berücksichtigung bei Wiederaufnahme des Betriebs mit der Werksbeurlaubung ausdrücklich oder stillschweigend einverstanden erklärt, so können sie nach einem Urteil des Gewerbegerichtes Plauen vom 13. März 1926 (Stichworte des Arbeitsrechtes 1926/7) nicht einseitig von dieser Abmachung vor Behebung des Arbeitsmangels zurücktreten.

15. Kündigungen während der Zeit der Werksbeurlaubung. Während das Gewerbegericht Speyer mit Urteil vom 19. Januar 1925 (Arbeiterrecht und Arbeiterversicherung 1926, S. 5) und das Gewerbegericht Offenbach mit Urteil vom 29. Januar 1926 Arbeitnehmern für die Zeit der gesetzlichen bzw. im Einzelfalle geltenden vertraglichen Kündigungsfrist trotz Unterbleibens einer Arbeitsleistung den Lohn- und Gehaltsanspruch zugesprochen hatte, weil ihnen der Arbeitgeber während der Zeit der Werksbeurlaubung gekündigt hatte, stellte sich das Landgericht Frankenthal in einem Berufungsurteile vom 28. Oktober 1925, Nr. E 105/25 II, unter Aufhebung des Urteils des Gewerbegerichtes Speyer auf den Standpunkt, daß der Arbeitgeber mangels gegenteiliger ausdrücklicher Vereinbarung das Recht behält, unter den normalen Voraussetzungen Arbeitnehmern auch in einer Zeit zu kündigen, in der sie werksbeurlaubt sind, und daß im Falle einer solchen Kündigung auch für die Dauer der Kündigungsfrist der Lohn- und Gehaltsanspruch nicht wieder auflebt, sofern der Arbeitgeber nicht während der Kündigungsfrist erneut von der Arbeitsleistung der betreffenden Arbeitnehmer Gebrauch macht.

(Weitere Entscheidungen siehe unter den Nummern IV B v, V B e und IX B d.)

f) Wie weit besteht trotz Betriebsstillegung und Werksbeurlaubung Anspruch auf Erholungsurlaub und Nebenleistungen?

1. siehe Band I, Seite 89—90.

(Weitere Entscheidungen siehe unter Nr. IX B d.)

g) Wie weit genießen Betriebsvertretungsmitglieder bei Stillegungen Sonderschutz?

1.— 4. siehe Band I, S. 90—92.
5.— 8. » » II, » 75—76.
9.—10. » » III, » 85—86.

11. Kurzarbeit und Betriebsvertretungsmitglieder. Werden aus Anlaß von Betriebseinschränkungen nur einzelne Arbeitnehmer von Kurzarbeit betroffen, während die übrigen Arbeitnehmer unverkürzt weiterarbeiten können, so können Betriebsvertretungsmitglieder gemäß einem allerdings umstrittenen Urteile des Gewerbegerichtes Speyer vom 7. 10. 1924 (Arbeitsrecht 1925, S. 1037) die unverkürzte Weiterbeschäftigung verlangen.

12. Keine Bevorzugung von Betriebsvertretungsmitgliedern bei Betriebsstillegungen. In Übereinstimmung mit der vorherrschend in Literatur und Rechtsprechung vertretenen Auffassung entschieden auch das Amtsgericht Berlin-Mitte mit Urteil vom 13. Oktober 1925 (Magazin für Arbeitsrecht 1926/19) und das Gewerbegericht Leipzig mit Urteil vom 3. März 1926, Nr. 577/26 (Industrieschutz 1926/105/6), daß Betriebsvertretungsmitglieder bei teilweisen und völligen Betriebsstillegungen eine Bevorzugung gegenüber ihren Mitgliedern nicht verlangen, vielmehr unter denselben Voraussetzungen ohne Zustimmung der Betriebsvertretung und ohne Ersatzzustimmung des Arbeitsgerichtes entlassen werden können wie ihre der Betriebsvertretung nicht angehörenden Mitarbeiter und auch keine Bevorzugung bei Wiederaufnahme des Betriebes verlangen können.

(Weitere Entscheidungen siehe unter Nr. XVIII B i und k.)

h) Wie weit genießen Schwerbeschädigte bei Stilllegungen Sonderschutz?

(Entscheidungen siehe unter Nr. XV B b, d.)

i) Wie weit verpflichtet Betriebsstillegung Angestellte und Facharbeiter zur Verrichtung von Notstandsarbeiten?

1.—2. siehe Band I, Seite 92.

k) Wie weit sind soziale und andere Gesichtspunkte bei der Auswahl der zu Entlassenden zu berücksichtigen?

1.—2. siehe Band II, Seite 77.
3.—4. » » III, » 86—87.

5. Keine Pflicht zur Berücksichtigung sozialer Gesichtspunkte bei Massenentlassungen. Nach einem Urteil des Landgerichtes Bautzen vom 30. Juni 1924 (Industrieschutz 1925/94) ist der Arbeitgeber seit dem Außerkrafttreten des § 13 der Verordnung vom 12. Februar 1920 in der Auswahl der bei Massenentlassungen zu entlassenden Arbeitnehmer völlig frei.

(Weitere Entscheidungen siehe unter Nr. XIII B h.)

l) Wie entwickelte sich die Arbeitslosigkeit?

1.—2. siehe Band II, Seite 77—78.

3. Untersuchung der Erzeugungs- und Absatzbedingungen der deutschen Wirtschaft. Auf Grund eines im Reichsgesetzblatt I, Nr. 21, S. 195, veröffentlichten Gesetzes vom 15. April 1926 hat die Reichsregierung einen Ausschuß zur Untersuchung der Erzeugungs- und Absatzbedingungen der deutschen Wirtschaft einberufen.

m) Wie weit sind Entlassene bei Wiederaufnahme stillgelegter Betriebe zu bevorzugen?

1. Keine Wiedereinstellungsansprüche nach Wiederaufnahme stillgelegter Betriebe. Mangels gegenteiliger ausdrücklicher Vertragsabmachungen bzw. Zusicherungen des Arbeitgebers können Arbeitnehmer, die aus Anlaß einer Betriebsstillegung ordnungsmäßig entlassen worden sind, gemäß einer Entscheidung des Schlichtungsausschusses Stuttgart (Blätter für Arbeitsrecht 1926/9) bei Wiederaufnahme des Betriebes ihre Wiedereinstellung nicht verlangen, und zwar auch dann nicht, wenn sie der Betriebsvertretung angehört haben oder schwerbeschädigt waren.

(Weitere Entscheidungen siehe unter Nr. XXII B c.)

XII. Kurzarbeiter- und Erwerbslosenunterstützung.

A. Einschlägige Gesetzesbestimmungen.

1. Verordnung über Erwerbslosenfürsorge vom 16. Februar 1924 (RGBl. S. 127) nebst den Ausführungs- und Abänderungsbestimmungen vom 13. März 1924 (RGBl. I S. 279), 25. März 1924 (RGBl. I S. 376), 24. Mai 1924 (RGBl. I S. 562), 30. Oktober 1924 (RGBl. I S. 722), 27. März 1925 (RGBl. I S. 31), 2. Mai 1925 (RGBl. I S. 61), 2. Mai 1925 (RGBl. I S. 63), 4. Juli 1925 (RGBl. I S. 95), 17. Januar 1926 (RGBl. I S. 89), 18. Januar 1926 (RGBl. I S. 91), 18. Januar 1926 (RGBl. I S. 92), 18. Januar 1926 (RGBl. I S. 93), 21. Januar 1926 (RGBl. I S. 96), 19. Februar 1926 (RGBl. I S. 104), 20. Februar 1926 (RGBl. I S. 105) und 30. April 1926 (RGBl. I S. 216).
2. Bestimmungen des Reichsarbeitsministers über öffentliche Notstandsarbeiten vom 17. November 1923 (RGBl. S. 1111).
3. Anordnung über die Zuschläge und Prämien für Notstandsarbeiten vom 18. Januar 1924 (RGBl. S. 35).
4. Bestimmungen über die Einstellung unterstützter Erwerbsloser vom 18. Januar 1924 (Reichsarbeitsblatt S. 34).
5. Verordnung über die Geltungsdauer der Anordnung über die Zuschläge und Prämien der Notstandsarbeiter vom 27. März 1925 (RGBl. I S. 33).
6. Bestimmungen über öffentliche Notstandsarbeiten vom 30. April 1925 (RGBl. I S. 53).

8. Arbeitsnachweisgesetz vom 22. Juli 1922 (RGBl. S. 673).

B. Die wichtigsten Einzelfragen.

a) Darf bei Arbeitskämpfen Erwerbslosenunterstützung gezahlt werden?

1.—2. siehe Band I, Seite 93—94.

3. Überweisung Erwerbsloser an gesperrte Betriebe. Nach einem Bescheide des Reichsarbeitsministers vom 19. März 1926, Nr. IV 3750/26 (Reichsarbeitsblatt 1926, S. 118) gilt die Verhängung der Sperre bzw. des Boykottes über einen Betrieb nicht als Ausstand im Sinne des § 13, Absatz 1, der Verordnung über Erwerbslosenfürsorge vom 16. Februar 1924. Dementsprechend muß Erwerbslosen die Erwerbslosenunterstützung entzogen werden, wenn sie sich weigern, Arbeit zu angemessenen Bedingungen in Betrieben anzunehmen, über die von einer Arbeitnehmerorganisation eine Sperre (bzw. der Boykott) verhängt worden ist.

b) Darf an Werksbeurlaubte Erwerbslosenunterstützung gezahlt werden?

1. siehe Band I, Seite 95.

2. Wegfall der Erwerbslosenunterstützung für Werksbeurlaubte. Gemäß Erlaß des Reichsarbeitsministers vom 20. Februar 1926, Nr. IV 2807/26, darf Werksbeurlaubten mit Wirkung vom 1. März 1926 ab Erwerbslosenunterstützung nicht mehr gezahlt werden. Den am 1. März bereits im Genusse von Erwerbslosenunterstützung stehenden Werksbeurlaubten darf die Unterstützung bis zum 27. März 1926 belassen werden.

c) Wie weit besteht Anspruch auf Kurzarbeiterunterstützung?

1.—2. siehe Band I, Seite 95.

3. Anordnung über Kurzarbeiterfürsorge. Durch eine im RGBl. I, Nr. 10, S. 105, veröffentlichte Verordnung des Reichsarbeitsministers vom 20. Februar 1926 sind die Grundsätze betr. Kurzarbeiterunterstützung für die Zeit vom

1. März 1926 bis 1. Mai 1926 grundsätzlich geändert worden. Näheres siehe unter Nr. Xe 1.

4. Neuregelung der Kurzarbeiterfürsorge. Durch die Anordnung des Reichsarbeitsministers vom 20. Februar 1926 (RGBl. I, Nr. 10, S. 105) sind die Vorschriften des Art. 4 Abs. 3 der Ausführungsverordnung zur Verordnung über Erwerbslosenfürsorge vom 2. Mai 1925 aufgehoben worden. Gleichzeitig sind für die Zeit vom 1. März 1926 bis zum 1. Mai 1926 versuchsweise neue Vorschriften betr. die Kurzarbeiterfürsorge in Kraft gesetzt worden.

Nach dieser Neuregelung erhalten in Ländern, in denen die obersten Landesbehörden auf Grund des § 1 Abs. 2 der Verordnung über Erwerbslosenfürsorge vom 16. Februar 1924 die Gemeinden zur Einführung einer Kurzarbeiterfürsorge verpflichten, Arbeitnehmer gewerblicher Betriebe im Sinne des § 105 b Abs. 1 der Gewerbeordnung, in denen in der Regel mindestens 10 Arbeitnehmer beschäftigt werden, aus Mitteln der Erwerbslosenfürsorge Kurzarbeiterunterstützung, wenn in einer Kalenderwoche 3, 4 oder 5 volle Arbeitstage ausfallen und dadurch der Arbeitsverdienst entsprechend verringert wird. Wird in regelmäßigem Wechsel in gewerblichen Betrieben mit in der Regel mindestens 10 Arbeitnehmern eine Kalenderwoche gearbeitet und eine Kalenderwoche gefeiert (Wochenschichtwechsel), so steht die Feierwoche im Sinne der Kurzarbeiterfürsorge dem Ausfall von je 3 vollen Arbeitstagen in den beiden Kalenderwochen gleich.

Die Kurzarbeiterfürsorge darf jedoch erst dann gewährt werden, wenn in dem in Frage kommenden Betriebe unmittelbar zuvor in zusammenhängenden Kalenderwochen insgesamt mindestens 8 volle Arbeitstage, in jeder Kalenderwoche aber mindestens 2 volle Arbeitstage ausgefallen sind. Auf die Frist von 8 Tagen dürfen mehr als 3 Tage in jeder Kalenderwoche nicht angerechnet werden. Hat jedoch der Betrieb unmittelbar vor der Beantragung der Kurzarbeiterunterstützung drei Wochen hintereinander geruht, so braucht eine weitere vorausgegangene Arbeitsstreckung nicht nachgewiesen zu werden. Auch wenn diese Voraussetzungen zutreffen, wird Kurzarbeiterunterstützung jedoch nur an solche Arbeitnehmer gewährt, die in den letzten 12 Monaten vor Eintritt der Kurzarbeit mindestens 3 Monate hindurch gegen Krankheit oder nach dem Angestelltenversicherungsgesetze pflichtversichert waren. Auch darf Kurzarbeiterunterstützung erst gewährt werden, wenn der

Arbeitgeber dem öffentlichen Arbeitsnachweise eine Anzeige des Inhaltes erstattet hat, daß die vorbezeichneten Voraussetzungen auf die in der Anzeige zu benennenden Gruppen seiner Arbeitnehmerschaft zutreffen. Der Arbeitgeber haftet für die Richtigkeit einer solchen Anzeige in der Weise, daß er sich durch unrichtige Anzeige nicht nur unter Umständen strafbar macht, sondern daß er auch für die Rückerstattung der überhobenen Kurzarbeiterunterstützung neben den in Frage kommenden Arbeitnehmern als Gesamtschuldner haftet, wenn Kurzarbeiterunterstützung mißbräuchlich in Anspruch genommen wird und wenn den Arbeitgeber an der mißbräuchlichen Inanspruchnahme ein Verschulden trifft, insbesondere weil er eine unrichtige Anzeige erstattet hat. Auch für rechtzeitige Anzeigeerstattung ist der Arbeitgeber insoweit haftbar, als die Betriebsvertretung, und wenn eine Betriebsvertretung nicht vorhanden ist, jeder Arbeitnehmer selbständig zur Erstattung der an sich dem Arbeitgeber obliegenden Anzeige berechtigt ist, und der Arbeitgeber auch dann für die Rückerstattung zu Unrecht bezogener Kurzarbeiterunterstützung neben den in Frage kommenden Arbeitnehmern als Gesamtschuldner haftet, wenn er die Anzeige schuldhaft nicht oder nicht rechtzeitig erstattet hat, und wenn die in diesem Falle von der Betriebsvertretung oder von einem einzelnen Arbeitnehmer erstattete Anzeige sich als unrichtig erweist, nachdem auf Grund dieser Anzeige der Betriebsvertretung bzw. eines einzelnen Arbeitnehmers bereits Kurzarbeiterunterstützungen zu Unrecht bezogen worden sind.

Als Kurzarbeiterunterstützung darf in jeder Woche, wenn 3 Arbeitstage ausfallen 1 Tagessatz, wenn 4 Arbeitstage ausfallen 2 Tagessätze, wenn 5 Arbeitstage ausfallen 3 Tagessätze der Erwerbslosenunterstützung gezahlt werden, die dem in Frage kommenden Kurzarbeiter zuständen, wenn er voll erwerbslos wäre. Hat der Kurzarbeiter mindestens 3 unterhaltsberechtigte Angehörige, so darf er, wenn 4 Arbeitstage ausfallen, bis zu 2½ Tagessätzen, und wenn 5 Arbeitstage ausfallen, bis zu 3½ Tagessätzen der Erwerbslosenunterstützung erhalten. In keinem Falle darf jedoch Kurzarbeiterunterstützung gezahlt werden, wenn die Annahme gerechtfertigt ist, daß die Unterstützung von dem Kurzarbeiter nicht benötigt wird. Die obersten Landesbehörden sind berechtigt, allgemein zu bestimmen, daß Arbeitnehmer, deren Arbeitsverdienst eine gewisse Grenze überschreitet, bei Kurzarbeit grundsätzlich nicht als bedürftig im Sinne der Kurzarbeiterunterstützung anzusehen sind. Auch muß die Kurzarbeiterunterstützung entzogen werden, sobald dem Bezieher für die Ausfalltage angemessene Ersatzarbeit zu ortsüblichen Lohn- oder Gehaltsbezügen angeboten oder nachgewiesen worden ist. Im Höchstfalle kann auch mangels Nachweisung geeigneter Ersatzarbeit den Arbeitnehmern desselben Betriebes Kurzarbeiterunterstützung für die Dauer von 6 aufeinanderfolgenden Kalenderwochen gewährt werden. Die Höhe der im Einzelfalle zustehenden Kurzarbeiterunterstützung ist vom zuständigen öffentlichen Arbeitsnachweise zu errechnen. Die Auszahlung kann die zuständige Gemeindebehörde dem Arbeitgeber der betreffenden Kurzarbeiter mit der Maßgabe übertragen, daß dieser die Auszahlung nach Zurverfügungstellung der erforderlichen Mittel durch die Gemeindebehörde kostenlos vorzunehmen hat. Mit Erlaß vom 20. Februar 1926, Nr. IV 2807/26, hat der Reichsarbeitsminister zugleich im Namen des Reichsministers der Finanzen den obersten Landesbehörden allgemein die nach § 1 Abs. 2 der Verordnung über Erwerbslosenfürsorge erforderliche Zustimmung zur Einrichtung einer Kurzarbeiterfürsorge im Rahmen der vorbezeichneten Bestimmungen für die Zeit vom 1. März bis 1. Mai 1926 erteilt.

5. Ausführungsbestimmungen betr. die Kurzarbeiterfürsorge. Ein im Reichsarbeitsblatt 1926, Nr. 9/10, S. 61, veröffentlichter Erlaß des Reichsarbeitsministers vom 25. Februar 1926, Nr. IV 3106/26, bringt nähere Ausführungsbestimmungen betr. die Kurzarbeiterfürsorge.

6. Verlängerung der Kurzarbeiterfürsorge. Die Geltungsdauer der Verordnung über Kurzarbeiterfürsorge vom 20. Februar 1926 ist durch Anordnung des Reichsarbeitsministers vom 30. April 1926 (Reichsarbeitsblatt 1926, S. 137) bis zum 3. Juli 1926 verlängert.

d) Wann und in welchem Umfange besteht Anspruch auf Erwerbslosenunterstützung?

1.—3. siehe Band II, Seite 80.
4. » » III, » 89—90.

5. Erweiterung der Bezugsberechtigung in der Erwerbslosenfürsorge. Durch eine im Reichsarbeitsblatt 1926, Nr. 14, S. 102, veröffentlichte Verfügung vom 30. März 1926, Nr. IV 5000/26, hat der Reichsarbeitsminister, vorläufig mit

Wirkung bis zum 31. Juli 1926, auf Grund des § 18, Absatz 2, der Verordnung über Erwerbslosenfürsorge die Bezugsberechtigung der Arbeitnehmer in der Erwerbslosenfürsorge für alle Erwerbslose, bei denen nicht feststeht, daß Arbeitsgelegenheit vorhanden ist (unter ausdrücklichem Ausschluß der Arbeitnehmer der Land- und Forstwirtschaft, der Gärtnerei, des Baugewerbes, der Baustofferzeugung sowie der Hauswirtschaft und ihrer Nebenbetriebe) allgemein von 26 auf 39 Wochen verlängert. In derselben Verfügung hat der Reichsarbeitsminister die für die Bewilligung der Erwerbslosenunterstützung zuständigen Stellen angewiesen, von der Möglichkeit, die Unterstützungsdauer in Einzelfällen um weitere 13 Wochen, also auf 52 Wochen zu verlängern, weitestgehend Gebrauch zu machen. Endlich empfiehlt der Reichsarbeitsminister zur Milderung der Notlage der sog. Ausgesteuerten, d. h. derjenigen Erwerbslosen, die bereits während der höchstzulässigen Unterstützungsdauer die Erwerbslosenunterstützung bezogen haben, bei Notstandsarbeiten besonders zu berücksichtigen.

6. **Unterstützungsansprüche hochbesoldeter Angestellter in der Erwerbslosenfürsorge.** Durch Verordnung vom 19. Februar 1926 (RGBl. I, Nr. 10, S. 104) ist die siebente Ausführungsverordnung zur Verordnung über Erwerbslosenfürsorge vom 21. Januar 1926 (RGBl. I, S. 96) mit Wirkung vom 1. Januar 1926 dahin abgeändert worden, daß Angestellte, die nur der Angestelltenversicherungspflicht und nicht auch der Krankenversicherungspflicht unterliegen, bis zum 31. März 1926 auch dann schon im Falle der Erwerbslosigkeit und Unterstützungsbedürftigkeit Erwerbslosenunterstützung beantragen können, wenn sie in den letzten zwei Jahren vor Eintritt der Unterstützungsbedürftigkeit wenigstens drei Monate (bisher sechs Monate) eine angestelltenversicherungspflichtige Beschäftigung ausgeübt haben.

7. **Erhöhung der Erwerbslosenunterstützung für alleinstehende und langfristig erwerbslose Arbeitnehmer.** Durch eine im Reichsarbeitsblatt 1926, Nr. 9/10, S. 62, veröffentlichte 2. Anordnung über eine vorübergehende Erhöhung der Höchstsätze in der Erwerbslosenfürsorge vom 27. Februar 1926 sind mit Wirkung vom 1. März 1926 ab die Unterstützungssätze für solche Erwerbslose erhöht worden, die keine Familienzuschläge beziehen und nicht dem Haushalte eines anderen angehören oder die bereits 8 Wochen hindurch ununterbrochen aus der Erwerbslosenfürsorge unterstützt worden sind.

8. Verlängerung der Geltungsdauer der erhöhten Unterstützungssätze in der Erwerbslosenfürsorge. Die Gültigkeit der 2. Anordnung über eine vorübergehende Erhöhung der Höchstsätze in der Erwerbslosenfürsorge vom 27. Februar 1926 (Reichsarbeitsblatt S. 62) ist durch eine Anordnung des Reichsarbeitsministers vom 30. April 1926 vorläufig bis zum 22. Mai 1926 verlängert.

9. Keine Wartezeit beim Übergang aus der Werksbeurlaubung in die Arbeitslosigkeit. Nach einem Bescheide des Reichsarbeitsministers vom 9. März 1926, Nr. IV 3715/26 (Reichsarbeitsblatt 1926, Nr. 12, S. 85), brauchen Arbeitnehmer, die bisher wegen Werksbeurlaubung Erwerbslosenunterstützung bezogen haben, auch dann vor dem Bezuge der Erwerbslosenunterstützung keine Wartezeit einzuhalten oder nachzuweisen, wenn sie selbst das Dienstverhältnis aufgekündigt haben, weil sie werksbeurlaubt waren.

10. Entziehung der Erwerbslosenunterstützung wegen Arbeitsverweigerung. Die Bestimmungen des § 13 der Verordnung über Erwerbslosenfürsorge vom 16. Februar 1924 sind in einem Bescheide des Reichsarbeitsministers vom 21. Januar 1926 Nr. IV 388/26 (Gewerkschaftszeitung 1926 Nr. 6 S. 88) dahin ausgelegt, daß als »angemessener, ortsüblicher Lohn« für Arbeiten, für die ein allgemein verbindlich erklärter Tarifvertrag besteht, der in dem für allgemein verbindlich erklärten Tarifvertrage festgelegte Lohn anzusehen ist. Wird daher für solche Arbeiten dem Erwerbslosen nur ein geringerer als der tariflich vorgesehene Lohn gewährt, so darf der Erwerbslose nach Ansicht des Reichsarbeitsministers auf Grund des § 13 der Verordnung über Erwerbslosenfürsorge die Annahme der betr. Arbeit verweigern, ohne Gefahr zu laufen, daß ihm deshalb die Erwerbslosenunterstützung entzogen wird.

11. Keine Anrechnung von Gelegenheitsarbeit auf die Unterstützungsdauer in der Erwerbslosenfürsorge. Nach den Bescheiden des Reichsarbeitsministers vom 17. Juli 1925, Nr. IV 6266/25 vom 28. August 1925, Nr. IV 7563/25, und Nr. IV 12/31/26 (Reichsarbeitsblatt 1925, S. 326 und 469, sowie Gewerkschaftszeitung 1926, S. 253) unterbricht kurzfristige Gelegenheitsarbeit eines Erwerbslosen den Unterstützungsfall nicht. Ein Erwerbsloser braucht daher nach Ableistung einer Gelegenheitsarbeit nicht erneut eine 8 wöchige Unterstützungsdauer zu durchlaufen, ehe er in den Genuß der erhöhten Unterstützung kommen kann.

12. „Gelegenheitsarbeit“ in der Erwerbslosenfürsorge. Nach einem Bescheide des Reichsarbeitsministers vom ,15. April 1926 (Reichsarbeitsblatt 1926, Nr. 18, S. 138) Nr. IV 4724/26, gilt als Gelegenheitsarbeit im Sinne der Erwerbslosenfürsorge, d. h. als Beschäftigung, welche den Unterstützungsfall und die Unterstützungsberechtigung in der Erwerbslosenfürsorge nicht unterbricht, nur solche Beschäftigung, die in ihrer Dauer über 7 aufeinanderfolgende Tage nicht hinausgeht.

e) Welche Bezüge erhalten erkrankte Erwerbslose und Werksbeurlaubte?

1. siehe Band I, Seite 96.

f) Wie weit haben Erwerbslose Pflichtarbeit zu leisten?

1.—2. siehe Band I, Seite 96—97.

g) Wie ist Pflichtarbeit Erwerbsloser zu bezahlen?

1.—2. siehe Band I, S. 97.

h) Unter welchen Bedingungen können Betriebe Mittel aus der produktiven Erwerbslosenfürsorge erhalten?

1.—2. siehe Band I, Seite 97.

i) Welche Sondervergünstigungen werden bei Einstellung Erwerbsloser gewährt?

1. siehe Band I, Seite 98.

XIII. Entlassungen und Entlassungspapiere.

A. Einschlägige Gesetzesbestimmungen.

1.—3. Siehe die unter den Nummern III A 1—3 aufgeführten Gesetze.
4. Das Betriebsrätegesetz vom 4. Februar 1920 (RGBl. S. 147).
5. Verordnung betr. Maßnahmen gegenüber Betriebsabbrüchen und Betriebsstillegungen vom 8. November 1920 (RGBl. S. 1901).
6. Verordnung über Betriebsstillegung und Arbeitsstreckung vom 15. Oktober 1920 (RGBl. S. 983).
7. Gesetz über die Beschäftigung Schwerbeschädigter vom 12. Januar 1923 (RGBl. S. 57).

B. Die wichtigsten Einzelfragen.

a) Welche Kündigungsfristen sind einzuhalten?

1.—3. siehe Band I, Seite 99—100.
4.—10. » » II, » 83—84.
11. » » III, » 91.

12. Einhaltung der Kündigungsfristen auch bei nur stunden- und tageweise beschäftigten Arbeitnehmern. Gemäß einer Entscheidung des Gewerbegerichtes Köln (Kölner Stadtanzeiger Nr. 7/1926) gelten mangels gegenteiliger ausdrücklicher Vereinbarung die allgemeinen gesetzlichen Kündigungsfristen auch zugunsten solcher auf unbestimmte Zeit angestellter Arbeitnehmer, die in jeder Woche nur stunden- oder tageweise beschäftigt sind. Soweit solche Arbeitnehmer als gewerbliche Arbeiter im Sinne der Gewerbeordnung anzusehen sind, kann ihnen daher im allgemeinen nur mit 14tägiger Kündigungsfrist gekündigt werden. Wird die Kündigungsfrist nicht eingehalten, obwohl ein wichtiger, die fristlose Entlassung rechtfertigender Kündigungsgrund nicht vorliegt, so hat der Arbeitgeber als Entschädigung die Lohnbezüge zu zahlen, die der betreffende Arbeitnehmer durch seine normale stunden- oder tageweise Beschäftigung bis zum Ablauf der gesetzlichen Kündigungsfrist verdient haben würde.

13. Wirkung des vertraglichen Kündigungsausschlusses. Besagt ein Dienst- oder Arbeitsvertrag oder ein Tarifvertrag bzw. eine Arbeitsordnung, daß Kündigungen jederzeit ohne Einhaltung einer Kündigungsfrist erfolgen können, so ist nach der herrschenden Ansicht eine Kündigung doch mangels gegenteiliger ausdrücklicher Vereinbarungen im allgemeinen erst zum Schlusse eines Arbeitstages zulässig. Ein Urteil des Gewerbegerichtes Hamburg vom 14. September 1925 (Hanseatische Gerichtszeitung, Abt. Arbeitsrecht 2, 43, S. 268) hält allerdings in solchen Fällen Kündigungen zu jeder beliebigen Tagesstunde für rechtswirksam und zulässig.

14. Kündigungen zu einem späteren als dem nächstzulässigen Kündigungstermin. Gemäß Urteil des Gewerbegerichtes Plauen i. V. vom 7. Oktober 1925 (Gewerbe- und Kaufmannsgericht, 31. Jahrg., Nr. 3, S. 198) ist der Arbeitgeber mangels nachträglichen Auftauchens eines wichtigen Kündigungsgrundes nicht mehr berechtigt, ein Dienstverhältnis zu einem früheren Zeitpunkte aufzukündigen, wenn er eine Kündigung zu einem späteren als dem vertraglich nächstzulässigen Kündigungstermine ausgesprochen hat. Wenn also beispielsweise der Arbeitgeber einem mit Monatsfrist angestellten Handlungsgehilfen am 1. Oktober zum 31. Dezember 1925 gekündigt hat, so kann er nicht etwa nachträglich unter Berufung auf die Geltung einer einmonatigen Kündigungsfrist am 31. Oktober die Kündigung zum 30. November 1925 aussprechen. Eine Ausnahme gilt nach Ansicht des Gewerbegerichtes Plauen nur dann, wenn nach dem Ausspruche der ersten Kündigung ein wichtiger Kündigungsgrund eingetreten oder bekannt geworden ist, der den Arbeitgeber zur fristlosen Entlassung berechtigt. In allen anderen Fällen würde es nach der Urteilsbegründung gegen Treu und Glauben verstoßen, wenn der Arbeitgeber seine eigene Kündigungserklärung nachträglich zuungunsten des Arbeitnehmers ändern würde.

(Weitere Entscheidungen siehe unter Nr. III B c.)

b) Welche Formvorschriften sind bei der Kündigung zu beachten?

1.—6. siehe Band I, Seite 100—102.
7.—15. » » II, » 84—86.
16. » » III, » 92.

17. Kündigungen durch Werksanschlag. Im Gegensatz zu den im Bd. I und Bd. II, S. 84, besprochenen Entscheidungen stellte sich eine Entscheidung des Schlichtungsausschusses Halberstadt vom 23. März 1925 (Arbeitsrecht 1925, S. 1033) auf den Standpunkt, daß Kündigungen lediglich durch Werksanschlag unzulässig und nichtig sind, sofern nicht im Einzelfalle ausdrücklich etwas Gegenteiliges in den Einzelverträgen, dem Tarifvertrage oder der Arbeitsordnung gesagt ist.

18. Gültigkeit nicht unterschriebener Kündigungsschreiben. Wenn auch im allgemeinen ein ohne Unterschrift dem Arbeitnehmer zugestelltes Kündigungsschreiben jeder rechtlichen Wirkung entbehrt, so liegt gemäß einem Urteile des Kaufmannsgerichtes Offenbach vom 12. September 1925 (Gewerbe- und Kaufmannsgericht 31, 2, S. 80) in einem nicht unterschriebenen und dem Arbeitnehmer rechtzeitig zugestellten Kündigungsschreiben jedoch ausnahmsweise dann eine rechtswirksame Kündigung, wenn die Unterschrift nur versehentlich unterblieben ist, wenn der Arbeitnehmer über die Kündigungsabsicht unterrichtet war und wenn er das Fehlen der Unterschrift nicht unverzüglich gerügt, sondern mit der Beanstandung des Kündigungsschreibens wegen des Fehlens der Unterschrift in arglistiger Weise bis nach dem Kündigungstermin gewartet hat.

19. Unwirksamkeit eines Kündigungsschreibens wegen versuchter Zustellung während der Abwesenheit des Angestellten. Kündigungsschreiben, welche einem Arbeitnehmer durch die Post in der Zeit zuzustellen versucht worden sind, in welcher der betr. Angestellte verreist war und in welcher auch keine Familien- oder sonstige Haushaltsangehörige sich in der Wohnung befinden, gelten nach einem Urteil des Landgerichtes Frankfurt a. M. vom 7. Dezember 1925 (Gewerbe- und Kaufmannsgericht 1926, S. 279) dem Adressaten erst in dem Zeitpunkte als rechtswirksam zugegangen, in welchem ihm selbst oder einem Haushaltsangehörigen der Brief ordnungsgemäß ausgehändigt worden ist. Nur ausnahmsweise dann gilt das eingeschriebene Kündigungsschreiben dem Adressaten schon im Zeitpunkte des ersten Zustellungsversuches als zugegangen, wenn der Adressat das Schreiben erwartete und sich nur deshalb auf Reisen begeben hat, um die rechtzeitige Zustellung des Kündigungsschreibens vor dem letzten Kündigungstermin in arglistiger Weise zu vereiteln.

20. Gültigkeit der Kündigung trotz Verweigerung der Annahme des Kündigungsschreibens. Hat sich der Arbeitnehmer geweigert, ein Kündigungsschreiben des Arbeitgebers anzunehmen, obwohl er wußte bzw. weil er vermutete, daß der Brief eine Kündigung enthalte, so gilt die Kündigung nach den Entscheidungen des Reichsgerichtes, Bd. 58, S. 406, und Bd. 110, S. 34, im Sinne der §§ 130, 162 und 278 des BGB. als in dem Zeitpunkte rechtsgültig ausgesprochen, in welchem der Arbeitnehmer das Kündigungsschreiben zurückgewiesen hat.

21. Ablehnung der Wiedereinstellung gilt als neue rechtswirksame Kündigung. In der Erklärung eines Arbeitgebers, er werde einen Arbeitnehmer trotz der Verurteilung zur Weiterbeschäftigung bzw. zur Wiedereinstellung nicht wiedereinstellen, liegt nach einem Urteile des Landesgerichtes Königsberg eine rechtswirksame erneute Aufkündigung des Dienstverhältnisses zum nächstzulässigen Kündigungstermine.

c) Wann ist eine fristlose Entlassung durch den Arbeitgeber zulässig?

1.—24. siehe Band I, Seite 102—110.
25.—43. » » II, » 86—90.
44.—56. » » III, » 92—95.

57. Fristlose Entlassung wegen Nichtentschuldigung im Krankheitsfalle. Arbeitnehmer, die es unterlassen, sich beim Arbeitgeber schriftlich oder mündlich oder durch Beauftragte unter Angabe des Grundes bei mehrtätigem Fehlen zu entschuldigen, können nach einem Urteil des Kaufmannsgerichtes Köln (Kölner Stadtanzeiger, 1926, 144) auch dann fristlos wegen unentschuldigten Fehlens entlassen werden, wenn sie nachweislich während der Zeit des Fehlens erkrankt waren, es sei denn, daß der betr. Arbeitnehmer nachweislich so erheblich erkrankt war, daß er nicht in der Lage war, sich selbst mündlich oder schriftlich zu entschuldigen oder durch Beauftragte entschuldigen zu lassen.

58. Fristlose Entlassungen wegen nachträglich bekanntgewordener Vorstrafen. Erfährt der Arbeitgeber, daß in seinem Betriebe oder Geschäft in einer Vertrauensstellung beschäftigter Arbeitnehmer bereits früher mit erheblichen gerichtlichen Strafen wegen Vertrauensbruches, beispielsweise wegen Unterschlagung, Urkundenfälschung usw. bestraft worden ist, so ist nach einem Urteil des Landgerichtes Stettin vom 25. September 1925 (Deutsche Handelswacht 33, 4, 34) zur fristlosen Entlassung des betr. Arbeitnehmers berechtigt, wenn er befürchten muß, daß der Arbeitnehmer sich ähnlicher Straftaten auch zu seinem Nachteile schuldig machen wird.

59. Fristlose Aufkündigung von Lehrverträgen durch den Konkursverwalter. Der Konkursverwalter kann zwar nach einem Urteil des Kaufmannsgerichtes Stuttgart vom 23. Dezember 1925 (Gewerbe- und Kaufmannsgericht 1926, S. 253) auf Grund des § 22 der Konkursordnung, Lehrverträge, die zwischen dem in Konkurs geratenen Betriebe und Lehrlingen bestehen, fristlos aufkündigen, er muß jedoch in einem solchen Falle den dem Lehrling durch die fristlose Kündigung entstehenden Schaden als nicht bevorrechtigte Konkursforderung anerkennen.

60. Fristlose Entlassung wegen unbefugten Fernbleibens. Nach § 133c Abs. 1, Ziffer 3 der Gewerbeordnung können technische Angestellte bekanntlich besonders dann fristlos entlassen werden, wenn sie ihren Dienst unbefugt verlassen haben. Nach einem Urteile des Gewerbegerichtes Berlin vom 17. 8. 1925, Nr. 603/25 (Neue Zeitschr. f. Arbeitsrecht 1925, S. 677), liegt ein solches unbefugtes Verlassen der Arbeit in einem zur fristlosen Entlassung berechtigenden Sinne nicht schon dann vor, wenn ein Arbeitnehmer nur während einer verhältnismäßig unerheblichen Zeit, also beispielsweise nur während weniger Stunden von der Arbeit fernbleibt, um berechtigte persönliche Interessen wahrzunehmen, vorausgesetzt, daß er sich gutgläubig für befugt gehalten hat, aus dem vorliegenden Anlasse von der Arbeit für kurze Zeit fernzubleiben.

61. Die Drohung eines Angestellten mit einer Strafanzeige gegen den Arbeitgeber, beispielsweise die Drohung mit der Erstattung einer Anzeige wegen Nichtklebens von Versicherungsmarken, bezeichnet ein Urteil des Landgerichtes Altona (Arbeitsrecht 1925, S. 1031) als erhebliche, die fristlose Entlassung des betreffenden Angestellten rechtfertigende Ehrverletzung.

62. **Wegen unentschuldigten Fehlens** können Angestellte gemäß Urteil des Gewerbegerichtes Berlin vom 18. 3. 1925 (Recht und Rechtspraxis 1925, Nr. 7) schon dann fristlos entlassen werden, wenn sie von der Arbeit ohne Urlaub und ohne gerichtliche Ladung ferngeblieben sind, um freiwillig in einem Prozesse als Zeugen aufzutreten.

63. **Fristlose Entlassung wegen grober Achtungsverletzungen oder wegen tätlicher Bedrohungen** ist gemäß einem Urteile des Gewerbegerichtes Hamburg (Mitteilungen der Arbeitgeberverbände Unterelbe und Hamburg-Altona 1925, Nr. 20, S. 122) auch dann zulässig, wenn der Arbeitnehmer zu seinem Verhalten durch ungerechtfertigte Vorwürfe des Arbeitgebers oder eines Vorgesetzten gereizt worden ist.

64. **Fristlose Entlassung auf Grund des § 133c der Gewerbeordnung.** Während die herrschende Meinung den § 133c der Gewerbeordnung dahin auslegt, daß beim Vorliegen eines der in ihm aufgezählten Tatbestände der Arbeitgeber in jedem Falle zur fristlosen Entlassung des betreffenden technischen Angestellten berechtigt ist, entschied das Gewerbegericht Berlin mit Urteil vom 17. August 1925 (Neue Zeitschrift für Arbeitsrecht 5, 11, S. 677), daß auch beim Vorliegen eines der Tatbestände des § 133c der Gewerbeordnung noch in jedem Einzelfalle zu prüfen ist, ob dieser Tatbestand objektiv und subjektiv unter Berücksichtigung der persönlichen und sachlichen Verhältnisse als ein wichtiger, die fristlose Entlassung nach den Grundsätzen von Treu und Glauben rechtfertigender Kündigungsgrund anzusehen ist.

65. **Die wahrheitswidrige Behauptung,** der Arbeitgeber zahle das Gehalt unpünktlich, stellt gemäß einem Urteile des Kaufmannsgerichtes Frankfurt a. M. (Arbeitsrecht 1925, Nr. 1031) auch dann einen wichtigen, die fristlose Entlassung des betreffenden Angestellten rechtfertigenden Kündigungsgrund wegen Ehrverletzung dar, wenn der Angestellte solche Äußerungen gegenüber einem eigenen Gläubiger zur Entschuldigung eigener Zahlungsverzögerung macht.

66. **Trotz Unachtsamkeit im Dienste** kann ein Angestellter gemäß einem Urteile des Landgerichtes Neuruppin Nr. 155/24/10 (Arbeitsrecht 1925, S. 1031) nicht fristlos entlassen werden wenn die Unachtsamkeit lediglich darin

besteht, daß der Arbeitnehmer es einmalig trotz der ihm obliegenden Verpflichtung unterlassen hat, den Arbeitgeber rechtzeitig auf das Fälligwerden eines Wechsels aufmerksam zu machen.

67. Keine fristlose Entlassung wegen Aufsuchens des Arztes während der Arbeitzeit. Hat ein Arbeitnehmer während der Arbeitzeit seinen Arbeitsplatz ohne Urlaub des Arbeitgebers verlassen, um den Arzt aufzusuchen, so hat er sich gemäß einem Urteile des Landgerichtes Frankenthal vom 5. Juni 1925 (Gewerkschaftsztg., Arbeitsrecht 25, S. 66) noch keiner beharrlichen, die fristlose Entlassung rechtfertigenden Arbeitsverweigerung im Sinne des § 123 Ziffer 3 der Gewerbeordnung schuldig gemacht.

68. Fristlose Entlassung von Betriebsvertretungsmitgliedern wegen Beleidigung des Arbeitgebers ist gemäß einem Urteil des Gewerbegerichtes Zwickau vom 17. Februar 1925 (Schlichtungswesen 8, 1, 15) im allgemeinen nicht schon deshalb zulässig, weil sie gegenüber dem Arbeitgeber oder einem Vorgesetzten in Wahrnehmung von Betriebsratsangelegenheiten geäußert haben, der Arbeitgeber oder der betreffende Vorgesetzte sei zur Leitung des Betriebes ungeeignet. Dagegen kann der Arbeitgeber aus Anlaß einer solchen beleidigenden Äußerung von Betriebsvertretungs- bzw. von Arbeitsgerichten die Zustimmung zur Kündigung des betreffenden Betriebsvertretungsmitgliedes verlangen.

69. Fristlose Entlassung wegen unbefugtes Verlassens der Arbeitsstelle oder Fernbleibens von der Arbeit. Verlassen Arbeitnehmer entgegen einem ausdrücklichen Verbote des Arbeitgebers die Arbeitsstelle vorzeitig oder bleiben sie trotz eines ausdrücklichen Verbots des Arbeitgebers ohne stichhaltigen Grund von der Arbeit fern, so können sie gemäß einem Urteil des Kammergerichtes vom 15. Dezember 1925 (Blätter für Arbeitsrecht 5, 5) auch dann auf Grund des § 123 Ziffer 3 der Gewerbeordnung fristlos entlassen werden, wenn der Arbeitgeber nicht ausdrücklich bei Bekanntgabe des Verbots für den Fall der Übertretung die fristlose Entlassung angedroht hatte.

70. Fristlose Entlassung vor Ablauf der Probezeit. Sofern der Arbeitgeber sich bei Einstellung eines Arbeitnehmers auf Probe nicht ausdrücklich ein Recht zur jederzeitigen fristlosen Entlassung während der Probezeit vorbehalten hatte, ist er nach einem Urteile des Kaufmannsgerichtes Berlin vom 16. Juli 1924, Nr. VI/616 (Gewerbe- und Kaufmannsgericht 1926, S. 302) nur ausnahmsweise dann zur fristlosen Entlassung des auf Probe angestellten Arbeitnehmers vor dem Ablauf der Probezeit berechtigt, wenn der Arbeitnehmer entweder durch sein persönliches Verhalten einen wichtigen, die fristlose Entlassung rechtfertigenden Kündigungsgrund gegeben hat, oder wenn sich herausstellt, daß dem Arbeitnehmer wesentliche Eigenschaften und Fähigkeiten fehlen, die bei der Einstellung als selbstverständlich vom Arbeitgeber vorausgesetzt worden sind und vorausgesetzt werden durften.

71. Fristlose Entlassung wegen begründeten Verdachts eines strafbaren oder vertragswidrigen Verhaltens ist nach einem Urteil des Hanseatischen Onerlandesgerichtes vom 21. Dezember 1925, Nr. B f IV 252/24, in Ausnahmefällen gerechtfertigt, wenn der Verdacht ein weiteres gedeihliches Zusammenarbeiten unmöglich macht, und wenn der Angestellte trotz Aufforderung nichts tut, um den Verdacht zu entkräften.

72. Fristlose Entlassung wegen gewerkschaftlicher Agitation während der Arbeitszeit. Arbeitnehmer, die nicht der Betriebsvertretung angehören, können nach einem Urteil des Gewerbegerichtes Bergedorf vom 5. Februar 1925 (Gewerkschaftszeitung, Beilage Arbeitsrecht 1925, S. 83) nur ausnahmsweise dann wegen gewerkschaftlicher Agitation während der Arbeitszeit fristlos entlassen werden, wenn die Agitation als solche die angemessenen Grenzen überschreitet, insbesondere wenn sie die Arbeitsleistung gefährdet oder vermindert.

73. Keine verspätete fristlose Entlassung von Lehrlingen wegen Nichteignung für den Lehrberuf. Wegen Nichteignung für den Lehrberuf können Lehrlingen nach einem Urteil des Gewerbegerichtes Bremen vom 18. Februar 1926 nach Ablauf der Probezeit nur noch dann auf Grund des § 123 der Gewerbeordnung vom Arbeitgeber entlassen werden, wenn der Lehrling ursprünglich für seinen Beruf geeignet war, und wenn er erst durch ein später eingetretenes Gebrechen die Fähigkeit zur Dienstleistung ganz oder in erheblichem Umfange verloren hat.

74. Keine fristlose Entlassung wegen Überschreitung der ärztlich festgesetzten Ausgehzeiten. Nach einem Urteil des Kaufmannsgerichtes Hamburg vom 24. August 1925 (Hanseatische Gerichtszeitung, Abteilung Arbeitsrecht 1925, Nr. 52, S. 305) können Arbeitnehmer im allgemeinen nicht schon deshalb fristlos entlassen werden, weil sie während einer Krankheit außerhalb der vom Arzte bestimmte Ausgehzeit spazieren gegangen sind.

75. Ablieferung fehlerhafter Arbeit bildet gemäß einem Urteil des Gewerbegerichtes Berlin vom 8. September 1925 (Merkblatt des Textilarbeiterverbandes 1926, Nr. 3, S. 23) im allgemeinen keinen wichtigen, die fristlose Entlassung eines Arbeitnehmers oder die zustimmungsfreie fristlose Kündigung eines Betriebsvertretungsmitgliedes rechtfertigenden Kündigungsgrund, wenn bei der Eigenart der Arbeit oder des Betriebes mit fehlerhafter Arbeit auch dann zu rechnen ist, wenn Arbeitnehmer sich kein grobes Verschulden bei der Arbeit haben zuschulden kommen lassen.

76. Keine fristlose Entlassung wegen Verweigerung der Einwilligung in sofortige Verschlechterung der Arbeitsbedingungen. Nach einer Entscheidung des Gewerbegerichtes Ulm vom 13. Oktober 1925 (Blätter für Arbeitsrecht 1925/25) geben Arbeitnehmer ihrem Arbeitgeber nicht schon dadurch einen wichtigen Grund zur fristlosen Entlassung, daß sie sich weigern, vor Ablauf der im Einzelfalle für das Vertragsverhältnis geltenden gesetzlichen oder vertraglichen Kündigungsfrist in eine Verschlechterung der Lohn- und Arbeitsbedingungen beispielsweise in die Versetzung an eine geringer bezahlte Arbeitsstelle einzuwilligen.

77. Keine fristlose Entlassung wegen einmaliger Betrunkenheit während der Arbeitszeit. Nach einer allerdings umstrittenen Entscheidung des Gewerbegerichtes Ulm vom 13. Oktober 1925, Nr. 11/25 (Blätter für Arbeitsrecht 1925, 25) können Arbeitnehmer, die sich sonst in langjähriger Dienstzeit einwandfrei geführt haben, nicht schon deshalb fristlos entlassen werden, weil sie einmalig während der Arbeitszeit betrunken waren und infolge der Trunkenheit während der Arbeitszeit geschlafen haben.

78. Fristlose Entlassung wegen Fernbleibens von der Arbeit am 1. Mai. Arbeitnehmer, die am 1. Mai entgegen einem ausdrücklichen Verbote des Arbeitgebers von der Arbeit fernbleiben, können nach den Entscheidungen des Schlichtungsausschusses Kiel vom 26. Mai 1926 (Stichworte des Arbeiterrechtes 1926/11) und des Kreisgewerbegerichtes Minden vom 25. Mai 1925 fristlos wegen unentschuldigten Fernbleibens von der Arbeit bzw. wegen beharrlicher Arbeitsverweigerung entlassen werden.

79. Gelegenheit zur Entschuldigung von Pflichtwidrigkeiten. Nach einem Urteile des Reichsgerichtes vom 19. Mai

1925 (Leipziger Zeitschrift 25, S. 1154) ist der Arbeitgeber verpflichtet, vor Durchführung einer fristlosen Entlassung dem betreffenden Arbeitnehmer Gelegenheit zu geben, sich gegenüber dem Vorwurfe der Pflichtwidrigkeiten zu rechtfertigen.

(Weitere Entscheidungen siehe unter Nr. IV B f, VII B, XI B d, XV B p, XVIII B h und XXII B a.)

d) Wann ist ein fristloser Dienstaustritt des Arbeitnehmers zulässig?

1. siehe Band II, Seite 90.
2. » » III, » 95.

3. Kein Recht zum fristlosen Dienstaustritte wegen Nichtauszahlung einer kleinen strittigen Lohndifferenz steht Arbeitnehmern trotz der Bestimmung des § 124 Ziffer 4 der Gewerbeordnung gemäß einem Urteil des Tarifschiedsgerichtes für die Textilindustrie Westsachsens vom 9. Juli 1925 schon deshalb zu, weil der Arbeitgeber eine verhältnismäßig unerhebliche strittige Lohn- und Gehaltsdifferenz nicht sofort bzw. nicht vor gerichtlicher Klärung ausgezahlt hat.

e) Welche Rechtsfolgen hat eine unzulässige fristlose Entlassung?

1.—2. siehe Band I, Seite 110.
3. » » II, » 90—91.
4. » » III, » 95—96.

5. Konkurrierendes Verschulden bei fristlosen Entlassungen. In Anwendung der Bestimmung des § 254 BGB. hat das Gewerbegericht Durlach in einem Urteile vom 13. Juli 1925 (Das Schlichtungswesen 7, 12, S. 239) entschieden, daß Arbeitnehmer nur eine teilweise Vergütung des durch fristlose Entlassung entstandenen Schadens verlangen können, wenn die fristlose Entlassung zwar nach Lage der Sache wegen Fehlens eines ausreichend schweren Verschuldens des Arbeitnehmers unbegründet war, wenn jedoch der Arbeitnehmer sich tatsächlich gewisser Verstöße gegen seine Arbeitsvertragspflichten schuldig gemacht hat, und wenn er daher für die fristlose Entlassung selbst in gewissem Umfange mitverantwortlich ist.

6. Keine Schadenersatzpflicht bei Rücknahme einer unbegründeten fristlosen Entlassung. Trotz unbegründeter fristloser Entlassung eines Arbeitnehmers ist der Arbeitgeber dem Arbeitnehmer gegenüber nach einem Urteil des Gewerbegerichtes Göttingen vom 14. August 1925 (Blätter für Arbeitsrecht 5, 7) nicht schadenersatzpflichtig, wenn er sich nach Ausspruch der fristlosen Entlassung bereit erklärt hat, den Arbeitnehmer weiter zu beschäftigen und weiter zu entlohnen.

f) Welche Rechtsfolgen hat ein unzulässiger fristloser Dienstaustritt oder unentschuldigtes Fehlen?

1. siehe Band I, Seite 111.

2.—3. siehe Band II, Seite 91.

4. Schadenersatzpflicht wegen Fehlens am 1. Mai. Nach einem vom Oberlandesgericht Breslau mit Urteil vom 10. Februar 1926 bestätigten Urteil des Landgerichtes Görlitz vom 6. Oktober 1925 (Mitteilungen der Arbeitgeberverbände Unterelbe und Hamburg-Altona 1926, Nr. 8, S. 206) haben Arbeitnehmer dem Arbeitgeber allen durch ihr Fehlen entstandenen Schaden zu ersetzen, wenn sie am 1. Mai entgegen einem ausdrücklichen Verbote des Arbeitgebers von der Arbeit ferngeblieben sind.

5. Kein Verbot der Aufnahme anderweitiger Beschäftigung im Wege der einstweiligen Verfügung gegen vertragsbrüchig gewordene Arbeitnehmer. Aus den Bestimmungen der §§ 887 und 888 der ZPO, nach welchen eine Erzwingung von Dienstleistungen auf dem Wege der Zwangsvollstreckung unzulässig ist, folgert ein Urteil des Gewerbegerichtes Hamburg (Gewerbe- und Kaufmannsgericht 1926, S. 273), daß das Gericht nicht berechtigt ist, auf Antrag des Arbeitgebers im Wege der einstweiligen Verfügung einem vertragsbrüchig gewordenen Arbeitnehmer die Annahme einer anderweitigen Stellung und insbesondere die Aufnahme oder Beibehaltung einer Dienststätigkeit bei einem Konkurrenzunternehmen zu verbieten.

g) Welche Rechtsfolgen hat die schuldhafte Verursachung des Dienstaustrittes durch den Arbeitgeber?

1. siehe Band I, Seite 111.

2. Schadenersatz wegen Verursachung des fristlosen Dienstaustrittes. Hat ein Arbeitgeber einem Arbeitnehmer dadurch einen wichtigen Grund zum fristlosen Dienstaustritt gegeben, daß er die Vertragsgrundlagen und den Vertragszweck in schuldhafter Weise subjektiv und objektiv gefährdet hat, so kann der Arbeitnehmer nach einem Urteil des Reichsgerichtes vom 27. Oktober 1925 (Recht 1925, S. 762) auf Grund des § 628 des BGB. Ersatz sämtlicher Schäden verlangen, die ihm durch den fristlosen Dienstaustritt entstanden sind.

h) Wann ist ein Kündigungseinspruch zulässig und gerechtfertigt?

1.—8. siehe Band I, Seite 111—113.
9.—24. » » II, » 92—96.
25.—32. » » III, » 97—98.

33. Unmöglichkeit des Kündigungseinspruches beim Fehlen eines Gruppenrates. Nach den Entscheidungen des Gewerbegerichtes Berlin vom 19. August 1925 und des Kaufmannsgerichtes Berlin vom 3. Oktober 1924 und einem Bescheide des Reichsarbeitsministers vom 10. Januar 1922 (Schlichtungswesen 1925, S. 235) können beim Fehlen eines Gruppenrates wegen Wahlenthaltung der einen Arbeitnehmergruppe die der betreffenden Gruppe angehörenden Arbeitnehmer im Falle der Kündigung Einspruch auf Grund des § 84 ff. des Betriebsrätegesetzes nicht erheben. Hat sich die gesamte Belegschaft der Wahl enthalten, so können weder die Arbeiter noch die Angestellten gegen etwaige Kündigungen Kündigungseinspruch auf Grund der § 84 ff. des Betriebsrätegesetzes einlegen. Dagegen entschied ein Urteil des Gewerbegerichtes Berlin vom 2. Januar 1925 (Gewerbe- und Kaufmannsgericht 1926, S. 274), daß in Fällen, in denen sich nur die eine Arbeitnehmergruppe der Betriebsvertretungswahl enthalten hat, der von der anderen Arbeitnehmergruppe gewählte Gruppenrat gleichzeitig die Funktionen des Betriebsrates und des fehlenden Gruppenrates auszuüben hat, so daß also auch in solchen Fällen alle Arbeitnehmer Kündigungseinspruch bei einem nur von der einen Arbeitnehmergruppe gewählten Gruppenrat rechtsgültig einlegen können.

34. Kein Kündigungseinspruch bei Nichtbestellung eines Wahlvorstandes. Auch wenn ein Betriebs-, Arbeiter- oder

Angestelltenrat deshalb fehlt, weil der Arbeitgeber es pflichtwidrig unterlassen hat, einen Wahlvorstand zu bestellen, steht gekündigten Betriebsvertretungsmitgliedern ein Recht zur Einreichung von Kündigungseinspruchsklage bei den Arbeitsgerichten gemäß einer Entscheidung des Schlichtungsausschusses Kiel vom 18. April 1922 nicht zu.

85. Kündigungen zum Zwecke der Lohnherabsetzung, also Kündigungen mit der Maßgabe, daß der Arbeitnehmer nach Ablauf der Kündigungsfrist mit geringerem, wenn auch untertariflichem Lohne weiter beschäftigt werden kann, tellt gemäß einer Entscheidung des Schlichtungsausschusses Nürnberg vom 24. April 1925 (Holzarbeiterzeitung 25/23/116) keine unbillige, einen Kündigungseinspruch im Sinne des § 84 des Betriebsrätegesetzes rechtfertigende Härte dar.

86. Bedeutung des in den Entlassungspapieren angegebenen Kündigungsgrundes. Hat der Arbeitgeber in den Entlassungspapieren einen bestimmten Kündigungsgrund angegeben, so kann er im Kündigungseinspruchsverfahren nach einem Urteile des Berggewerbegerichtes Dortmund vom 6. August 1924 (Arbeitsrecht 1925, S. 1043) die Kündigung nur noch auf diesen angegebenen Grund stützen.

87. Kündigungseinspruch auch bei Kündigungen zwecks Änderung der Arbeitsbedingungen. Während nach der herrschenden Ansicht Kündigungseinsprüche auf Grund des § 84 des Betriebsrätegesetzes nur bei Kündigungen mit dem Ziele der endgültigen Entlassung möglich sind, hielt das Gewerbegericht Stettin in einem Urteile vom 11. November 1925, Nr. R E 26/25, in Übereinstimmung mit einem Urteile des Gewerbegerichtes Essen vom 16. November 1925, Nr. 799/1925 (Arbeitsrecht 1926/332), einen Kündigungseinspruch auch in einem Falle als zulässig und begründet, in dem die Kündigung vom Arbeitgeber ausschließlich in der Absicht ausgesprochen war, nach Ablauf der Kündigungsfrist neue Lohn- und Arbeitsbedingungen in Kraft zu setzen.

88. Kein Kündigungseinspruch bei Entlassungen wegen Weigerung der Weiterarbeit bei Lohnherabsetzung. Kündigt der Arbeitgeber aus Anlaß von Wirtschaftskämpfen oder Wirtschaftskrisen solchen Arbeitnehmern, die sich nach Ablauf der Kündigungsfrist mit der vom Arbeitgeber festgesetzten, einem noch zu Recht bestehenden Tarifvertrage nicht widersprechende Lohnherabsetzung nicht einverstanden erklären wollen, so liegt darin gemäß einem Urteile des Gewerbegerichtes Hagen vom 4. November 1925

(Rheinisch-Westfälische Zeitung 1925, Nr. 36) keine unbillige Härte im Sinne des § 84 Ziffer 4 des Betriebsrätegesetzes, welche einen Kündigungseinspruch der betroffenen Arbeitnehmer rechtfertigen würde.

39. Berücksichtigung sozialer Gesichtspunkte bei Massenentlassungen. Im Gegensatz zu der herrschenden Meinung, die in der nicht angegebenen Berücksichtigung sozialer Gesichtspunkte bei der Auswahl der Entlassenen eine Begründung etwaiger Kündigungsansprüche im Sinne des § 84 Ziffer 4 des Betriebsrätegesetzes erblickt, nimmt ein Urteil des Gewerbegerichtes Remscheid vom 15. Dezember 1925 (Mitteilungen der Arbeitgeberverbände Unterelbe und Hamburg-Altona 1926, Nr. 2, S. 163) an, daß der Arbeitgeber seit dem Außerkrafttreten des § 13 der Demobilmachungsverordnung vom 1. Februar 1920 soziale Gesichtspunkte bei der Auswahl der zu Entlassenden nicht mher zu berücksichtigen braucht, sich vielmehr ausschließlich von Betriebsinteressen bei der Auswahl leiten lassen darf.

40. Kündigungseinspruch trotz festgestellten wichtigen Kündigungsgrundes? Nach einer allerdings umstrittenen Entscheidung des Gewerbegerichtes Leipzig, Nr. 361/25 (Leipziger Gewerkschaftszeitung VI/24) darf das Arbeitsgericht Kündigungseinspruchsklagen, soweit sie auf den § 84 Ziffer 4 des Betriebsrätegesetzes gestützt sind, auch dann noch stattgeben, wenn in einem getrennten Verfahren vor dem Gewerbe-, Kaufmanns- oder ordentlichen Gerichte festgestellt worden ist, daß der Arbeitgeber einen wichtigen, die fristlose Entlassung des Einspruch erhebenden Arbeitnehmers rechtfertigenden Kündigungsgrundes hatte.

41. Einspruchsrecht auf Grund des § 84 R.G. trotz früherer Billigung der Kündigung durch die Betriebsvertretung. Nach einem Urteil des Reichsgerichtes vom 30. Januar 1923 (Kartenauskunftei des Arbeitsrechtes Karte Einspruch, Abhängigkeit vom Gruppenrate) steht gekündigten Arbeitnehmern ein Recht des Kündigungseinspruches auf Grund des § 84 des Betriebsrätegesetzes auch dann zu, wenn die Betriebsvertretung bzw. die frühere Betriebsvertretung die Kündigung der betr. Arbeitnehmer dem Arbeitgeber gegenüber vor Ausspruch der Kündigung oder vor Einlegung des Kündigungseinspruches ausdrücklich gebilligt hat. (Gegenteiliger Ansicht: Urteil des Gewerbegerichtes Stettin vom 11. November 1925 (Merkblatt des Deutschen Eisenbahnerverbandes vom 15. März 1926/22.)

42. Zulässigkeit von Kündigungseinsprüchen trotz Entlassungsgenehmigung durch die Demobilmachungsbehörden. Sofern im Einzelfalle nicht eine völlige oder teilweise Betriebsstillegung im Sinne der §§ 85 und 96 Absatz 2 des Betriebsrätegesetzes vorliegt, sind Kündigungseinsprüche auf Grund des § 84 Ziffer 4 des Betriebsrätegesetzes gemäß Urteil des Gewerbegerichtes Mannheim vom 4. November 1920 (Badische Rechtspraxis 1926, S. 43) auch gegenüber solchen Entlassungen an sich zulässig, die von der Demobilmachungsbehörde auf Grund der Stillegungsverordnung vor Ablauf der Sperrfrist genehmigt worden sind.

43. Keine Kündigung wegen Nichtrückgabe zuviel gezahlter Lohn- und Gehaltsbeträge. Gemäß einem Urteile des Gewerbegerichtes Hamburg vom 31. Oktober 1925 ist eine fristlose Entlassung unbegründet und eine befristete Kündigung einspruchsfähig im Sinne des § 84, Ziff. 4 des Betriebsrätegesetzes, wenn sie lediglich darauf gestützt wird, daß der betreffende Arbeitnehmer einen ihm irrtümlich zuviel gezahlten Lohn- oder Gehaltsbetrag nicht sofort oder innerhalb kurzer Frist zurückgebracht hat. Die Entlassung ist nur dann gerechtfertigt, wenn der Arbeitnehmer nachweislich den Irrtum bemerkt und sich gleichwohl nicht gemeldet hat.

44. Wegen Nichtangabe eines Kündigungsgrundes ist ein Kündigungseinspruch auf Grund des § 84 Ziffer 2 des Betriebsrätegesetzes gemäß Urteil des Gewerbegerichtes Liegnitz vom 24. 6. 1925 schon dann gerechtfertigt, wenn der Arbeitgeber den Kündigungsgrund erst einige Tage nach der tatsächlichen Entlassung angibt, während nach zahlreichen anderen Entscheidungen der Kündigungseinspruch, soweit er sich auf Ziffer 2 des § 84 des Betriebsrätegesetzes stützt, noch dadurch illusorisch gemacht werden kann, daß der Arbeitgeber den Kündigungsgrund spätestens kurz vor Verkündung eines Urteiles in der Einspruchsklage nachträglich angibt.

44. Befristete Kündigung kranker und minderleistungsfähiger Arbeitnehmer. Es bedeutet nach den Entscheidungen des Berggewerbegerichtes Dortmund vom 17. September 1924, des Gewerbegerichtes Greiz vom 6. Februar 1924 und des Gewerbegerichtes Berlin vom 2. Oktober 1924 keine unbillige, einen Kündigungseinspruch auf Grund des § 84, Ziffer 4 des Betriebsrätegesetzes rechtfertigende Härte, wenn ein Arbeitgeber einem Arbeitnehmer deshalb kündigt, weil dieser infolge Krankheit häufig von der Arbeit fernbleibt oder weil er wegen Minderleistungsfähigkeit seinem Posten nicht gewachsen ist. Dabei kommt es nach den Urteilsbegründungen nicht darauf an, ob der Arbeitgeber in der Lage gewesen wäre, den betreffenden Arbeitnehmer an eine leichtere Arbeit oder an einen Arbeitsplatz zu überweisen, an welchem es nicht viel ausmacht, daß der betreffende Arbeitnehmer häufiger fehlt.

46. Die Verneinung des Vorliegens eines wichtigen Kündigungsgrundes durch das Arbeitsgericht im Kündigungseinspruchsverfahren bindet das Gewerbe-, Kaufmanns- oder ordentliche Gericht nach einem allerdings umstrittenen Urteil des Landgerichtes Dresden vom 24. September 1924 (Neue Zeitschrift für Arbeitsrecht 6, 1, S. 52) nicht und nimmt ihm infolgedessen nicht das Recht, in einer vor ihm anhängigen Feststellungs- oder Lohn- oder Gehaltszahlungsklage im Gegensatz zum Arbeitsgerichte das Vorliegen eines wichtigen, die fristlose Entlassung rechtfertigenden Kündigungsgrundes zu bejahen.

(Weitere Entscheidungen siehe unter den Nummern VII B und XI B a.)

i) Welche Formvorschriften sind beim Einspruchsverfahren zu beachten?

1.—7. siehe Band I, Seite 113—116.
8.—27. » » II, » 96—101.
28.—33. » » III, » 98—100.

34. Kein Verzicht auf die Beachtung der gesetzlichen Form- und Fristvorschriften im Kündigungseinspruchsverfahren. Da den Form- und Fristvorschriften der §§ 84ff. des Betriebsrätegesetzes zwingende Bedeutung beizumessen ist, kann nach einem Urteil des Gewerbegerichtes Kamenz vom 24. März 1925, Nr. O 19/25 (Schlichtungswesen 1926/17), auf die Beachtung dieser Bestimmungen auch nicht im Wege der Vereinbarung zwischen dem Arbeitgeber und dem gekündigten Arbeitnehmer rechtsgültig verzichtet werden.

35. Formvorschriften für die Verständigungsverhandlungen im Sinne des § 86 BGB. Nach einem Urteil des Gewerbegerichtes Plauen i. V. vom 25. März 1926 (Stichworte des Arbeitsrechtes 1926/8) liegt eine gültige Verständigungsverhandlung zwischen dem Gruppenrat und der Betriebsleitung im Sinne des § 86 BGB. nicht schon dann vor, wenn der Vorsitzende des Gruppenrates dem Arbeitgeber lediglich ein Protokoll über die Prüfungssitzung des Arbeiterrates vorliegt oder wenn zwischen dem Gruppenrate und der Betriebsleitung die Kündigungsangelegenheit besprochen worden ist, bevor der Gruppenrat in einer ordnungsmäßig einberufenen Gruppenratssitzung zu dem Kündigungseinspruch nachweislich Stellung genommen und Beschluß gefaßt hat.

36. Die Verständigungsverhandlungen des Gruppenrates mit dem Arbeitgeber im Kündigungseinspruchsverfahren sind gemäß Urteil des Gewerbegerichtes Hamburg vom 31. März 1925 (Stichworte des Arbeitsrechtes 1925, Nr. 23) und des Gewerbegerichtes Kamenz vom 24. März 1922 (Schlichtungswesen 8, 1, 15), unter Beachtung des § 27, Abs. 3 zu führen, d. h. es muß von dem Gruppenratsvorsitzenden rechtzeitig eine Gruppenratssitzung anberaumt werden, zu welcher nicht nur sämtliche Gruppenratsmitglieder, sondern auch der Arbeitgeber unter Mitteilung der Tagesordnung zu laden ist, widrigenfalls das Arbeitsgericht ebenso wie nach einem Urteil des Gewerbegerichtes Göttingen vom 16. November 1925 (Blätter für Arbeitsrecht 1926/2) die Kündigungseinspruchsklage abweisen muß.

37. Form der Billigung des Kündigungseinspruches durch den Gruppenrat. Nach einem Urteil des Gewerbegerichtes Plauen vom 3. März 1926 (Stichworte des Arbeitsrechtes 1926/10) gilt der Kündigungseinspruch schon dann vom Gruppenrat als im Sinne des § 86 des Betriebsrätegesetzes gebilligt, wenn der Gruppenrat einstimmig oder mit Stimmenmehrheit ohne den Kündigungseinspruch ausdrücklich in einem entsprechenden Beschluß zu billigen, beschlossen hat, wegen Rücknahme der Kündigung mit dem Arbeitgeber zu verhandeln.

38. Beteiligung des gesamten Gruppenrates an der Vorprüfung eines Kündigungseinspruches. Gemäß den Entscheidungen des Arbeitsgerichtes Lübeck vom 3. Dezember 1925 (Stichworte des Arbeitsrechtes 1926, Nr. 1) und des Gewerbegerichtes Berlin vom 21. Januar 1926, Nr. 318/25 (Neue Zeitschrift für Arbeitsrecht 1925, S. 307), kann ein Kündigungseinspruch nur dann beim Arbeitsgericht mit Aussicht auf Erfolg anhängig gemacht werden, wenn der Gruppenrat vollzählig zu ordnungsmäßigen Gruppenratsitzungen zwecks rechtzeitiger Prüfung des Kündigungseinspruches und rechtzeitiger Verständigungsverhandlung mit dem Arbeitgeber geladen worden ist. Es genügt also nicht etwa die Prüfung des Kündigungseinspruches und die Führung der Verständigungsverhandlungen lediglich durch den Vorsitzenden des Gruppenrates.

39. Die Frist für die Verständigungsverhandlungen des Gruppenrates mit dem Arbeitgeber im Kündigungseinspruchsverfahren beginnt gemäß einer Entscheidung des Gewerbegerichtes Heilbronn vom 24. Juni 1925 (Das Schlichtungswesen 7, 11, S. 213) an demjenigen Tage, welcher auf den zur ersten Verständigungsverhandlung mit dem Arbeitgeber angesetzten Tag folgt. Ebenso entschieden die Urteile des Kaufmannsgerichtes Bremen vom 23. November 1925 des Landgerichtes Osnabrück, des Oberlandesgerichtes Celle, des Gewerbegerichtes Werdau vom 25. Februar 1924, des Gewerbegerichtes Heilbronn, des Reichsgerichtes vom 16. Februar 1923 (Schlichtungswesen 1926, S. 40, 1924, S. 76, 1925, S. 2/3, und 1922, S. 89 und 91, sowie Reichsarbeitsblatt 1923, S. 314), so daß Kündigungseinspruchsklagen vom Arbeitsgerichte wegen Nichtbeachtung der gesetzlichen Fristvorschriften abgewiesen werden müssen, wenn sich herausstellt, daß der Arbeitnehmer das Arbeitsgericht nicht spätestens am 13. Tage nach dem Eingang des Kündigungseinspruches beim Gruppenrat angerufen hat.

40. Berechnung der 5 tägigen Frist für die Erhebung der Kündigungseinspruchsklage. Nach einem Urteil des Gewerbegerichtes Nürnberg vom 6. April 1926 (Wirtschaftliche Rundschau 1926/21/103) beginnt die im § 86 des Betriebsrätegesetzes für die Erhebung der Kündigungseinspruchsklage vorgesehene gesetzliche Frist von 5 Tagen erst mit Ablauf der 8 tägigen für die Prüfung des Kündigungseinspruchs durch den Gruppenrat und die Verständigungsverhandlungen des Gruppenrates mit dem Arbeitgeber vorgesehene Frist und nicht schon am Tage nach den Verständigungsverhandlungen des Gruppenrates mit dem Arbeitgeber.

41. Unzuständigkeit der Gewerbegerichte für Kündigungseinspruchsklagen von Handlungsgehilfen. Nach einer Entscheidung des Gewerbegrichtes Berlin vom 29. März 1926, Nr. 338/39/671/1926 (Schlichtungswesen 1926/95), sind die Gewerbegerichte für Kündigungseinspruchsklagen von Handlungsgehilfen auch dann unzuständig, wenn diese Kündigungseinspruchsklagen statt von den gekündigten Handlungsgehilfen selbst von den Angestelltenräten kraft ihrer gesetzlichen Vertretungsbefugnis eingereicht werden, und wenn in dem betr. Angestelltenrate sowohl gewerbliche als auch kaufmännische Angestellte vertreten sind. In solchen Fällen sind für die Kündigungseinspruchsklagen grundsätzlich nur die Kaufmannsgerichte zuständig.

42. Begründung der Kündigungseinspruchsklage. Zur vorläufigen Begründung einer Kündigungseinspruchsklage genügt es nach einem allerdings umstrittenen Urteil des Gewerbegerichtes Nürnberg vom 6. April 1926 (Wirtschaftliche Rundschau 1926/21/103), wenn in der Klageschrift die Kündigung zunächst nur ganz allgemein als unbillige Härte bezeichnet oder in ähnlicher Weise charakterisiert worden ist.

43. Abweisung von Kündigungseinspruchsklagen wegen unrichtigen Klageantrages. Gemäß einem Urteile des Gewerbegerichtes Berlin vom 19.8.1925, Nr. 630/25 (Neue Zeitschrift f. Arbeitsrecht 1925, S. 681), muß die Kündigungseinspruchsklage eines Arbeitnehmers wegen Verletzung wesentlicher Formvorschriften abgewiesen werden, wenn innerhalb der in den §§ 84ff. des Betriebsrätegesetzes festgelegten Frist kein ordnungsmäßiger, auf Weiterbeschäftigung bzw. Zahlung einer Entschädigungssumme lautender Klageantrag bei Gericht eingegangen ist, wenn beispielsweise der einspruchserhebende Arbeitnehmer innerhalb dieser Frist lediglich in einer Klageschrift die Ungültigkeitserklärung bzw. Aufhebung der Kündigung beantragt hat.

44. Feststellungsklagen im Sinne des § 86 des Betriebsrätegesetzes bei vertraglichem Kündigungsausschluß. Nach einem Urteil des Kammergerichtes vom 19. Februar 1926 kann auf Grund des § 86 des Betriebsrätegesetzes auch dann vom Arbeitgeber oder vom Arbeitnehmer im Wege der Feststellungsklage die Feststellung, ob ein wichtiger, die fristlose Entlassung rechtfertigender Grund vorlag, auch dann begehrt werden, wenn zwischen dem Arbeitgeber und dem betr. Arbeitnehmer Kündigungsausschluß vereinbart war. (Gewerbe- und Kaufmannsgericht 1926/340.)

45. Die Aussetzung des Verfahrens vor dem Arbeitsgerichte auf Grund des § 86 Abs. 2 des Betriebsrätegesetzes ist gemäß einem Urteile des Landgerichtes Neuruppin vom 15. Juni 1925 (Arbeiterrecht und Arbeiterversicherung 1925, S. 87) auch heute noch notwendig, wenn der Arbeitgeber oder Arbeitnehmer die Aussetzung zwecks Herbeiführung einer gerichtlichen Entscheidung über das Vorliegen eines wichtigen Kündigungsgrundes beantragt.

46. Beweislast im Kündigungseinspruchsverfahren. Zur Begründung eines auf den § 84 Ziffer 4 des Betriebsrätegesetzes gesetzten Kündigungseinspruches muß der Einspruch erhebende Arbeitnehmer nach den Entscheidungen des Gewerbegerichtes Berlin vom 29. August 1925 (Gewerbe- und Kaufmannsgericht 31, 4, S. 223) und des Gewerbegerichtes Hamburg (Hans. Gerichts-Ztg., Arbeitsrecht 1925/47) das Vorliegen bestimmter Tatsachen beweisen, aus denen sich ergibt, daß die Kündigung tatsächlich als unbillige weder durch die Betriebsverhältnisse noch durch das Verhalten des Gekündigten bedingte Härte anzusehen ist.

47. Keine nachträgliche Festsetzung von Abgangsentschädigungen durch das Arbeitsgericht. Selbst wenn ein Arbeitsgericht in einem Kündigungseinspruchsverfahren einen Kündigungseinspruch gebilligt und nur versehentlich den Arbeitgeber lediglich zur Weiterbeschäftigung und nicht auch gleichzeitig für den Fall der Ablehnung der Weiterbeschäftigung zur Zahlung einer Abfindungssumme verurteilt hat, kann das Arbeitsgericht gemäß einem Urteil des Gewerbegerichtes Berlin vom 5. Januar 1926 (Blätter für Arbeitsrecht 5/3) nicht etwa nachträglich auf Grund einer neuen Klage des Arbeitnehmers im Falle der tatsächlichen Ablehnung der Weiterbeschäftigung durch den Arbeitgeber eine Abgangsentschädigung festsetzen.

(Weitere Entscheidungen siehe unter den Nummern XVIII B r und β.)

k) Welche Sonderbestimmungen gelten für die Entlassung von Betriebsvertretungsmitgliedern?

1.—8. siehe Band I, Seite 116—118.

(Weitere Entscheidungen siehe unter Nr. XI, XVIII, XXII.)

l) Welche Sonderbestimmungen gelten für die Entlassung von Schwerbeschädigten?

(Entscheidungen siehe unter der Nr. XV.)

m) Welche Sonderbestimmungen gelten für Entlassungen bei Arbeitskämpfen?

(Entscheidungen siehe unter den Nr. XIII c und XXII.)

n) Welche Sonderbestimmungen gelten für Entlassungen bei Betriebsstillegungen und Betriebseinschränkungen?

1. siehe Band I, Seite 119.

(Weitere Entscheidungen siehe unter den Nr. XI und XIII.

o) Wie sind die Entlassungspapiere und Zeugnisse auszustellen?

1.— 4. siehe Band I, Seite 120—121.
5.—11. » » II, » 101—102.

12. Vorzeitige Entlassung und Arbeitszeugnis. Auch dann, wenn der Arbeitgeber aus irgendwelchen Gründen einen Arbeitnehmer schon vor Ablauf des Dienst- oder Arbeitsvertrages von der Dienstleistungspflicht befreit hat, kann der Arbeitnehmer nach einem Urteil des Kaufmannsgerichtes Hamburg (Arbeitsrecht 1926/414) verlangen, daß ihm im Zeugnis die Beschäftigung bis zum Ablauf des Vertrages bescheinigt wird.

13. Form der Zeugnisabfassung. Nach einem Urteil des Gewerbegerichtes Falkenstein vom 12. Februar 1926 (Stichworte des Arbeitsrechtes 1926/10) ist der Arbeitgeber nur dann berechtigt, in einem Zeugnis hervorzuheben, daß der Arbeitnehmer »sich bemüht habe«, den an ihn gestellten Anforderungen gerecht zu werden, wenn der Arbeitnehmer tatsächlich und nachweislich den Anforderungen seiner Arbeitsstelle nicht gewachsen war. Ist diese Voraussetzung nicht erfüllt, so stellt eine derartige Zeugnisklausel nach der Urteilsbegründung eine unzulässige Herabsetzung der Leistungen des betr. Arbeitnehmers dar.

14. Anspruch nur auf ein richtiges, nicht in jedem Falle auf ein gutes Zeugnis. Nach einem Urteil des Kaufmannsgerichtes Berlin vom 15. August 1925, Nr. 816/25 (Mitteilungen des Verbandes Berliner Metallindustrieller vom 15. Oktober 1925) kann ein Arbeitnehmer nur ein richtiges, d. h. ein seiner Tätigkeit, seinen Fähigkeiten und Leistungen entsprechendes Zeugnis nicht dagegen auch in jedem Falle ein gutes Zeugnis verlangen, wenn nach pflichtmäßigem Ermessen des Arbeitgebers die Führung oder Leistung des betr. Arbeitnehmers nicht voll befriedigt haben.

15. Keine Verpflichtung des Arbeitgebers zur Ausstellung besondere Ausweispapiere für die Erwerbslosenfürsorge. In Übereinstimmung mit der herrschenden Ansicht betont der Reichsarbeitsminister in einem Bescheide vom 10. März 1926, Nr. IV 3282/24 (Reichsarbeitsblatt 1926), daß der Arbeitgeber auf Grund der Verordnung über Erwerbslosenfürsorge vom 16. Februar 1924 und der dazu ergangenen Ausführungsbestimmungen nur verpflichtet ist, dem Vorsitzenden des öffentlichen Arbeitsnachweises auf Verlangen Auskunft über Beginn, Ende und Art des Beschäftigungsverhältnisses, über den Arbeitsverdienst und über den Grund der Lösung des Dienstverhältnisses zu geben, daß der Arbeitgeber dagegen nicht verpflichtet ist, dem Erwerbslosen neben den üblichen Entlassungspapieren eine besondere Bescheinigung zu Zwecken der Erwerbslosenfürsorge auszuhändigen.

p) Welche Rechtsfolgen erwachsen aus verspäteter oder falscher Ausstellung von Entlassungspapieren und aus nachteiliger oder unrichtiger Auskunftserteilung?

1.—4. siehe Band I, Seite 121—122.
5.—6. » » III, » 101.

7. Keine Schadenersatzpflicht des Arbeitgebers wegen wahrheitsgemäßer ungünstiger Auskunfterteilung über einen Arbeitnehmer. Sofern eine ungünstige Auskunft eines Arbeitgebers über einen früheren oder einen noch beschäftigten Arbeitnehmer den Tatsachen entspricht, macht sich der Arbeitgeber durch eine solche ungünstige Auskunfterteilung gemäß einem Urteile des Gewerbegerichtes Stuttgart vom 5. Januar 1925 (Gewerbe- und Kaufmannsgericht 31/3, S. 199) und des Landgerichtes Stuttgart vom 5. Januar 1925 nur ausnahmweise dann schadenersatzpflichtig, wenn der Arbeitgeber die ungünstige Auskunft aus eigenem Antriebe und nicht etwa auf Befragen und nachweislich lediglich in der Absicht erteilt hat, den betroffenen Arbeitnehmer durch die ungünstige Auskunfterteilung in seinem Fortkommen zu schädigen.

8. Ungünstige Auskunfterteilung. Trotz der Einstellung eines amtlichen Ermittelungsverfahrens wegen Diebstahls behält der Arbeitgeber gemäß einem Urteile des Landgerichts

Berlin vom 31. August 1925 (Blätter für Arbeitsrecht 4, 27) das Recht, einem anfragenden anderen Arbeitgeber zu erklären, daß die Entlassung des betreffenden Arbeitnehmers wegen Diebstahlverdachtes erfolgt ist, und daß der Diebstahlsverdacht auch trotz der Einstellung des Ermittelungsverfahrens noch fortbesteht. Voraussetzung ist allerdings, daß das Ermittelungsverfahren nur aus Mangel an Beweisen und nicht wegen nachgewiesener Unschuld eingestellt worden ist.

9. Art der Zeugnisabfassung. Nach einem Urteil des Gewerbegerichtes Spremberg vom 17. Dezember 1925, Nr. 152/25 (Blätter für Arbeitsrecht 1926/9) ist der Arbeitgeber an sich bezüglich der Art der Abfassung eines Arbeitszeugnisses völlig frei. Er darf insbesondere für den Arbeitnehmer ungünstige Tatsachen fortlassen oder günstige Tatsachen anführen, so wie es ihm zweckmäßig erscheint. Nur muß er bei der Zeugnisabfassung alles vermeiden, was geeignet ist, unbegründeterweise das Fortkommen des betr. Angestellten zu schädigen oder andere Arbeitgeber bezüglich der Leistungsfähigkeit oder Zuverlässigkeit des betr. Arbeitnehmers zu täuschen.

10. Zulässigkeit ungünstiger wahrheitsgemäßer Auskunftserteilung trotz gegenteiliger Zeugnisbemerkungen. Die Tatsache, daß ein Arbeitgeber in Entlassungspapieren »den ordnungsmäßigen Austritt« eines Arbeitnehmers entgegenkommenderweise bestätigt hat, nimmt dem Arbeitgeber nach einem Urteile des Kammergerichtes vom 14. September 1925 (Gewerbe- und Kaufmannsgericht 31, 4, S. 227) weder das Recht noch die Pflicht, dritten Arbeitgebern auf ausdrückliches Befragen hin wahrheitsgemäß zu bestätigen, daß die Entlassung wegen Diebstahls oder Diebstahlsverdachtes erfolgt ist.

11. Ungünstiger Zeugnisinhalt. Nach einem Urteile des Gewerbegerichtes Glauchau vom 4. Juli 1925 (Gewerbe- und Kaufmannsgericht, 31. Jahrg., Nr. 3, S. 198) folgt aus dem Grundsatze, daß ein Zeugnis der Wahrheit entsprechen muß, daß der Arbeitnehmer, falls er die Ausdehnung des Zeugnisses auf Führung und Leistungen verlangt, nicht nur Lobsprüche in seinem Zeugnisse beanspruchen kann, daß der Arbeitgeber vielmehr berechtigt und verpflichtet ist, das Zeugnis entsprechend den tatsächlichen Leistungen abzufassen.

12. Schadenersatzpflicht wegen zu günstiger Zeugnisabfassung. Nach den Entscheidungen des Reichsgerichtes,

Juristische Wochenschrift 1905, 369, Warneyers Rechtsprechung, Bd. 16, S. 76, Bd. 17, S. 88, Bd. 12, S. 24, Sammlung der Reichsgerichtsentscheidungen in Zivilsachen, Bd. 51, S. 93, Bankarchiv 15, 345, und Juristische Wochenschrift 1913, 431, sowie des Oberlandesgerichtes Karlsruhe (Badische Rechtspraxis 1910, 38), des Kammergerichtes (Rechtsprechung der Oberlandesgerichte 23, 42) und des Oberlandesgerichtes Dresden (Rechtsprechung der Oberlandesgerichte 12, 421) können Arbeitgeber von anderen Arbeitgebern, die einem Angestellten wahrheitswidrig ein zu günstiges Zeugnis ausgestellt haben, Ersatz derjenigen Schäden verlangen, die ihnen daraus erwachsen sind, daß sie den betr. Arbeitnehmer im Vertrauen auf die Richtigkeit des Zeugnisinhaltes und die im Zeugnis bescheinigte Leistungsfähigkeit oder Zuverlässigkeit eingestellt haben.

13. Schadenersatzansprüche wegen eines unvollständigen Zeugnisses können Arbeitnehmer nach einem Urteil des Berggewerbegerichtes Dortmund vom 17. November 1924 nur dann mit Erfolg einklagen, wenn sie den Arbeitgeber nach Aushändigung des angeblich unvollständigen Zeugnisses ausdrücklich und vergeblich um die Ergänzung des Zeugnisses ersucht haben.

14. Schadenersatzansprüche wegen verspäteter Aushändigung von Arbeitspapieren können Arbeitnehmer nach einem Urteil des Berggewerbegerichtes Dortmund vom 22. Februar 1924 (Arbeitsrecht 1925/1045) nur dann stellen, wenn sie sich nachweislich rechtzeitig beim Arbeitgeber um die Erlangung der Arbeitspapiere bemüht haben, nicht jedoch auch dann, wenn sie nur wochenlang auf die Übermittlung der Enlassungspapiere gewartet haben, ohne sich um die Papiere zu bemühen.

15. Schadenersatzansprüche wegen verspäteter Aushändigung der Invalidenkarten. Da nach den einschlägigen Gesetzesbestimmungen die zuständige Polizeibehörde verpflichtet ist, auf Antrag eines Arbeitnehmers die vom Arbeitgeber widerrechtlich zurückbehaltene Invalidenkarte herauszuholen oder eine Ersatzkarte auszustellen, können Arbeitnehmer nach verschiedenen Entscheidungen des Gewerbegerichtes Köln (Kölner Stadtanzeiger 1926/291 vom 11. Juni 1926) vom Arbeitgeber wegen widerrechtlicher Zurückbehaltung der Invalidenkarte lediglich Ersatz desjenigen Schadens verlangen, welcher in der Zeit entstanden ist, die notwendig war oder bei angemessenen Bemühungen notwendig geworden wäre, um durch Vermittlung der zuständigen Polizeibehörde die zurückbehaltene Karte wiederzuerlangen oder eine Ersatzkarte zu erhalten.

16. Zulässigkeit ungünstiger wahrheitsgemäßer Auskunfterteilung über einen entlassenen Arbeitnehmer. Nach einem ohne Zeitangabe in der Wirtschaftlichen Rundschau Nr. 43/1925, S. 260, veröffentlichten Urteil des Hanseatischen Oberlandesgerichtes macht ein Arbeitgeber sich bei Erteilung einer wahrheitsgemäßen ungünstigen Auskunft über einen entlassenen bzw. ausgeschiedenen Arbeitnehmer auch dann nicht schadenersatzpflichtig, wenn er sich in einem Prozesse betreffend den Inhalt eines Arbeitzeugnisses vergleichsweise bereit erklärt hat, dem Arbeitnehmer in dem schriftlichen Zeugnisse zufriedenstellende Leistungen zu bescheinigen, und wenn er dementsprechend auch das Zeugnis in zufriedenstellendem Sinne ausgestellt hatte.

q) Wann und in welcher Höhe ist eine Abfindungssumme zu zahlen?

1.—3. siehe Band I, Seite 122—123.
4.—7. » » II, » 103—104.
8.—10. » » III, » 101—102.

11. Aufteilung vergleichsweise gezahlter Abfindungssummen. Hat ein Arbeitgeber in Kündigungseinspruchs-Streitigkeiten sich verpflichtet, vergleichsweise als Abfindungssumme einen Gesamtbetrag an den Bevollmächtigten der gleichzeitig klagenden Arbeitnehmer zu zahlen, die von dem Bevollmächtigten nach eignem Ermessen unter die in Frage kommenden Arbeitnehmer zu verteilen sein soll, so liegt gemäß einem Urteil des Landgerichtes Berlin vom 20. Juni 1925 (Neue Zeitschrift für Arbeitsrecht 6, 2, S. 123) ein Vertrag im Sinne des § 319 BGB. vor, so daß der einzelne, an dem Klageverfahren beteiligt gewesenen Arbeitnehmer nur dann gegen den Bevollmächtigten wegen zu geringer Auszahlung klagbar vorgehen kann, wenn er nachweist, daß die Verteilung der Gesamtsumme durch den Bevollmächtigten offenbar unbillig war.

12. Bezahlung des Verdienstausfalles bei Wiedereinstellung eines Arbeitnehmers im Vergleichswege. Stellt ein Arbeitgeber einen Arbeitnehmer, der gegen die Kündigung Einspruch erhoben hat, vor rechtskräftiger Entscheidung über den Kündigungseinspruch freiwillig oder auf Grund eines Vergleiches wieder ein, ohne daß über die Bezahlung der Zwischenzeit nähere Vereinbarungen getroffen werden, so kann der betr. Arbeitnehmer nach einem Urteil des Gewerbegerichtes Bremen vom 26. November 1925 auf Grund des § 88 des Betriebsrätegesetzes die Zahlung des Verdienstausfalles in der Zwischenzeit der Entlassung und der Wiedereinstellung verlangen.

18. **Anfechtung von Abfindungsverträgen durch den Arbeitgeber** gemäß einer Entscheidung des Reichsgerichtes vom 22. Dezember 1925, Nr. VI 374/25 (Neue Zeitschrift für Arbeitsrecht 1926/371) kann der Arbeitgeber unter Ablehnung der Auszahlung der in Frage kommenden Abfindungssumme den mit einem Arbeitnehmer gelegentlich des Ausscheidens aus dem Dienste abgeschlossenen Abfindungsvertrag wegen arglistiger Täuschung anfechten, wenn der betr. Arbeitnehmer sich in dem Abfindungsvertrag unter Ausnutzung der Unkenntnis des Arbeitgebers von den Vorliegen eines durch Untreue des betr. Angestellten geschaffenen wichtigen Kündigungsgrundes eine Abfindungssumme vom Arbeitgeber hat zahlen lassen.

r) Welche Zeit ist zum Aufsuchen einer neuen Stelle freizugeben?

1. siehe Band I, Seite 123.

2. **Freizeit zum Aufsuchen einer neuen Stellung.** Gemäß einem Urteile des Kaufmannsgerichtes Hamburg vom 17. Februar 1924 (Hanseat. Gerichtszeitung, Abt. Arbeitsrecht 2, 49, S. 289) darf ein in Kündigung stehender Arbeitnehmer auf Grund des § 629 des BGB. sich unter angemessener Berücksichtigung der Betriebsverhältnisse die zu einer persönlichen Vorstellung erforderliche Freizeit selbst nehmen, falls der Arbeitgeber Urlaub grundlos verweigert und dem betreffenden Arbeitnehmer eine bestimmte neue Stelle zu entgehen droht, falls er sich nicht unverzüglich persönlich vorstellt.

3. **Zum Aufsuchen einer neuen Stellung** kann ein Arbeitnehmer auf Grund des § 629 des BGB. gemäß einem Urteile des Amtsgerichtes Bengedorf vom 7. November 1925 (Mitteilungen der Arbeitgeberverbände Unterelbe und Hamburg-Altona 1925, Nr. 24, S. 151) nur dann angemessenen Urlaub vom Arbeitgeber verlangen, wenn ein langfristiges Dienstverhältnis vom Arbeitgeber oder Arbeitnehmer be-

reits tatsächlich aufgekündigt worden ist, nicht jedoch auch dann, wenn eine Kündigung noch nicht ausgesprochen worden ist oder wenn ein von vorneherein befristetes Dienstverhältnis wegen Zeitablaufes zu Ende geht.

s) Welche Rechtswirkungen haben Abfindungsquittungen?

1.—2. siehe Band I, Seite 123.
3. » » II, » 104.
4. » » III, » 102—103.

5. **Stillschweigende Einwilligung in ungerechtfertigte fristlose Entlassung** liegt gemäß einem Urteile des Gewerbegerichtes Plauen i. V. vom 26. September 1925 (Gewerbe- und Kaufmannsgericht 1926, S. 275) vor, wenn der Arbeitnehmer nicht mindestens nach Ablauf einer angemessenen Prüfungs- und Bedenkzeit gegen die fristlose Entlassung Einspruch erhoben hat.

6. **Stillschweigende Einwilligung in die Versetzung an eine geringer bezahlte Arbeitsstelle.** Erklärt ein Arbeitnehmer sich auch nur stillschweigend durch Aufnahme der geringer bezahlten Arbeit mit der Versetzung an eine andere Arbeitsstelle oder in eine andere Tarifgruppe einverstanden, so kann er nach einem Urteil des Gewerbegerichtes Bochum vom 23. Februar 1926 irgendwelche Nachforderungsansprüche wegen der vorzeitigen Versetzung an die geringer bezahlte Arbeitsstelle nicht mehr stellen.

7. **Stillschweigender Verzicht auf Schadenersatz wegen unberechtigter fristloser Entlassung.** Erheben Arbeitnehmer wegen angeblich unberechtigter fristloser Entlassung erst geraume Zeit nach der fristlosen Entlassung, beispielsweise erst nach 9 Monaten, Klage auf Schadenersatz, so muß die Klage nach einem Urteil des Landgerichtes Bochum vom 12. Dezember 1925, Nr. 5, S. 303/25 (Industrieschutz 1926/107/7) abgewiesen werden, weil in dem Verhalten des betr. Arbeitnehmers nach den Grundsätzen von Treu und Glauben ein stillschweigender Verzicht auf etwaige Schadenersatzansprüche zu erblicken ist. Nach der Urteilsbegründung gilt dies auch dann, wenn der betr Arbeitnehmer nur deshalb mit der Klageerhebung so lange gezögert hat, weil er zunächst das Ergebnis gleichartiger Klagen anderer Arbeitnehmer abwarten wollte.

8. **Rechtswirkung von Abfindungsquittungen.** Nach einem Urteil des Gewerbegerichtes Dortmund vom 23. März 1926 können Arbeitnehmer keinerlei Nachforschungsansprüche wegen unrichtiger Lohn- oder Gehaltszahlung bzw. wegen Nichteinhaltung der im Einzelfalle geltenden gesetzlichen, tariflichen oder vertraglichen Kündigungsfrist mehr stellen, wenn sie bei Entgegennahme des Restlohnes eine Erklärung des Inhaltes unterzeichnet haben, daß sie irgendwelche weiteren Ansprüche an den Arbeitgeber nicht mehr zu stellen haben. Dies gilt nach der Urteilsbegründung auch dann, wenn der Arbeitnehmer vor der Unterzeichnung der Abfindungsquittung besondere Ansprüche gestellt hat, wenn er es jedoch unterlassen hat, bei der Unterzeichnung der Abfindungsquittung wegen einzelner besonderer Ansprüche einen schriftlichen Vorbehalt in die Abfindungsquittung aufzunehmen bzw. aufnehmen zu lassen. Mündliche Vorbehalte bei der Unterzeichnung der Abfindungsquittung sind nur dann nach Ansicht des vorerwähnten Urteils rechtswirksam, wenn sie gelegentlich der Unterzeichnung der Abfindungsquittung in einwandfreier Form gegenüber denjenigen erklärt werden, der die Quittung zur Unterzeichung vorgelegt hat.

9. **Kein Verzicht auf das Recht des Kündigungseinspruches** liegt gemäß Urteil des Gewerbegerichtes Plauen vom 17. Februar 1925 (Schlichtungswesen 7, 11, S. 216) vor, wenn ein Arbeitnehmer gelegentlich einer Auseinandersetzung dem Arbeitgeber gegenüber der Kündigungsandrohung erklärt, wenn der Arbeitgeber die Kündigung auszusprechen beabsichtige, so möge er dies tun bzw. so könne er daran nichts ändern.

10. **Verzicht auf das Recht des Kündigungseinspruches.** Nach einem Urteile des Gewerbegerichtes Finsterwalde vom 24. September 1925 (Arbeiterrecht und Arbeiterversicherung 1925, Nr. 12, S. 95) liegt ein rechtswirksamer Verzicht auf das Recht des Kündigungseinspruches auf Grund des § 84 ff. des Betriebsrätegesetzes vor, wenn ein Arbeitnehmer bei seiner Entlassung und bei Entgegennahme seines Restlohnes eine Abfindungsquittung des Inhaltes unterzeichnet, daß er weitergehende Ansprüche nicht mehr zu stellen hat.

11. **Ein gültiger Verzicht auf das Recht des Kündigungseinspruches** liegt nach den Urteilen des Gewerbegerichtes Berlin vom 25. März 1925, Nr. 203/25, vom 23. 2. 1926, vom 18. 2. 1926 Nr. 174/26 . vom 28. 5. 1924 und vom 20. 10. 1925

Nr. 1222/25 (Blätter für Arbeitsrecht 4, 26 und 1926/9) schon dann vor, wenn ein Arbeitnehmer bei seiner Entlassung eine Erklärung des Inhaltes unterzeichnet, daß er seinen Restlohn erhalten und irgendwelche weitere Ansprüche an den Arbeitgeber nicht mehr zu stellen hat. Gegenteiliger Ansicht: Landgericht Berlin vom 10. 4. 24 (G. Kfm. G. 29/233).

12. Kein Verzicht auf künftige Forderungen durch Unterzeichnung einer Abfindungsquittung. Nach den Entscheidungen des Landgerichtes I Berlin vom 10. April 1924 und des Gewerbegerichtes Berlin vom 23. Februar 1926, Nr. 1923/26 G G K 11 (Gewerbe- und Kaufmannsgericht 29/233 und Blätter für Arbeiterrecht 1926/9) liegt in der Unterzeichnung einer sog. Abfindungsquittung durch einen zur Entlassung kommenden Arbeitnehmer nur ein Verzicht auf Forderungen die bei der Entlassung bereits bestanden, nicht dagegen auf solche Ansprüche, die erst nach der Entlassung, beispielsweise dadurch zur Entstehung kommen, daß nach der Entlassung mit rückwirkender Kraft Lohn, und Gehaltserhöhungen durch Tarifabschlüsse oder Verbindlichkeitserklärungen von Schiedssprüchen durchgeführt werden.

13. Die Anfechtung einer Abfindungsquittung wegen arglistiger Täuschung ist gemäß einem Urteil des Gewerbegerichtes Berlin vom 23. Februar 1926 Nr. 123/26 G G K 11 (Blätter für Arbeitsrecht 1926/9) nicht schon deshalb zulässig und begründet, weil sich gegenüber den gutgläubigen Darstellungen des Arbeitgebers vor der Unterzeichnung der Abfindungsquittung durch den Arbeitnehmer nachträglich herausstellt, daß weitere Arbeitsmöglichkeiten vorhanden sind.

(Weitere Entscheidungen siehe unter den Nummern III B, d, IX B c und l, XXI B c.)

t) Welche Wirkung hat die Zurücknahme einer Kündigung?

1. siehe Band III, Seite 103.

(Weitere Entscheidungen siehe unter Nr. XIII B a).

u) Welche Sonderbestimmungen gelten für Kündigungen bei Konkursen und Geschäftsaufsichtsverfahren?

1. Kein selbständiges Recht der Geschäftsaufsichtspersonen zur Kündigung von Arbeitnehmern. Nach einem Urteil des Gewerbegerichtes Rheine vom 17. März 1926, Nr. G G 7/1926, können Geschäftsaufsichtspersonen den in dem unter Geschäftsaufsicht stehenden Unternehmen beschäftigten Arbeitnehmern nicht selbstständig kündigen. Kündigungen, die die Geschäftsaufsichtspersonen selbst gegenüber Arbeitnehmern des betr. Unternehmens aussprechen, sind nur ausnahmsweise dann rechtswirksam, wenn der Arbeitgeber die Geschäftsaufsichtspersonen ausdrücklich zum Ausspruch der Kündigungen ermächtigt hatte, oder wenn der Arbeitgeber die von den Geschäftsaufsichtspersonen ausgesprochenen Kündigungen ausdrücklich genehmigt hat, bevor die gekündigten Arbeitnehmer die Kündigungen der Geschäftsaufsichtspersonen unter Hinweis auf die fehlende Kündigungsvollmacht zurückgewiesen haben.

(Weitere Entscheidungen siehe unter Nr. XI.)

XIV. Schutz der Kinder, Jugendlichen und Frauen.

A. Einschlägige Gesetzesbestimmungen.

1.—6. Siehe die unter Nr. VIII A aufgeführten Gesetze.

7. Gesetz betr. Kinderarbeit in gewerblichen Betrieben vom 30. März 1903 (RGBl. S. 113) nebst Abänderung vom 31. Juli 1925 (RGBl. S. 162).
8. Gesetz über Gebühren für Arbeitsbücher vom 16. Juli 1925 (RGBl. I S. 145).

B. Die wichtigsten Einzelfragen.

a) **Schutz der Kinder und Jugendlichen.**

1. siehe Band III, Seite 104.

b) **Schutz der Frauen.**

1. siehe Band III, Seite 104—105.

XV. Schutz der Schwerbeschädigten.

A. Einschlägige Gesetzesbestimmungen.

1. Gesetz über die Beschäftigung Schwerbeschädigter vom 12. Januar 1923 (RGBl. S. 57).
2. Ausführungsverordnung zum Gesetz über die Beschäftigung Schwerbeschädigter vom 13. Februar 1924 (RGBl. I S. 73).
3. Betriebsrätegesetz vom 4. Februar 1920 (RGBl. S. 147).

B. Die wichstigen Einzelfragen.

a) Wie weit ist der Arbeitgeber zur Neueinstellung von Schwerbeschädigten verpflichtet?

1. siehe Band I, Seite 126.

2.—3. siehe Band III, Seite 106.

4. Bestrafung wegen Nichtbeschäftigung von Schwerbeschädigten. In der bekannten Streitfrage, ob sich Arbeitgeber wegen Nichtbeschäftigung schon dann strafbar machen, wenn sie nicht die gesetzlich vorgeschriebene Mindestprozentzahl von Schwerbeschädigten beschäftigen, oder ob ein strafbarer Verstoß gegen das Schwerbeschädigtengesetz erst dann vorliegt, wenn der Arbeitgeber in tatsächlich freigewordene Arbeitsplätze schwerbeschädigte Bewerber nicht eingestellt hat, obwohl er noch nicht den gesetzlichen Mindestprozentsatz von Schwerbeschädigten beschäftigte, hat sich das Reichsgericht in einem Urteil vom 21. Januar 1926, Nr. II D 685/25, dahin entschieden, daß Arbeitgeber wegen Verstoßes gegen den gesetzlichen Beschäftigungszwang zugunsten der Schwerbeschädigten nur dann bestraft werden können, wenn sie eine tatsächlich freigewordene Arbeitsstelle mit einem Nichtschwerbeschädigten besetzt haben, obwohl sie noch nicht die erforderliche Zahl von Schwerbeschädigten beschäftigten, und obwohl die zuständige Fürsorgestelle in der Lage gewesen wäre, einen geeigneten Schwerbeschädigten zu vermitteln. Jedoch tritt in einem solchen Falle nach Ansicht des Reichsgerichtes die

Strafbarkeit des Arbeitgebers wegen Verstoßes gegen das Schwerbeschädigtengesetz auch schon dann ein, wenn sich auf den freigewordenen und an sich für einen Schwerbeschädigten geeigneten Arbeitsplatz kein Schwerbeschädigter gemeldet hatte; es ist eben nach Ansicht des Reichsgerichtes Pflicht jedes Arbeitgebers, der noch nicht die genügende Zahl von Schwerbeschädigten beschäftigt, und der einen für einen Schwerbeschädigten geeigneten Arbeitsplatz neu besetzen will, sich ausreichend nach einem geeigneten Schwerbeschädigten umzusehen.

5. Ein Zuweisungsbeschluß der Hauptfürsorgestelle, durch welchen dem Arbeitgeber ein Schwerbeschädigter zwangsweise zugewiesen wird, weil er es unterlassen hat, innerhalb der gesetzten Frist die gesetzliche Mindestzahl von Schwerbeschädigten einzustellen, ist gemäß Urteil des Kammergerichtes vom 15. Mai 1925 (Neue Zeitschr. f. Arbeitsrecht 5, 10, S. 614) nur dann rechtswirksam, wenn er dem Arbeitgeber im formellen Zustellungswege bekanntgegeben worden ist. Es genügt also nicht etwa die vereinfachte Zustellung mittels eingeschriebenen Briefes.

6. Bestrafungen wegen Nichtbeschäftigung des gesetzlichen Mindestprozentsatzes von Schwerbeschädigten. Im Gegensatz zu dem bereits früher besprochenen Urteile des Oberlandesgerichtes Königsberg vom 29. August 1924 Nr. S. 255/24 entschied das Bayerische Oberste Landesgericht mit Urteil vom 24. September 7925 (Bayerisches Verwaltungsblatt 25, S. 318), daß Arbeitgeber wegen Nichtbeschäftigung der gesetzlich vorgeschriebenen Mindestzahl von Schwerbeschädigten auch schon dann bestraft werden können, wenn sie es unterlassen haben, durch Freimachung und entsprechende Besetzung geeigneter Arbeitsstellen dafür zu sorgen, daß die gesetzliche Mindestzahl von Schwerbeschädigten tatsächlich in ihren Betrieben beschäftigt werden. Nach Ansicht des Bayerischen Obersten Landesgerichtes greift also die Einstellungsverpflichtung nicht erst dann ein, wenn Arbeitsplätze, die für Schwerbeschädigte geeignet sind, zufällig frei werden, und wenn sich auch zufällig geeignete Schwerbeschädigte um die betreffende Stelle bemüht haben.

7. Frist für Strafanträge auf Grund des § 14 des Schwerbeschädigtengesetzes. Nach einem Urteil des Bayerischen Oberlandesgerichtes (Liszt's Zeitschrift für Strafrecht 1925, S. 375) unterliegt der gemäß § 14 des Schwerbeschädigtengesetzes vom 6. April 1920 erforderliche Antrag zur Strafverfolgung eines Arbeitgebers nicht der Frist des § 61 des Strafgesetzbuches.

8. Beschwerde gegen die Androhung von Zwangseinstellung im Sinne des § 7, Absatz 1 des Schwerbeschädigtengesetzes. Gegen eine Verfügung der Hauptfürsorgestelle, auf Grund des § 7, Absatz 1, des Schwerbeschädigtengesetzes kann der Arbeitgeber nach einem Bescheide der Reichsarbeitsverwaltung vom 12. Februar 1926, Nr. I W 117/26 (Reichsarbeitsblatt 1926, S. 77) nur so lange Beschwerde einlegen, als die Hauptfürsorgestelle noch nicht die Drohung durch die tatsächliche Verfügung der Zwangseinstellung im Sinne des § 7 Absatz 2 des Schwerbeschädigtengesetzes verwirklicht hat.

9. Form der Beschwerde gegen die Androhung einer Zwangszuweisung von Schwerbeschädigten. Mit Rücksicht darauf, daß im Schwerbeschädigtengesetz für die Beschwerde gegen eine Verfügung der Hauptfürsorgestelle im Sinne des § 7 des Schwerbeschädigtengesetzes, durch welche die Zwangszuweisung von Schwerbeschädigten angedroht wird, eine bestimmte Form nicht vorgesehen ist, muß nach einem Urteil des Kaufmannsgerichtes Nürnberg vom 21. April 1926 (Wirtschaftliche Rundschau 1926/106) als vollgültige Beschwerde jedes Schriftstück angesehen werden, das der betroffene Arbeitgeber rechtzeitig innerhalb der Beschwerdefrist beim Beschwerdeausschuß eingereicht hat und in welchem er sich gegen die Androhung der Zwangseinstellung wendet und die Aufhebung der Androhung wünscht bzw. beantragt.

10. Ungültigkeit der Zwangszuweisung von Schwerbeschädigten. Gemäß einem Urteil des Kaufmannsgerichtes Nürnberg vom 21. April 1926 (Wirtschaftliche Rundschau 1926/106) ist eine von der Hauptfürsorgestelle auf Grund des § 7 des Schwerbeschädigtengesetzes vorgesehene Zwangszuweisung eines Schwerbeschädigten ungültig, wenn der betroffene Arbeitgeber rechtzeitig gegen die Androhung der Zwangszuweisung im Sinne des Absatz 1 des § 7 des Schwerbeschädigtengesetzes beim Beschwerdeausschuß der Hauptfürsorgestelle Beschwerde eingereicht hat und der Beschwerdeausschuß auf diese Beschwerde hin vor Erlaß der Zwangszuweisung noch keine Entscheidung getroffen hatte.

11. Zusammenrechnung der Arbeitsplätze mehrerer Betriebe für Bemessungen der Schwerbeschädigtenpflichtzahl. Nach einem Bescheide der Reichsarbeitsverwaltung vom 26. März 1926, Nr. I W 250/26 (Reichsarbeitsblatt 1926, Nr. 16, S. 121) sind zur Festsetzung der Pflichtzahl der vom

Arbeitgeber zu beschäftigenden Schwerbeschädigten nur die Arbeitsplätze solcher Betriebe zusammenzuzählen, die im Bezirke derselben Hauptfürsorgestelle oder in den Bezirken benachbarter Hauptfürsorgestellen liegen.

b) Wie weit genießen Schwerbeschädigte Sonderschutz bei Arbeitsstreckung und Betriebsstilllegung?

1.—5. siehe Band I, Seite 126—128.
6.—8. » » II, » 106—107.
9.—13. » » III, » 107—108.

14. Keine Sonderstellung der Schwerbeschädigten bei Arbeitsstreckung. Nach einer Entscheidung des Landeshauptmanns der Rheinprovinz (Mitteilungen der Arbeitgeberverbände Unterelbe und Hamburg-Altona 1926, Nr. 4, S. 179) genießen Schwerbeschädigte bei Einführung der Kurzarbeit keinerlei Sonderschutz. Sie können daher unter den gleichen Voraussetzungen wie ihre nicht schwerbeschädigten, in derselben Betriebsabteilung beschäftigten Mitarbeiter ohne Zustimmung der Hauptfürsorgestelle der Arbeitsstreckung und entsprechenden Lohn- oder Gehaltskürzung unterworfen werden.

15. Keine Werksbeurlaubung von Schwerbeschädigten gegen ihren Willen und ohne Zustimmung der Hauptfürsorgestelle. Da die Werksbeurlaubung unter Einstellung der Lohn- und Gehaltszahlungen in ihren Wirkungen der Entlassung gleich oder sehr ähnlich ist, hält ein Urteil des Gewerbegerichtes Hoerde vom 22. Januar 1926 (Gewerbe- und Kaufmannsgericht 1926, S. 277) die Werksbeurlaubung von Schwerbeschädigten gegen ihren Willen nur dann für zulässig, wenn entweder ein wichtiger, die fristlose Entlassung rechtfertigender Grund vorliegt, oder wenn die Hauptfürsorgestelle der Werksbeurlaubung zugestimmt hat, oder wenn die Werksbeurlaubung in dem einschlägigen Dienst- oder Tarifvertrag ausdrücklich für gewisse Fälle vorgesehen ist.

(Weitere Entscheidungen siehe unter Nr. XI.)

c) Wie weit genießen Schwerbeschädigte Sonderschutz bei Arbeitskämpfen?

1.—3. siehe Band I, Seite 128—129.
4.—8. » » II, » 107—109.
9.—10. » » III, » 108—109.

11. Lohn- und Gehaltsansprüche Schwerbeschädigter bei Aussperrungen und Teilstreiks. Sofern Schwerbeschädigte nicht durch ihr persönliches Verhalten dem Arbeitgeber ihnen wichtigen Grund zur fristlosen Entlassung gegeben haben, können sie nach einem Urteil des Gewerbegerichtes Nowawes vom 30. Juni 1925 (Arbeiterrecht und Arbeiterversicherung 1926/24) auch für solche Zeiten die Fortzahlung der vollen vertraglichen bzw. tariflichen Gehälter verlangen, in denen sie infolge eines Teilstreiks bzw. einer Aussperrung und der dadurch bedingten Arbeitsbehinderung mit minderwertigen Aushilfsarbeiten beschäftigt werden.

12. Die fristlose Entlassung unbeteiligter Schwerbeschädigter bei Arbeitskämpfen. Nach einem Urteil des Landgerichtes I, Berlin vom 27. Oktober 1924 (Deutsche Arbeitsrechtskarthothek, Karte Rechtsprechung 57), bildet die Tatsache eines Teilstreiks oder einer Aussperrung allein noch keinen wichtigen, die fristlose Entlassung von Schwerbeschädigten im Sinne des § 124 a der Gewerbeordnung rechtfertigenden Kündigungsgrund.

(Weitere Entscheidungen siehe unter Nr. XXII.)

d) Wie weit genießen Schwerbeschädigte Sonderschutz nach Arbeitskämpfen?

1.— 7.	siehe Band	I,	Seite	129—132.
8.—11.	»	» II,	»	109—110.
12.	»	» III,	»	109.

e) Wie weit genießen Schwerbeschädigte Sonderschutz bei Änderung der Arbeitsbedingungen?

1—3.	siehe Band	I,	Seite	132.
4.	»	» II,	»	110.
5.—6.	»	» III,	»	109—110.

7. Kündigungen von Schwerbeschädigten zwecks Änderung der Lohn- und Arbeitsbedingungen sind gemäß Urteil des Gewerbegerichtes M.-Gladbach vom 5. Februar 1925 (Neue Zeitschr. f. Arbeitsrecht 1925, S. 709) auch beim Fehlen eines wichtigen Kündigungsgrundes ohne Zustimmung der Hauptfürsorgestelle zulässig und rechtsgültig, da das Schwerbeschädigtengesetz nach der Urteilsbegründung die Schwerbeschädigten lediglich gegen Kündigungen zum Zwecke der Beendigung des Arbeitsvertrages beim Fehlen eines wichtigen Kündigungsgrundes schützen will.

8. Herabsetzung von Lohn- und Gehaltsbezügen von Schwerbeschädigten. Während ein Urteil des Landgerichtes Stendal (Gewerbe- und Kaufmannsgericht 1926/311) der Ansicht ist, daß der Arbeitgeber zu Kündigungen von Schwerbeschädigten auch beim Fehlen eines wichtigen Kündigungsgrundes nicht der Zustimmung der Hauptfürsorgestelle bedarf, wenn die Kündigung lediglich zu dem Zwecke ausgesprochen wird, nach Ablauf der Kündigungsfrist die Löhne oder Gehälter herabzusetzen, bedarf der Arbeitgeber nach den Entscheidungen des Kammergerichtes (Juristische Wochenschrift 1925, S. 1885) und des Landgerichtes Köln (Gewerbe- und Kaufmannsgericht 1926/310) auch zu Kündigungen von Schwerbeschädigten zwecks Änderung der Lohn- und Arbeitsbedingungen beim Fehlen eines wichtigen Kündigungsgrundes der Zustimmung der Hauptfürsorgestelle. Dagegen gilt nach dem vorerwähnten Urteile des Landgerichtes Köln eine tariflich für den Betrieb vereinbarte Lohn- und Gehaltsherabsetzung auch für die im Betriebe beschäftigten Schwerbeschädigten, und zwar auch dann, wenn diese mit der Lohn- oder Gehaltsherabsetzung nicht einverstanden sind, und wenn die Hauptfürsorgestelle die Zustimmung zu der Lohn- oder Gehaltsherabsetzung nicht erteilt hat.

f) Ist auch bei Entlassung eines Schwerbeschädigten nach Ablauf der Probezeit die Zustimmung der Hauptfürsorgestelle notwendig?

1.—2. siehe Band I, Seite 132.

g) Ist Kenntnis des Arbeitgebers von der Schwerbeschädigten-Eigenschaft Voraussetzung für den Kündigungssonderschutz?

1.—3. siehe Band I, Seite 133—135.
4.—10. » » II, » 111—112.
11.—14. » » III, » 111.

15. Anfechtung von Anstellungsverträgen mit Schwerbeschädigten wegen Nichtbekanntgabe der Schwerbeschädigung. Hat ein Schwerbeschädigter, dessen Schwerbeschädigung äußerlich nicht erkennbar war, bei der Einstellung den Arbeitgeber nicht auf die Tatsache seiner Schwerbeschädigung aufmerksam gemacht, so kann der Arbeitgeber nach einer Entscheidung des Kaufmannsgerichtes Berlin vom 7. April 1926, Nr. 385/26 K VII (Gewerbe- und Kaufmannsgericht 1926/366), wenn er von der Schwerbeschädigung des betr. Arbeitnehmers Kenntnis erhält, den mit ihm abgeschlossenen Dienstvertrag ohne Zustimmung der Hauptfürsorgestelle und ohne Einhaltung einer Kündigungsfrist anfechten.

h) Welche Vorschriften gelten für die Erteilung der Kündigungszustimmung durch die Hauptfürsorgestelle?

1.—2. siehe Band I, Seite 135.
3.—5. » » II, » 113.
6.—8. » » III, » 112.

i) Wie weit kann der Schwerbeschädigte auf seine Sonderrechte verzichten?

1.—2. siehe Band I, Seite 135—136.
3.—4. » » II, » 113—114.

5. Verzicht auf den Kündigungssonderschutz. Schwerbeschädigte können gemäß einem Urteile des Landgerichtes Köln (Blätter für Arbeitsrecht 4, 28) auch ohne Zustimmung der Hauptfürsorgestelle rechtswirksam auf den Kündigungssonderschutz des Schwerbeschädigtengesetzes verzichten, indem sie eine ohne Zustimmung der Hauptfürsorgestelle und ohne Einhaltung der Mindestkündigungsfristen des Schwerbeschädigtengesetzes trotz Fehlens eines wichtigen Kündigungsgrundes vom Arbeitgeber ausgesprochene Kündigung ausdrücklich oder stillschweigend durch widerspruchslose Annahme ihrer Entlassungspapiere bzw. durch Antritt einer anderen Arbeitsstelle anerkennen. Im entgegengesetzten Sinne hatte das Gewerbegericht Köln entschieden.

(Weitere Entscheidungen siehe unter den Nummern III B, d, XIII B s und XXI B, d.)

k) Sind Schwerbeschädigte verpflichtet. Notstandsarbeiten zu leisten?

1. siehe Band I, Seite 136.
(Weitere Entscheidungen siehe unter Nr. XXII B g.)

l) Wie weit genießt der Schwerbeschädigten-Obmann Sonderschutz und wie weit ist er vertretungsberechtigt?

1. siehe Band I, Seite 136.
2. » » II, » 114.
3. » » III, » 113.

4. Prozeßvertretung durch Vertrauensleute der Schwerbeschädigten. Nach einem Urteil des Gewergegerichtes Berlin vom 18. Februar 1926 (Gewerbe- und Kaufmannsgericht 1926/309) sind die Vertrauensleute der Schwerbeschädigten im Sinne des § 12 des Schwerbeschädigtengesetzes nicht befugt, ohne besondere Erlaubnis des Arbeitgebers während der Arbeitszeit schwerbeschädigten Mitarbeitern vor dem Gewerbe- oder Kaufmannsgerichte oder vor sonstigen Gerichtsinstanzen zu vertreten und für die dadurch versäumte Zeit Fortzahlung der Löhne oder Gehälter zu verlangen.

m) Welche Wirkung hat die Rentenzuerkennung und die Gleichstellung mit einem Schwerbeschädigten?

1. siehe Band I, Seite 137.
2.—3. » » II, » 114—115.
4. » » III, » 113.

5. Beginn des Kündigungssonderschutzes von Schwerbeschädigten. Gemäß einem Urteil des Kaufmannsgerichtes Breslau vom 12. Februar 1926 (Der freie Angestellte 30, 6 S. 83) beginnt der Kündigungssonderschutz von Arbeitnehmern, die auf Grund des § 8 des Schwerbeschädigtengesetzes durch besondere Verfügung der Hauptfürsorgestelle Schwerbeschädigten im Sinne des Schwerbeschädigtengesetzes gleichgestellt werden, erst mit dem Datum der von der Hauptfürsorgestelle erloschenen Gleichstellungsverfügung.

6. Nachträgliche Heraufsetzung der Kriegsbeschädigtenrente bzw. nachträgliche Gleichstellung mit einem Schwerbeschädigten durch Verfügung der Hauptfürsorgestelle, sofern sie noch während der laufenden Kündigungsfrist erfolgt, macht gemäß einer allerdings umstrittenen Entscheidung des Landgerichtes Torgau (Recht und Rechtspraxis 25, Nr. 9) eine an sich wirksam gewesene, ohne Zustimmung der Hauptfürsorgestelle und mangels Vorliegens eines wichtigen Kündigungsgrundes ausgesprochene befristete Kündigung nachträglich unwirksam.

n) Ist die Entlassung eines Schwerbeschädigten nach §124a der Gewerbeordnung zulässig?

1. siehe Band I, Seite 137.

2.—4. » » II, » 115—116.

5.—6. » » III, » 114.

7. **Keine fristlose Entlassung schwerbeschädigter Arbeiter auf Grund des § 124a der Gewerbeordnung.** Im Gegensatz zu den bereits früher besprochenen Entscheidungen stellte sich das Gewerbegericht Pößneck in einem Urteile vom 14. Juli 1925 (Gewerbe- und Kaufmannsgericht 31, 2, S. 77) auf den Standpunkt, daß schwerbeschädigte gewerbliche Arbeiter, die unter den Titel 7 der Gewerbeordnung fallen, nur dann auf Grund des § 124a der Gewerbeordnung auch aus anderen als den im § 123 der Gewerbeordnung aufgezählten wichtigen Kündigungsgründen entlassen werden können, wenn sie vertraglich mit einer Kündigungsfrist von mehr als 14 Tagen oder für eine feste Zeit von mindestens 4 Wochen beschäftigt sind. Nach dieser Entscheidung ist also der § 124a der Gewerbeordnung nicht schon deshalb auf gewerbliche Arbeiter anwendbar, weil Schwerbeschädigten nach dem Schwerbeschädigtengesetze nur mit einer Kündigungsfrist von mindestens vier Wochen gekündigt werden kann.

8. **Kündigung von Schwerbeschädigten auf Grund des § 124 a der Gewerbeordnung.** In Übereinstimmung mit der vorherrschend in Literatur und Rechtsprechung vertretenen Auffassung stellte sich das Landgericht Bochum in einem Urteil vom 12. Februar 1925, Nr. 5, S. 303/25 (Industrieschutz 1926/107, S. 7), auf den Standpunkt, daß gewerbliche schwerbeschädigte Arbeitnehmer ohne Rücksicht auf die für sie vertraglich oder tariflich geltenden Kündigungsfristen nicht nur aus den im § 123 der Gewerbeordnung aufgezählten, sondern aus allen sonstigen nach Treu und Glauben anzusehenden Gründen gemäß § 124 der Gewerbeordnung fristlos ohne Zustimmung der Hauptfürsorgestelle gekündigt werden können.

o) Wann kann ein Arbeitgeber mit einer Buße auf Grund des Schwerbeschädigtengesetzes belegt werden?

1. siehe Band II, Seite 116.
2.—3. » » III, » 114.

p) Wann verliert der Schwerbeschädigte den Kündigungssonderschutz?

1.—4. siehe Band III, Seite 115—116.

5. **Fristlose Entlassung von Schwerbeschädigten wegen unentschuldigten Fehlens.** Bestimmt die für einen Betrieb geltende Arbeitsordnung daß fehlende Arbeitnehmer vom Arbeitgeber fristlos entlassen werden können bezw. als ausgeschieden betrachtet werden dürfen, so gelten auch Schwerbeschädigte nach einem Urteil des Gewerbegerichtes Essen vom 17. Februar 1926, Nr. 972/25 (Neue Zeitschrift für Arbeitsrecht 1926/379) im Falle unentschuldigten Fehlens als freiwillig aus dem Dienstverhältnisse ausgeschieden bzw. können in einem solchen Falle ohne Zustimmung der Hauptfürsorgestelle vom Arbeitgeber entlassen werden.

6. **Auch zu befristeten Kündigungen von Schwerbeschädigten wegen Vorliegens eines wichtigen Kündigungsgrundes** bedarf der Arbeitgeber nach einem mit der herrschenden Meinung übereinstimmendem Urteile des Kammergerichtes vom 3. März 1926 (Neue deutsche Zeitschrift für Arbeitsrecht 6, 2 S. 122) nicht der Zustimmung der Hauptfürsorgestelle.

7. **Aufhebung der Schwerbeschädigteneigenschaft.** Auf Grund eines Rentenherabsetzungsbescheides hört die Schwerbeschädigteneigenschaft eines Arbeitnehmers im Sinne des § 3 des Schwerbeschädigtengesetzes nach einem Urteil des Reichsgerichtes vom 11. Februar 1925 (Juristische Wochenschrift 1925, S. 2128) erst an dem Tage auf, an welchem der Rentenherabsetzungsbescheid rechtskräftig wird.

(Weitere Entscheidungen siehe unter der Nummer XIII B c.)

q) Krankheit eines Schwerbeschädigten als Kündigungsgrund?

1. siehe Band III, Seite 116.

r) Wer entscheidet bei Streitigkeiten auf Grund des Schwerbeschädigtengesetzes?

1. siehe Band III, Seite 116.

2. **Keine persönliche Begründung der Beschwerde vor dem Schwerbeschädigtenausschuß.** Nach einer Entscheidung des Schwerbeschädigtenausschusses bei der Reichsarbeitsverwaltung vom 20. März 1925 (Nachrichtenblatt des Zechenverbandes I/31) hat derjenige, der auf Grund des § 21 des Schwerbeschädigtengesetzes eine Beschwerde bei dem Schwerbeschädigtenausschuß einer Hauptfürsorgestelle erhoben hat, keinen Rechtsanspruch darauf, seine Beschwerde persönlich und mündlich vor dem Beschwerdeausschuß vorzutragen und zu begründen.

3. **Die Entscheidung über die Eignung von Arbeitsplätzen für Schwerbeschädigte** im Sinne der §§ 1 und 4 des Schwerbeschädigtengesetzes und des § 2 der Ausführungs-Verordnung vom 13. Februar 1924 für die Beschäftigung von Schwerbeschädigten, liegt nach einem Urteil des württembergischen Verwaltungsgerichthofes vom 7. Oktober 1925 (Juristische Wochenschrift 1925/2514) nicht beim Arbeitgeber sondern bei der Hauptfürsorgestelle.

17. **Gegen Bestrafungen auf Grund des Schwerbeschädigtengesetzes** steht dem Arbeitgeber gemäß Urteil des Kammergerichtes vom 4. Juni 1925, Nr. 3 W 182/25 (Deutsche Juristenzeitung 1925, Heft 22) auch dann ein Rechtsmittel nicht zur Verfügung, wenn das Strafurteil versehentlich vom Arbeitsgericht ohne Zuziehung von Schöffen erlassen worden ist. Gegenteiliger Ansicht: Urteil des Bayerischen Obersten Landesgerichtes vom 24. September 1925 (Deutsche Juristen-Zeitung 1925, S. 1884). Derselben Ansicht: Urteil des Oberlandesgerichtes Stuttgart vom 29. Februar 1924 (Liszt's Zeitschrift für Strafrecht Band 45 S. 196).

s) Wie weit kann wegen Zuweisung ungeeigneter Schwerbeschädigter Schadenersatz verlangt werden?

1. **Schadenersatzpflicht der Hauptfürsorgestelle wegen Zuweisung ungeeigneter Schwerbeschädigter.** Stellt sich heraus, daß ein Schwerbeschädigter, der einem Arbeitgeber von der Hauptfürsorgestelle zwangsweise zugewiesen oder auf Antrag hin überwiesen worden ist, in körperlicher,

geistiger oder sittlicher Hinsicht den Anforderungen des betr. Arbeitsplatzes nicht genügt, so hat die Hauptfürsorgestelle gemäß einem Urteil des Landgerichtes Leipzig vom 14. März 1925 (Schlichtungswesen 8, 2, S. 45) dem Arbeitgeber, den durch die Zuweisung entstandenen Schaden zu ersetzen, sofern die Hauptfürsorgestelle bei sorgfältiger Prüfung hätte erkennen müssen, daß der betr. Schwerbeschädigte für den in Frage kommenden Posten ungeeignet war.

2. Nur beschränkte Schadenersatzpflicht der Hauptfürsorgestelle wegen Zuweisung eines ungeeigneten oder unzuverlässigen Schwerbeschädigten. Hat die Hauptfürsorgestelle einem Arbeitgeber einen unzuverlässigen oder ungeeigneten Schwerbeschädigten zugewiesen, so ist der Staat nach einem Urteil des Oberlandesgerichtes Hamburg (Allgemeine Malerzeitung 1924, Nr. 29, S. 508) nur dann dem betr. Arbeitgeber gegenüber schadenersatzpflichtig, wenn der für die Überweisung zuständige Beamte sich eines groben Verschuldens oder einer Fahrlässigkeit dadurch schuldig gemacht hat, daß er einen ungeeigneten oder unzuverlässigen Schwerbeschädigten überwies, obwohl er bei pflichtmäßiger Prüfung die Unfähigkeit oder Unzuverlässigkeit hätte erkennen müssen.

t) Wie weit genießen Ausländer den Schwerbeschädigtenschutz?

1. Kein Schutz der Ausländer durch das Schwerbeschädigtengesetz. Da der Reichsarbeitsminister bisher von der ihm erteilten Ermächtigung den Schutz des Schwerbeschädigtengesetzes auf Ausländer auszudehnen noch keinen Gebrauch gemacht hat, sind gemäß Urteil des Landgerichtes Dortmund vom 5. März 1925 Verfügungen von Hauptfürsorgestellen, durch welche ausländische Arbeitnehmer Schwerbeschädigten im Sinne des Schwerbeschädigtengesetzes gleichgestellt werden, unwirksam.

XVI. Wettbewerbsverbote und Kautionen.

A. Einschlägige Gesetzesbestimmungen.

1. Handelsgesetzbuch vom 10. Mai 1897 (RGBl. S. 219), insbesondere dessen §§ 60, 61, 74 ff. nebst den Abänderungsbestimmungen vom 2. Juni 1892, 12. Mai 1904, 30. Mai 1908 und 7. Januar 1913 (RGBl. S. 218, 168, 307, 90).
2. Bürgerliches Gesetzbuch vom 18. August 1896 (RGBl. S. 195) insbesondere dessen §§ 336 bis 345.
3. Gesetz gegen den unlauteren Wettbewerb vom 7. Juni 1909 (RGBl. S. 499).

B. Die wichtigsten Einzelfragen.

a) Wie weit ist Nebenbeschäftigung erlaubt?

1. siehe Band I, Seite 138.
2. » » II, » 117.

3. Beschäftigung von Reisenden einer Konkurrenzfirma. Es verstößt gemäß einem Urteile des Reichsgerichtes vom 6. Oktober 1925, Nr. II, 555/24, gegen die Bestimmungen des Gesetzes betreffend den unlauteren Wettbewerb, wenn eine Firma Reisende, die noch für eine Konkurrenzfirma tätig sind, beauftragt, auch für sie Aufträge hereinzuholen. Dabei ist es nach der Urteilsbegründung gleichgültig, ob die Konkurrenzfirma die betreffenden Reisenden nach festen Monatssätzen bezahlt oder ihnen nur Provisionen für die tatsächlich getätigten Abschlüsse vergütet.

b) Wie sind Kautionen aufzuwerten?

1.—2. siehe Band I, Seite 138—139.
3.—6. » » II, » 117—118.
7. » » III, » 117.

8. Kautionen gelten nicht als Vermögensanlage im Sinne des Aufwertungsgesetzes, so daß die Aufwertung von Papiermarkkautionen sich nicht nach den besonderen Grundsätzen des Aufwertungsgesetzes, sondern nach den allgemeinen Aufwertungsregeln, also insbesondere nach den Grundsätzen von Treu und Glauben bzw. von der Verzugshaftung richtet. (Urteil des Landgerichtes Hamburg vom 29. Oktober 1924, Hanseatische Gerichtszeitung, Abt. Arbeitsrecht 2, 48, S. 283.)

9. Höhe der Aufwertung von Arbeitnehmerkautionen. Da bekanntlich nach der herrschenden Ansicht die Aufwertung von Kautionen nicht unter die einschränkenden Bestimmungen der 3. Steuernotverordnung bzw. des neuen Aufwertungsgesetzes fällt, ist das Maß der Aufwertung im Einzelfalle vom Gericht nach freiem Ermessen festzusetzen. Dabei sind gemäß einem Urteile des Oberlandesgerichtes Köln (Jur. Wochenschr. 1925, S. 653) die persönlichen Verhältnisse des Kautionsgebers und Kautionsnehmers sorgfältig zu berücksichtigen. Insbesondere ist vom Gericht zu berücksichtigen, wie hoch die allgemeinen Inflationsverluste des Kautionsnehmers gewesen sind und mit welcher Entwertung ungefähr zu rechnen gewesen wäre, wenn der Kautionsgeber den Kautionsbetrag seinerzeit nicht zu stellen gehabt, sondern für eigene Zwecke verwandt bzw. selbst behalten hätte. Unter Berücksichtigung dieser Gesichtspunkte hält das Oberlandesgericht Köln im allgemeinen eine Aufwertung einer Arbeitnehmerkaution auf 50 vH des ursprünglichen Goldmarkwertes für angemessen. Nach einem Urteil des Oberlandesgerichtes München vom 15.Oktober 1925, Nr. 194/25 II (Radmarkt und Motorfahrzeug 1926/1888/31) sind Arbeitnehmerkautionen im allgemeinen nur bis zu der Höhe aufzuwerten, in der der Arbeitgeber sein Betriebsvermögen vor der Geldentwertung hat schützen können.

(Weitere Entscheidungen siehe unter Nr. V B f.)

c) Wie weit sind Konkurrenzverbote wirksam?

1.—4. siehe Band II, Seite 118—119.
5.—9. » » III, » 118—119.

10. Einstweilige Verfügung zur Sicherung von Wettbewerbsklauseln. Hat ein vertragsbrüchig gewordener Arbeitnehmer entgegen einem vertraglichen Wettbewerbsverbote die Arbeit bei einem Konkurrenzunternehmen vorzeitig aufgenommen, so kann das Gericht nach einem Urteil des Gewerbegerichtes Hamburg (Gewerbe- und Kaufmannsgericht 1926, S. 273) nur dann auf Antrag des ersten Arbeitgebers im Wege der einstweiligen Verfügung dem kontraktbrüchig gewordenen Arbeitnehmer die weitere Tätigkeit bei einem Konkurrenzunternehmen verbieten, wenn der Arbeitgeber nachweist, daß ihm aus einer Fortsetzung der vertragswidrigen Tätigkeit des kontraktbrüchig gewordenen Angestellten erhebliche Nachteile und Schäden drohen, die nur durch Erlaß der einstweiligen Verfügung verhütet werden können.

XVII. Koalitionsfreiheit.

A. Einschlägige Gesetzesbestimmungen.

1. Reichsgewerbeordnung vom 26. Juli 1900 (RGBl. S. 871), insbesondere deren § 152.
2. Reichsverfassung vom 11. August 1919 (RGBl. 1383 ff.), insbesondere deren Artikel 124 und 159.
3. Bürgerliches Gesetzbuch vom 18. August 1896 (RGBl. S. 195), insbesondere dessen §§ 71 bis 79.

B. Die wichtigsten Einzelfragen.

a) Besteht nur Vereinigungsfreiheit oder auch Vereinigungszwang?

1. siehe Band I, Seite 140.
2. » » II, » 120.

b) Genießen auch Lehrlinge Koalitionsfreiheit?

1. siehe Band I, Seite 141.
2.—3. » » II, » 120—121.

c) Kann auf Einhaltung von Satzungsbestimmungen geklagt werden?

1. siehe Band I, Seite 141.
2. » » II, » 121.

3. Aufhebung des § 152 Absatz 2 der Gewerbeordnung. In Übereinstimmung mit der vom Reichsgericht (z. B. im Urteil v. 23. März 1926, Nr. III 258/25 (Reichsarbeitsblatt 1926/22/174) vertretenen Ansicht entschied auch das Landgericht Dresden mit Urteil vom 21. Oktober 1925, Nr. 8 D g 169/25 (Neue Zeitschrift für Arbeitsrecht 1926/376), daß die Bestimmungen des § 152 Absatz 2 der Gewerbeordnung durch den Artikel 159 der Reichsverfassung aufgehoben sind, da die Bestimmungen des § 152, Absatz 2 der Gewerbeordnung mit dem Grundsatz des Artikels 159 der neuen Reichsverfassung nicht in Einklang gebracht werden können.

4. Kein Klagerecht von Arbeitnehmer- oder Arbeitgeberverbänden wegen Verletzung der Koalitionsfreiheit. Nach einem Urteil des Reichsgerichtes vom 11. Februar 1926, Nr. IV 402/25, gewährt der Artikel 159 der Reichsverfassung auch den einzelnen Arbeitgebern und Arbeitnehmern und nicht auch den Arbeitnehmer- bzw. Arbeitgeberverbänden ein klagbares Recht auf Koalitionsfreiheit. Dementsprechend können nach der vorerwähnten Entscheidung Arbeitnehmerverbände nicht gegen einen Arbeitgeber auf Unterlassung oder Schadenersatz klagen, weil der beklagte Arbeitgeber seine Arbeitnehmer unter Androhung der Entlassung veranlaßt hat, aus dem betr. Arbeitnehmerverbande auszuscheiden.

d) Wie weit macht terroristisches Hinausdrängen von Mitarbeitern schadenersatzpflichtig?

1.—2. siehe Band I, Seite 141—142.
3.—5. » » II, » 121—122.
6.—7. » » III, » 120—121.

8. Verdrängung nicht organisierter Mitarbeiter. Nach einem allerdings lebhaft umstrittenen Urteile des Oberlandesgerichtes Jena vom 13. Mai 1925 (Stichworte des Arbeitsrechtes 1925, Nr. 24) kann die Verdrängung eines nicht oder anders als die Mehrheit der Belegschaft organisierten Arbeitnehmers durch Streikandrohungen der Belegschaft bzw. Betriebsvertretungsmitglieder ausnahmsweise unter Umständen dann keine, die Absetzung rechtfertigende grobe Pflichtverletzung und keine zum Schadenersatz verpflichtende Handlung darstellen, wenn der verdrängte Arbeitnehmer die Betriebsvertretung grundlos und in böswilliger Weise bekämpft und dadurch das Einvernehmen im Betriebe erheblich gefährdet hat.

9. Schadenersatzpflicht wegen Organisationsterrors. Arbeitnehmer, die durch Organisationsterror ihrer Mitarbeiter aus einem Betriebe verdrängt worden sind, können gemäß einem Urteile des Landgerichtes Stettin vom 8. Juli 1925, Nr. 3 S 663/24 (Jur. Wochenschrift 1925, S. 2821) Ersatz des ihnen entstandenen Schadens auf Grund der §§ 66 Ziffer 6 des Betriebsrätegesetzes, 823, 826, 830 und 840 des BGB. in Verbindung mit Artikel 159 der Reichsverfassung von denjenigen Mitarbeitern verlangen, die einen auf Verdrängung lautenden Beschluß der Belegschaft dem Arbeitgeber unter Hinweis darauf überbracht haben, daß bei nicht sofortiger Entlassung der betreffenden nicht oder anders als die Mehrheit der Belegschaft organisierten Mitarbeiter eine Betriebsstillegung drohe. Solche Schadenersatzansprüche sind jedoch nach einem allerdings umstrittenen Urteil des Amtsgerichtes Hamburg vom 29. Januar 1926 (Arbeiterrecht und Arbeiterversicherung 1926, S. 18) unbegründet, wenn der verdrängte Arbeitnehmer die Verdrängung selbst dadurch verschuldet hat, daß er seine Mitarbeiter grundlos gereizt bzw. sie wegen ihrer Gewerkschaftszugehörigkeit verhöhnt hat.

10. **Die Androhung der Verdrängung eines nicht organisierten Mitarbeiters durch ein Betriebsvertretungsmitglied,** also die Drohung eines Betriebsvertretungsmitgliedes gegenüber einem nicht oder anders als die Mehrheit des Betriebes organisierten Arbeitnehmer, er werde dafür sorgen, daß er vom Arbeitgeber entlassen werde, falls er sich nicht der Mehrheitsgewerkschaft anschließe, bedeutet gemäß einem Urteile des Gewerbegerichtes Worms vom 15. Juni 1925 (Arbeiterrecht und Arbeiterversicherung 1925, S. 85) eine grobe, die Absetzung des betreffenden Betriebsvertretungsmitgliedes rechtfertigende Pflichtverletzung.

(Weitere Entscheidungen siehe unter Nr. XVIII B r.)

e) Wie weit sind tarifliche Organisations- und Absperrklauseln gültig?

1. siehe Band II, Seite 122.

XVIII. Betriebsvertretungen.

A. Einschlägige Gesetzesbestimmungen.

1. Betriebsrätegesetz vom 4. Februar 1920 (RGBl. S. 147).
2. Wahlordnung zum Betriebsrätegesetz vom 5. Februar 1920 (RGBl. S. 175).
3. Gesetz über die Betriebsbilanz und die Betriebs-Gewinn- und Verlustrechnung vom 5. Februar 1921 (RGBl. S. 159).
4. Gesetz über die Entsendung von Betriebsratsmitgliedern in den Aufsichtsrat vom 15. Februar 1922 (RGBl. S. 203).
5. Wahlordnung zum Gesetz über die Entsendung von Betriebsratsmitgliedern in den Aufsichtsrat vom 23. März 1922 (RGBl. S. 305).
6. Verordnung zur Ausführung des Betriebsrätegesetzes vom 24. Februar 1920 (RGBl. S. 259).
7. Verordnung zur Ausführung des Betriebsrätegesetzes vom 14. April 1920 (RGBl. S. 522).
8. Verordnung zur Ausführung des Betriebsrätegesetzes vom 5. Juni 1920 (RGBl. S. 1139).

B. Die wichtigsten Einzelfragen.

a) Wann und in welcher Größe sind Betriebsvertretungen und Betriebsvertretungsorgane zu errichten?

1.—5. siehe Band I, Seite 143—145.
6.—11. » » II, » 123—125.
12.—17. » » III, » 122—123.

18. Automatischer Wegfall der Betriebsvertretung beim Sinken der Belegschaftsziffer. Der vorläufige Reichswirtschaftsrat entschied mit Urteil vom 5. 2. 1924, Nr. 857

(Reichsarbeitsblatt 1925, Nr. 39, S. 478), daß ein bestehender Betriebsrat schon vor Ablauf der Wahlperiode automatisch wegfällt, sobald die Zahl der Beschäftigten dauernd unter 20 sinkt. Nach derselben Entscheidung verliert auch ein Betriebsobmann automatisch und schon vor Ablauf seiner Wahlperiode seine Amtseigenschaft und damit auch den Kündigungssonderschutz des Betriebsrätegesetzes, wenn die Belegschaftsziffer dauernd unter 5 sinkt. Ebenso im Gegensatz zu dem im Reichsarbeitsblatt 1921, Nr. 12, S. 447, veröffentlichten Bescheide des Reichsarbeitsministers und dem Urteile des Gewerbegerichtes Hamburg vom 19. Oktober 1925, Kaufmannsgericht Hamburg, Urteil vom 21. Juli 1924, Gewerbegericht Gotha, Urteil vom 20. August 1924, Nr. 79/81/24, und der vorläufige Reichswirtschaftsrat, Entscheidung vom 18. Oktober 1921, Nr. 185.

19. Keine jederzeitige Nachholung unterlassener Betriebsratswahl. Hat eine Belegschaft infolge Wahlmüdigkeit trotz Bestellung eines Wahlvorstandes von einer Neuwahl Abstand genommen, so kann nach einem Urteil des Arbeitsgerichtes Breslau vom 20. November 1925 (Arbeitsrecht 1926, S. 418) eine Neuwahl nicht zu jeder beliebigen Zeit, sondern erst dann wieder vorgenommen werden, wenn der Arbeitgeber nach Ablauf je eines Jahres erneut einen Wahlvorstand bestellt hat.

20. Keine Nachholung unterbliebener Teilnahme an der Betriebsvertretungswahl. Hat eine Arbeitnehmergruppe sich wegen Wahlmüdigkeit oder aus sonstigen Gründen an einer ordnungsmäßig ausgeschriebenen Betriebsvertretungsneuwahl nicht beteiligt, so kann sie nach einem Urteil des Kaufmannsgerichtes Nürnberg vom 11. September 1925 (Schlichtungswesen 1926, S. 60) bis zum Ablauf der betr. Wahlperiode die Wahl eines Gruppenrates nicht nachholen.

21. Amtsablauf der alten Betriebsvertretung bei Wahlmüdigkeit der Belegschaft. Nach den Entscheidungen des Kaufmannsgerichtes Berlin vom 16. Juni 1924, Nr. 716/1924, und vom 14. November 1924 sowie des vorläufigen Reichswirtschaftsrates vom 21. Februar 1922, Nr. 450 (Blätter für Arbeitsrecht 1926/1) und des Gewerbegerichtes Breslau (Industrieschutz 1926/101/10) läuft die Wahlperiode der alten Betriebsvertretung trotz der Bestimmungen des § 43 des Betriebsrätegesetzes in einem solchen Falle spätestens in dem Zeitpunkte ab, in welchem eine neue Betriebsvertretung ordnungsmäßig hätte gewählt sein können, wenn nach Ablauf der Wahlperiode der alten Betriebsvertretung rechtzeitig eine neue Betriebsvertretungswahl ausgeschrieben und durchgeführt worden wäre.

22. Fortdauer der Betriebsvertretung trotz Wechsels des Firmeninhabers. Gemäß einem Urteile des Gewerbegerichtes Freiburg i. B. vom 5. Dezember 1924 (Internationale Hotel-Industrie Nr. 41 vom 8. Oktober 1925) bleiben die bisherigen Betriebsvertretungsmitglieder bis zum Ablauf ihrer normalen Wahlperiode auch dann im Amte und im Genusse des Kündigungssonderschutzes des Betriebsrätegesetzes, wenn der bisherige Firmeninhaber während der Dauer der Wahlperiode den Betrieb kauf- oder pachtweise an einen anderen Arbeitgeber abgibt, und wenn der neue Arbeitgeber das gesamte Betriebspersonal wenn auch unter Zugrundelegung neuer Dienstverträge und neuer Lohn- und Arbeitsbedingungen weiter beschäftigt.

23. Keine Verlängerung der Amtsperiode der Betriebsvertretungen im Wege der Vereinbarung. Nach einem Urteile des Amtsgerichtes Osterholz-Scharmbeck vom 11. November 1925 (Mitteilungen d. Arbeitgeberverb. Unterelbe und Hamburg-Altona 1926, Nr. 1, S. 156) ist es nicht möglich, eine abgelaufene Wahlperiode einer Betriebsvertretung ohne Neuwahl dadurch zu verlängern, daß zwischen der Belegschaft und dem Arbeitgeber ausdrücklich oder stillschweigend vereinbart wird, daß die bisherige Betriebsvertretung noch weiter im Amte bleiben soll und daß von einer Neuwahl Abstand genommen werden soll. Unterbleibt auf Grund einer solchen Vereinbarung tatsächlich die rechtzeitige Neuwahl der Betriebsvertretung, so verliert die alte Betriebsvertretung ihre Amtseigenschaft in dem Zeitpunkte, in welchem eine neue Betriebsvertretung hätte gewählt sein können, falls rechtzeitig eine Neuwahl eingeleitet worden wäre.

24. Fortdauer der alten Betriebsvertretung bei ungültiger Neuwahl. Wird die Neuwahl einer Betriebsvertretung im Wahlanfechtungsverfahren für ungültig erklärt, so bleibt die alte Betriebsvertretung gemäß einem allerdings umstrittenen Urteile des Amtsgerichtes Braunschweig vom 28. Juli 1925 (Arbeiterrecht und Arbeiterversicherung 1925, Nr. 11, S. 87) so lange im Amte, bis erneut eine Neuwahl ordnungsmäßig durchgeführt worden ist.

25. Bei Wahlenthaltung der einen Arbeitnehmergruppe bilden die von der anderen Arbeitnehmergruppe gültig gewählten Betriebsvertretungsmitglieder gemäß Urteil des

Landgerichtes Berlin vom 6. Juli 1925 (Gewerbe- und Kaufmannsgericht 31, 2, S. 76) nicht nur den Gruppenrat für ihre Arbeitnehmergruppe, sondern gleichzeitig auch einen rechtsgültigen Betriebsrat. (Vgl. auch die im Bd. II, S. 128, zitierten einschlägigen Entscheidungen.)

26. Neuwahl der gesamten Betriebsvertretung wegen Rücktritts einer ganzen Wahlvorschlagsliste. Im Gegensatz zu dem im Bd. II, S. 124, besprochenen Urteile des Gewerbegerichtes Chemnitz vom 16. Juli 1924, Nr. A 4 — 5/24/14 steht das Gewerbegericht Berlin in einem Urteile vom 13. Januar 1925, Nr. III/24 (Neue Zeitschr. f. Arbeitsrecht 1925, S. 747), auf dem Standpunkte, daß auf Grund der Bestimmungen des § 40 des Betriebsrätegesetzes und des § 15 der Wahlordnung die gesamte Betriebsvertretung neu zu wählen ist, wenn sämtliche gewählten Mitglieder und sämtliche Ersatzmitglieder einer Vorschlagsliste weggefallen oder zurückgetreten sind. Nach Ansicht des Gewerbegerichtes Berlin ist also ein Übergreifen auf andere Wahlvorschlagslisten auch dann nicht zulässig, wenn eine Wahlvorschlagsliste nur durch den tendenziösen Rücktritt der sämtlichen Mitglieder und Ersatzmitglieder der betreffenden Vorschlagsliste erschöpft worden ist.

b) Welche Vorschriften sind bei der Wahl der Betriebsvertretungen und ihrer Organe zu beachten?

1.—11. siehe Band I, Seite 145—148.
12.—17. » » II, » 125—126.
18.—25. » » III, » 124—125.

26. Auch Abteilungsleiter und Prokuristen sind wahlberechtigt und wählbar bei den Betriebsratwahlen gemäß einem Urteile des Kaufmannsgerichtes Hamburg vom 23. 4. 1925 (Hanseatische Gerichtszeitung, Abt. Arbeitsrecht 2, 41, S. 237), wenn bei ihnen die Angestellteneigenschaft die in ihrer Stellung gleichzeitig liegende Arbeitgebereigenschaft überwiegt, oder wenn zweifelhaft ist, ob die Frage im Sinne des Wahlrechtes zu bejahen oder zu verneinen ist.

27. Voraussetzung für gemeinsame Wahl der Arbeiter und Angestellten. Gemäß Urteil des Gewerbegerichtes Mannheim vom 27. Mai 1925 (Gewerbe- und Kaufmannsgericht 31, 2, S. 74) genügt als Voraussetzung für die Zulässigkeit der Wahl der Arbeiter- und Angestelltenvertreter eines Betriebsrates in einem einheitlichen Wahlgange nicht eine Zweidrittelmehrheit der an der Vorabstimmung teilnehmenden Arbeitnehmer. Die Wahl der Arbeiter- und Angestelltenvertreter in einem einheitlichen gemeinsamen Wahlgange ist vielmehr nur dann zulässig, wenn sich bei der Vorabstimmung zwei Drittel sämtlicher wahlberechtigten Arbeitnehmer für die gemeinsame Wahl ausgesprochen haben.

28. Die Anordnung des Wahlvorstandes über gemeinsame Wahl der Arbeiter und Angestelltenvertreter der Betriebsvertretung in einem einheitlichen Wahlgange im Sinne des § 19 des Betriebsrätegesetzes kann gemäß einem Urteile des Gewerbegerichtes Mannheim vom 27. Mai 1925 (Gewerbe- und Kaufmannsgericht, Bd. 31, S. 76) nur zusammen mit der bereits durchgeführten gemeinsamen Betriebsvertretungswahl angefochten werden.

29. Anfechtbarkeit der Betriebsratswahl wegen vorzeitiger Feststellung des Wahlergebnisses. Gemäß einer Entscheidung des vorläufigen Reichswirtschaftsrates vom 27.11.1923, Nr. 799 (Reichsarbeitsblatt Nr. 39/478), ist eine Betriebsvertretungswahl anfechtbar, wenn der Vorsitzende in Abwesenheit der übrigen Wahlvorstandsmitglieder die Stimmkästen oder die Wahlumschläge geöffnet hat.

30. Streichung von Wahlkandidaten auf Wahlvorschlagslisten. Der Wahlvorstand ist gemäß Urteil des Gewerbegerichtes Berlin, Nr. 36/25 (Schlichtungswesen 1925, S. 172), nur dann berechtigt, einzelne Bewerber auf den Wahlvorschlagslisten zu streichen, wenn die Voraussetzungen der §§ 6 und 7, Absatz 2, der Wahlordnung vorliegen, d. h. wenn eine Zustimmungserklärung trotz Anforderung nicht rechtzeitig vorgelegt wird, oder wenn ein Bewerber nicht vollständig in der Wahlvorschlagsliste bezeichnet worden ist, nicht jedoch schon deshalb, weil die betr. Bewerber aus irgendeinem Grunde nicht wählbar sind.

31. Ungültigkeitserklärung von Wahlvorschlagslisten. Gemäß einer Entscheidung des Berggewerbegerichtes Dortmund vom 21. 5. 1925 (Blätter für Arbeitsrecht 4, 21) ist eine Betriebsratwahl anfechtbar, wenn der Wahlvorstand eine Wahlvorschlagsliste für ungültig erklärt hat, weil einzelne auf der Wahlvorschlagsliste genannte Wahlkandidaten ihre Zustimmungserklärung nicht unterzeichnet hatten. Nach der Urteilsbegründung dürfen lediglich die Namen solcher Wahlkandidaten auf den Vorschlagslisten gestrichen werden, deren Zustimmungserklärung nicht vorliegt bzw. nicht rechtzeitig beigebracht wird.

82. Vorschriften für die Wahl des Betriebsausschusses. Nach einem Beschlusse des Gewerbegerichtes Berlin, Kammer II als Arbeitsgericht vom 22. 6. 1925, Nr. 37/25 (Neue Zeitschr. f. Arbeitsrecht 1925, S. 683), ist es unzulässig, die Mitglieder des Betriebsausschusses in getrennten Wahlgängen der Arbeiter- und Angestelltenmitglieder des Betriebsrates zu wählen. Die Wahl der Mitglieder des Betriebsausschusses muß vielmehr nach Ansicht des Gewerbegerichtes Berlin in einem einheitlichen Wahlgange unter öffentlicher Gesamtabstimmung durch sämtliche Betriebsratmitglieder, also nicht getrennt nach Arbeiter- und Angestelltenmitgliedern, erfolgen. Die Wahl selbst kann mündlich oder schriftlich mittels Stimmzettels geschehen. Die Öffentlichkeit der Wahl ist bei Wahl durch Stimmzettel schon dann gewahrt, wenn die Stimmzettel öffentlich beschrieben werden, gleichgültig, ob sie offen oder zusammengefaltet abgegeben werden.

83. Entschädigungsansprüche der Wahlvorstandsmitglieder. Wahlvorstandsmitglieder können gemäß Urteil des Gewerbegerichtes Mannheim vom 22. April 1925 (Das Schlichtungswesen 7, 11, S. 220) für ihre Tätigkeit als Wahlvorstandsmitglieder vom Arbeitgeber lediglich die Vergütung des für notwendige Wahlvorstandstätigkeit während der Arbeitzeit entstandenen Verdienstausfalles und nicht auch eine Vergütung für die Wahlvorstandstätigkeit außerhalb der normalen Arbeitszeit verlangen.

84. Die Überwachung der Betriebsratwahl gehört gemäß einem Urteile des Gewerbegerichtes Berlin vom 26. Mai 1925 (Arbeitsrecht 1925 S. 1036) nicht zu den gesetzlichen Betriebsvertretungsaufgaben des Vorsitzenden der alten Betriebsvertretung, es sei denn, daß dieser gleichzeitig zum Mitgliede des Wahlvorstandes bestellt worden ist. Gleichwohl kann nach dem vorerwähnten Urteile ein Betriebsratvorsitzender nicht schon deshalb fristlos entlassen werden, weil er sich die Überwachung der Betriebsratneuwahl angemaßt und die Arbeitzeit zu der Überwachung ohne besondere Genehmigung des Arbeitgebers benutzt hat.

c) Wie weit geht das Mitwirkungs- und Mitbestimmungsrecht der Betriebsvertretungen?

1.—3. siehe Band I, Seite 148—149.
4.—8. » » II, » 126—127.
9.—11. » » III, » 125—126.

12. Vertraglich erweitertes Mitwirkungsrecht der Betriebsvertretung bei Entlassungen. Gemäß Urteil des Gewerbegerichtes Dresden vom 4. März 1925 (Arbeitsrecht 12, 10, S. 837) sind Vereinbarungen zwischen dem Arbeitgeber und der Betriebsvertretung, in welchen der Betriebsvertretung ein volles Mitbestimmungsrecht bei Entlassungen eingeräumt wird, zulässig und voll wirksam.

13. Anhörung der Betriebsvertretung auch vor Einführung neuer Arbeitsmethoden ist nach einem allerdings umstrittenen Urteil des Arbeitsgerichtes Schirpiswalde vom 31. Juli 1925 (Gewerkschaftszeitung, Abt. Arbeitsrecht 1926, S. 12) gemäß § 66 BRG. erforderlich.

(Weitere Entscheidungen siehe unter den Nummern XI B c, XVIII B w und XX B c.)

d) Welche Rechte haben die Betriebsvertretungsmitglieder im Aufsichtsrate?

1.—6. siehe Band I, Seite 149—152.
7.—10. » » II, » 128—129.

11. Neuwahl der Betriebsvertretungsmitglieder im Aufsichtsrate. Nach einem Urteile des Kaufmannsgerichtes Hamburg vom 1. 12. 1924 (Hanseatische Gerichtszeitung, Abt. Arbeitsrecht 2, 43, S. 256) ist eine Neuwahl der in den Aufsichtsrat zu entsendenden Betriebsvertretungsmitglieder nach jeder Neuwahl des Betriebsrates auch dann erforderlich, wenn bei der Neuwahl die bisher dem Aufsichtsrate angehörenden Betriebsvertretungsmitglieder erneut in den Betriebsrat gewählt worden sind.

e) Wie weit haben Betriebsvertretungsmitglieder Anspruch auf Vergütung ihres Lohnausfalles und ihrer Unkosten, auf Freistellung von der Arbeit und Bereitstellung von Geschäftsräumen?

1.—9. siehe Band I, Seite 152—155.
10.—28. » » II, » 129—134.
29.—32. » » III, » 126—127.

33. Die Auswahl der freizustellenden Betriebsvertretungsmitglieder hat gemäß einem Urteile des vorläufigen Reichswirtschaftsrates vom 12. September 1924 (Arbeitsrecht 1925,

S. 1037) durch die Betriebsvertretung selbst im Wege der Verhältniswahl zu erfolgen. Dabei sind jedoch der Vorsitzende und sein Stellvertreter zu bevorzugen.

34. Keine Entschädigung für den Verdienstausfall können Arbeitnehmer gemäß einem Urteile des Gewerbegerichtes Dresden vom 24. November 1925 (Blätter für Arbeitsrecht 4, 28) verlangen, wenn sie nur deshalb von der Arbeit abgehalten worden sind, weil sie Mitarbeiter vor dem Gewerbe- oder Kaufmannsgericht vertreten haben, obwohl es sich nicht um eine Kündigungseinspruchsklage handelte, und obwohl auch eine Ladung des Gerichtes für sie nicht vorlag.

35. Vergütung des Verdienstausfalles der Betriebsvertretungsmitglieder beim Auftreten vor dem Arbeitsgerichte. Treten Betriebsvertretungsmitglieder in einem Kündigungseinspruchsverfahren eines Arbeitnehmers als Zeugen oder als Vertreter des gekündigten Arbeitnehmers auf, so können sie gemäß einem Urteile des Arbeitsgerichtes Köln (Kölner Tageblatt, Nr. 584/1925) auch dann auf Grund des § 35 des Betriebsrätegesetzes Entschädigung des entstandenen Verdienstausfalles verlangen, wenn der von ihnen vertretene Arbeitnehmer mit der Kündigungseinspruchsklage abgewiesen worden ist. Dieser Entschädigungsanspruch steht allerdings nur dem Vorsitzenden des Betriebs- oder Gruppenrates bzw. seinem Stellvertreter zu.

(Weitere Entscheidungen siehe unter den Nummern XVIII B u und β.)

f) Wie weit genießen Betriebsvertretungsmitglieder Sonderschutz bei Einzelkündigungen und gegen Verschlechterung der Arbeitsbedingungen?

1.—3. siehe Band I, Seite 155—156.
4.—6. » » II, » 134—135.
7.—13. » » III, » 128—129.

14. Kurzfristige Betriebsstillegung zum Zwecke der Nachprüfung von Unregelmäßigkeiten oder aus ähnlichem Grunde, die nur mehrere Tage dauert, berechtigt den Arbeitgeber gemäß einem Urteile des Gewerbegerichtes Bremen vom 5. März 1925 (Deutsche Werkmeisterztg. 1925, Nr. 28, S. 343) nicht, die von der vorübergehenden Stillegung betroffenen Betriebsvertretungsmitglieder ohne Zustimmung der Betriebsvertretung bzw. ohne Ersatzzustimmung des

Arbeitsgerichtes zu entlassen, sofern nicht ausnahmsweise ein wichtiger, die fristlose Entlassung rechtfertigender Kündigungsgrund vorliegen sollte.

15. Versetzung von Betriebsvertretungsmitgliedern in nicht selbständige Betriebsabteilungen. Innerhalb desselben Betriebes können Betriebsvertretungsmitglieder nach einem Urteil des Gewerbegerichtes Berlin vom 29. September 1925 (Neue Zeitschrift für Arbeitsrecht 6, 1, 50) ohne Zustimmung der Betriebsvertretung und ohne Ersatzzustimmung des Arbeitsgerichtes jederzeit in andere Betriebsabteilungen versetzt werden, sofern für die bisherige und die neue Betriebsabteilung dieselbe Betriebsvertretung zuständig ist.

(Weitere Entscheidungen siehe unter den Nummern XI und XIII.)

g) Wann und wie ist die Zustimmung zur Kündigung oder Versetzung eines Betriebsvertretungsmitgliedes zu erteilen?

1.—11. siehe Band I, Seite 156—160.
12.—28. » » II, » 135—138.
29.—37. » » III, » 129—131.

38. Die Ersatzzustimmung zur Kündigung eines Betriebsvertretungsmitgliedes wegen Unpünktlichkeit, Unfähigkeit oder Widersetzlichkeit muß das Arbeitsgericht nach einem Beschlusse des Gewerbegerichtes Guben vom 6. November 1925 (Schlichtungswesen 1926, S. 85) und des Schlichtungsausschusses Hildesheim vom 12. August 1925 (Bl. f. A. R. 1926/2) auf Antrag des Arbeitgebers erteilen, wenn der Arbeitgeber die Kündigung nachweislich nur deshalb aussprechen will, weil das betr. Betriebsvertretungsmitglied trotz Verwarnung unpünktlich im Dienste ist oder mangelhafte oder ungenügende Arbeiten verrichtet oder seinen Vorgesetzten gegenüber ungebührliche Redensarten gebraucht.

39. Beachtung des § 32 des Betriebsrätegesetzes bei Zustimmungserklärungen der Betriebsvertretung. Gemäß einem Urteile des Reichsgerichtes vom 23. Oktober 1925, Nr. III 537/24, ist die Zustimmungserklärung der Betriebsvertretung zur Kündigung eines Betriebsvertretungsmitgliedes nur dann rechtswirksam, wenn der Zustimmungserklärung des Vorsitzenden der Betriebsvertretung eine gültige Beschlußfassung in einer unter Beachtung des § 32 des Betriebsrätegesetzes rechtzeitig und vollzählig unter Bekanntgabe der Tagesordnung einberufenen Sitzung vorausgegangen ist. Es genügt also nicht etwa, daß der Arbeitgeber sich von den einzelnen Mitgliedern der Betriebsvertretung in getrennter Verhandlung die Zustimmung geben läßt, oder daß er selbst die Betriebsvertretungsmitglieder zu einer Besprechung zusammenruft und sich von der Mehrheit der Betriebsvertretungsmitglieder mündlich oder schriftlich die Zustimmungserklärung geben läßt. (Ebenso die Entscheidungen des Gewerbegerichtes Berlin vom 3. März 1926, Nr. 145/26 (Recht und Rechtspraxis 1926/4/16).

40. Eine gültige Zustimmung der Betriebsvertretung zur Kündigung eines Betriebsvertretungsmitgliedes liegt gemäß einer Entscheidung des Gewerbegerichtes Karlsruhe vom 19. März 1924 (Merkblatt des D.E.V. 25/3) schon dann vor, wenn sämtliche Mitglieder der Betriebsvertretung eine vom Arbeitgeber entworfene Zustimmungserklärung unterzeichnen. Dabei ist es nach der Urteilsbegründung gleichgültig, ob der Arbeitgeber die Betriebsvertretungsmitglieder in Einzelbesprechungen oder in einer gemeinsamen Sitzung zur Unterschrift der betreffenden Erklärung veranlaßt hat.

41. Gültigkeit der Zustimmungserklärung trotz Nichtzuziehung des Ersatzmitgliedes. Im Gegensatz zu einer oft vertretenen Auffassung entschied der vorläufige Reichswirtschaftsrat am 13. 5. 1924 unter Nr. 868 (Reichsarbeitsblatt 1925, Nr. 39, S. 478), daß die von der Betriebsvertretung zur Kündigung eines Betriebsvertretungsmitgliedes erteilte Zustimmung auch dann rechtsgültig ist, wenn zu der Sitzung, in welcher über die Zustimmungserklärung Beschluß gefaßt worden ist, das für das zu kündigende Betriebsvertretungsmitglied gewählte Ersatzmitglied überhaupt nicht oder nicht rechtzeitig geladen worden ist.

42. Unwirksamkeit der Zustimmungserklärung für künftige Fälle. Nach einem Urteile des Gewerbegerichtes Pforzheim vom 25. November 1925, Nr. 570/25 (Arbeiterrecht und Arbeiterversicherung 1926, Nr. 1, S. 7) sind Zustimmungserklärungen der Betriebsvertretung zur Kündigung von Betriebsvertretungsmitgliedern unwirksam, soweit sie im voraus für künftige Fälle generell erteilt worden sind, obwohl der Arbeitgeber bei der Beantragung der Zustimmungserklärung die Kündigung bestimmter Mitglieder noch nicht zu einem bestimmten Zeitpunkte angekündigt hatte.

43. Unwirksamkeit der Ersatzzustimmung des Arbeitsgerichtes zur Kündigung eines Betriebsvertretungsmitgliedes. Gemäß einem Urteile des Oberlandesgerichtes Naumburg vom 16. Oktober 1925, 3 U 104/25 (Deutsche Technikerzeitung, Beilage Recht und Rechtspraxis vom 1. Januar 1926), ist die Ersatzzustimmung des Arbeitsgerichtes zur Kündigung eines Betriebsvertretungsmitgliedes unwirksam, wenn das Arbeitsgericht die Zustimmung erteilt hat, obwohl der Arbeitgeber die Betriebsvertretung selbst noch nicht vergeblich um die Zustimmungserklärung ersucht hatte.

44. Rückwirkung der Zustimmung zur Kündigung eines Betriebsvertretungsmitgliedes. In Übereinstimmung mit den Entscheidungen des Kaufmannsgerichtes Berlin vom 14. 2. 1924, des Kaufmannsgerichtes Gelsenkirchen vom 13. Januar 1926 (Stichw. d. AR. 1926/6), des Landgerichtes Berlin vom 2. 3. 1923 und 12. 4. 1924 sowie des Landgerichtes Prenzlau vom 26. 1. 1922 entschied auch das Landgericht Hamburg mit Urteil vom 11. 2. 1925 (Hanseatische Gerichtszeitung, Abt. Arbeitsrecht 2, 38/39, S. 229), daß die von der Betriebsvertretung bzw. vom Arbeitsgericht nachträglich zu einer bereits ausgesprochenen Kündigung erteilte Zustimmung auf Grund des § 184, Abs. 1 des Betriebsrätegesetzes auf den Zeitpunkt des Kündigungsausspruches zurückwirkt. Diese Entscheidung ist besonders deshalb bedeutungsvoll, weil das erkennende Gericht früher (vgl. beispielsweise Hanseatische Gerichtszeitung, Abt. Arbeitsrecht 1924, S. 108) den Standpunkt vertreten hatte, daß die Zustimmung zur Kündigung eines Betriebsvertretungsmitgliedes keinerlei Rückwirkung besitzt. Ebenso die Urteile der Oberlandesgerichte Königsberg und Stettin (Jur. Wochenschrift 1924, 1055, und 1926/720).

45. Nur beschränkte Rückwirkung der Zustimmungserklärung zur Kündigung eines Betriebsvertretungsmitgliedes. Nach einem Urteile des Kammergerichtes vom 15. 3. 1925 (Gewerbe- und Kaufmannsgericht 30, 12, S. 548) wirkt die von der Betriebsvertretung oder vom Arbeitsgericht nachträglich erteilte Zustimmung zur Kündigung eines Betriebsvertretungsmitgliedes nur dann auf den Zeitpunkt des bereits erfolgten Kündigungsausspruches zurück, wenn die Zustimmung noch innerhalb der Kündigungsfrist erteilt worden ist.

46. Keine Rückwirkung der Zustimmung zur Kündigung eines Betriebsvertretungsmitgliedes. Im Gegensatz zu den vorstehend angeführten Entscheidungen nehmen die Entscheidungen des Gewerbegerichtes Kottbus vom 5. Februar 1926 (Sozialpolitische Rundschau der Deutschen Werkmeister-Zeitung vom 26. Februar 1926) und des Landgerichtes Dresden vom 17. September 1924, Nr. 8, D g 128/24 (Neue Zeitschrift für Arbeitsrecht 1926, Spalte 118, und vom 9. November 1925 (N. Z. f. AR. 1926/118) an, daß der Zustimmungserklärung der Betriebsvertretung bzw. des Arbeitsgerichtes zur Kündigung eines Betriebsvertretungsmitgliedes in keinem Falle rückwirkende Kraft beizumessen ist.

47. Die Zustimmung zur Kündigung von Betriebsvertretungsmitgliedern, die gleichzeitig dem Betriebs- und Gruppenrate angehören, muß sowohl vom Gruppen- als auch vom Betriebsrate in einer ordnungsmäßig und vollzählig einberufenen Betriebs- bzw. Gruppenratssitzung beschlossen und erteilt werden. (Gewerbegericht Berlin, Urteil vom 3. März 1926, Nr. 145/26.)

h) Wie weit ist fristlose Entlassung von Betriebsvertretungsmitgliedern zulässig?

1.—7. siehe Band I, Seite 160—163.
8.—21. » » II, » 138—141.
22.—29. » » III, » 131—133.

30. Auf Grund des § 123, Ziffer 7 der Gewerbeordnung können gemäß einem Urteile des Landgerichtes Frankenthal vom 23. September 1925 (Blätter für Arbeitsrecht 4, 28) Betriebsvertretungsmitglieder fristlos entlassen werden, welche ihre Mitarbeiter aufgefordert haben, in einer gegen den Tarifvertrag verstoßenden Weise die Arbeit zu verweigern.

31. Fristlose Kündigungen von Betriebsvertretungsmitgliedern gemäß § 124a der Gewerbeordnung. Auf Betriebsvertretungsmitglieder findet nach einer Entscheidung des Kammergerichtes vom 12. 7. 1924 (Gew. Arch. 23, S. 135) der § 124a der Gewerbeordnung, wenn es sich um gewerbliche Arbeiter handelt, in jedem Falle ohne Rücksicht auf die vertraglich oder gesetzlich geltende Kündigungsfrist Anwendung, da mit Rücksicht auf den Kündigungssonderschutz des Betriebsrätegesetzes Betriebsvertretungsmitglieder als auf mindestens 4 Wochen fest angestellt anzusehen seien.

32. Fristlose Entlassung von Betriebsvertretungsmitgliedern wegen aufhetzender Polemik. Nach einem Urteil des Reichsgerichtes vom 1. März 1926, Nr. III, 136/25, geben Betriebsvertretungsmitglieder und insbesondere die Vorsitzenden der Betriebs- und Gruppenräte dem Arbeitgeber einen wichtigen Kündigungsgrund, wenn sie durch aufreizende Zeitungsartikel das gute Einvernehmen innerhalb des Betriebes oder die Betriebsdisziplin erheblich gefährden.

33. Fristlose Entlassung wegen Verteilung kommunistischer Flugblätter. Betriebsvertretungsmitglieder, die innerhalb der Betriebe kommunistische Flugblätter oder Zellenzeitungen mit beleidigendem Inhalt verteilen, können nach einem Urteil des Landgerichtes Halle vom 11. November 1925, Nr. 6, S. 554/25, fristlos auf Grund der §§ 123 Ziffer 5 und 96 des Betriebsrätegesetzes entlassen werden. (Arbeitsrechtliche Beilage zu den Mitteilungen der Vereinigungen der Deutschen Arbeitgeberverbände 1926, Nr. 1.)

34. Keine fristlose Entlassung von Betriebsvertretungsmitgliedern wegen Aufforderungen zur Verweigerung von Streikarbeiten. Nach einem Urteile des Landgerichtes I Berlin vom 9. Juli 1925 (Gewerbe- und Kaufmannsgericht 31, 4, S. 225) können Betriebsvertretungsmitglieder im allgemeinen nicht schon deshalb fristlos entlassen werden, weil sie ihre Mitarbeiter bei Arbeitskämpfen aufgefordert haben, die Leistung von Streikarbeit zu verweigern.

35. Fristlose Entlassung von Betriebsvertretungsmitgliedern wegen grober Pflichtverletzung? Im Gegensatze zu einem Urteile des Amtsgerichtes Schwerin vom 18. Juni 1925 (Arbeiterrecht und Arbeiterversicherung 1925/68) nimmt ein Urteil des Landgerichtes Dresden vom 19. März 1924 (Neue Zeitschrift für Arbeitsrecht 6, 1, S. 49) an, daß Verletzungen der Betriebsratspflichten durch Betriebsvertretungsmitglieder nur die Absetzung durch das Arbeitsgericht, nicht jedoch auch fristlose Entlassung durch den Arbeitgeber rechtfertigen.

(Weitere Entscheidungen siehe unter den Nummern IV B f, VII und XIII B c.)

i) Welchen Sonderschutz genießen Betriebsvertretungsmitglieder bei Arbeitsstreckung und Betriebsstillegung?

1.—3. siehe Band I, Seite 163—164.
4.—8. » » II, » 142—143.
9.—12. » » III, » 134—135.

13. Keine Vorzugsrechte von Betriebsvertretungsmitgliedern bei Betriebseinschränkungen. Bei Betriebseinschränkungen haben Betriebsvertretungsmitglieder gemäß den Entscheidungen des Gewerbegerichtes Kiel vom 8. Januar 1925 (Recht und Rechtspraxis 25, Nr. 9) und des Arbeitsgerichtes Lübeck vom 7. Dezember 1925 (Bl. f. AR. 1926/9) nicht etwa grundsätzlich einen Anspruch darauf, zuletzt entlassen zu werden. Die Betriebsvertretung bzw. das Arbeitsgericht muß vielmehr die Zustimmung zur Kündigung von Betriebsvertretungsmitgliedern aus Anlaß von Betriebseinschränkungen erteilen, wenn die Kündigung sachlich begründet ist und wenn das betreffende Betriebsvertretungsmitglied nicht etwa aus tendenziösen Gründen zuerst entlassen werden soll. Handelt es sich bei der Betriebseinschränkung um eine völlige oder teilweise Betriebsstillegung im Sinne der §§ 96ff. des Betriebsrätegesetzes, so ist eine Zustimmung überhaupt nicht erforderlich. (Vgl. auch Bd. I, S. 90, u. Bd. II, S. 76.)

14. Kündigung von Betriebsvertretungsmitgliedern bei teilweisen Betriebsstillegungen. Nach den Entscheidungen des Landgerichtes Frankfurt/Main vom 26. Oktober bzw. 16. November 1925 (Betriebsräterundschau des Zentralverbandes der Schuhmacher 1926/2) und des Gewerbegerichtes Dresden vom 5. Januar 1926, Nr. 4892/1925 (Arbeiterrecht und Arbeiterversicherung 1926, S. 22) können Betriebsvertretungsmitglieder bei Stillegung einzelner selbständiger Betriebsabteilungen nur dann ohne Zustimmung der Betriebsvertretung bzw. des Arbeitsgerichtes entlassen werden, wenn entweder ein wichtiger, die fristlose Entlassung rechtfertigender Kündigungsgrund vorliegt, oder wenn der Arbeitgeber keine Möglichkeit hatte, durch Entlassung eines Arbeitnehmers einer anderen von der Stillegung nicht betroffenen Arbeitsabteilung in dieser anderen Betriebsabteilung für das betr. Betriebsvertretungsmitglied Arbeitsmöglichkeit zu schaffen.

15. **„Erforderlichkeit der Entlassung von Betriebsvertretungsmitgliedern bei Betriebsstillegungen“.** Nach einem Urteil des Landgerichtes Gießen vom 11. Februar 1926 (Stichworte des Arbeitsrechtes 1926/8) sind bei der Prüfung der Frage, ob völlige oder teilweise Betriebsstillegungen die Entlassung eines Betriebsvertretungsmitgliedes »erforderlich« gemacht haben, dieselben Maßstäbe anzulegen wie bei der Prüfung der Frage, ob Betriebsstillegungen die Entlassung eines sonstigen Arbeitnehmers erforderlich gemacht haben.

(Weitere Entscheidungen siehe unter Nr. XI.)

k) Welchen Sonderschutz genießen Betriebsvertretungsmitglieder bei Arbeitskämpfen?

1.—2. siehe Band I, Seite 164—165.
3.—7. » » II, » 143—144.

8. **Auch bei Aussperrungsstillegungen** ist gemäß einem Urteile des Landgerichtes Zwickau vom 24. 1. 1925, Nr. Dg 178/24, zur Kündigung der von der Stillegung betroffenen Betriebsvertretungsmitglieder die Zustimmung der Betriebsvertretung bzw. die Ersatzzustimmung des Arbeitsgerichtes nicht erforderlich, es sei denn, daß die Aussperrungsstillegung lediglich als Maßnahme zur Umgehung der Vorschrift des § 96 Absatz 1 des Betriebsrätegesetzes gedacht und durchgeführt wurde.

(Weitere Entscheidungen siehe unter Nr. XI und XXII.)

l) Wie weit genießen Wahlkandidaten und Ergänzungsmitglieder Kündigungssonderschutz?

1.—2. siehe Band I, Seite 165—166.
3. » » III, » 136.

4. **Kein Kündigungssonderschutz von Wahlkandidaten.** Nach den Entscheidungen des Gewerbegerichtes Berlin (Stichworte des Arbeitsrechtes 1925/14) und vom 1. Dezember 1925, Nr. 1576/78/25 und des Schlichtungsausschusses Breslau-Stadt (Mitteilungsblätter der Schlichtungsausschüsse Berlin 2/364) genießen Wahlkandidaten vor ihrer rechtskräftigen Wahl in die Betriebsvertretung nicht den besonderen Kündigungsschutz der §§ 96ff. des Betriebsrätegesetzes, sie können nur dann unter Umständen auf

Grund der §§ 95 des Betriebsrätegesetzes und 134 des BGB. die Nichtigkeit einer vor ihrer Wahl zur Betriebsvertretung erfolgten Kündigung mit der Begründung geltend machen, daß der Arbeitgeber die Kündigung lediglich in der Absicht ausgesprochen habe, dadurch ihre Wahl zur Betriebsvertretung zu vereiteln. (Vergleiche auch die bereits besprochenen Entscheidungen des Oberlandesgerichtes Frankfurt vom 14. Februar 1924, des Gewerbegerichtes Berlin vom 1. Dezember 1925, des Gewerbegerichtes Mannheim vom 21. Oktober 1925 und des Landesgerichtes I Berlin vom 21. Juli 1925.)

5. Eintritt von Arbeitnehmern in eine Betriebsvertretung während der Dauer der Kündigungsfrist. Treten Arbeitnehmer erst während des Laufes einer durch eine frühere Kündigung des Arbeitgebers in Lauf gesetzten Kündigungsfrist durch Neuwahl in eine Betriebsvertretung ein, so wird damit gemäß einem Urteile des Gewerbegerichtes Mannheim vom 21. Oktober 1925 (Gewerbe- und Kaufmannsgericht 31, 4, S. 224) die vorher ohne Zustimmung der Betriebsvertretung ausgesprochene Kündigung nicht unwirksam, da nach der Urteilsbegründung der Kündigungssonderschutz erst im Zeitpunkte des tatsächlichen Eintrittes in die Betriebsvertretung in Kraft tritt und es für die Wirksamkeit der Kündigung nur darauf ankommt, ob der Arbeitnehmer im Zeitpunkte der Kündigung und nicht etwa ob er im Zeitpunkte des Ablaufes der Kündigungsfrist der Betriebsvertretung angehört.

6. Kündigungssonderschutz Neugewählter während der Zeit der Wahlanfechtung. Gemäß den Entscheidungen des Rates der Stadt Leipzig vom 2. Juli 1923, Nr. I 346, und des Landgerichtes Dresden, Nr. 8, D g 208/23 (Deutsche Bergwerkszeitung 1925/167) genießen Arbeitnehmer, die laut dem vom Wahlvorstande zum Aushang gebrachten Wahlergebinisse zur Betriebsvertretung gewählt worden sind, auch bis zur rechtskräftigen Entscheidung über die Wahlanfechtung den Kündigungssonderschutz des Betriebsrätegesetzes, wenn ihre Wahl rechtzeitig angefochten wird und während die Wahlanfechtung läuft, und zwar auch dann, wenn auf Grund der Wahlanfechtung die Wahl von der zuständigen Stelle nachträglich für unwirksam erklärt ist.

(Weitere Entscheidungen siehe unter Nr. XVIII B f.)

m) Wann und mit welcher Wirkung ist Absetzung von Betriebsvertretungsmitgliedern möglich und wie weit ist Wiederwahl abgesetzter Betriebsvertretungsmitglieder zulässig?

1.—8. siehe Band I, Seite 166—169.
9.—17. » » II, » 144—146.
18.—20. » » III, » 136—137.

21. Ausführung ungesetzlicher Betriebsversammlungsbeschlüsse. Nach einem Urteile des Gewerbegerichtes Zwickau vom 18. November 1924 (Das Schlichtungswesen 7, 12, S. 236) sind Betriebsräte weder verpflichtet noch berechtigt, solche Beschlüsse einer Betriebsversammlung zur Ausführung zu bringen, die sich mit den gesetzlichen Pflichten des Betriebsrates nicht in Einklang bringen lassen.

22. Selbständige Anordnung auch nur kurzfristiger Arbeitsruhe durch einen Betriebsobmann oder ein Betriebsvertretungsmitglied ohne Genehmigung des Arbeitgebers stellt gemäß einem Urteil des Gewerbegerichtes München vom 30. März 1925 (Schlichtungswesen 1925, S. 68) auch dann eine grobe, die Absetzung rechtfertigende Pflichtverletzung dar, wenn das Betriebsvertretungsmitglied sich irrtümlich auf Grund von Richtlinien seiner Partei oder Gewerkschaft zu seinem Vorgehen als befugt gehalten hat.

23. Durch Aufforderungen zur Verweigerung von Streikarbeit verstoßen Betriebsvertretungsmitglieder gemäß einem Urteile des Landgerichtes Dortmund vom 19. November 1925 (Arbeiterrecht und Arbeiterversicherung 1926, S. 4) im allgemeinen noch nicht gegen ihre gesetzlichen Betriebsvertretungspflichten und können infolgedessen auch im allgemeinen nicht fristlos entlassen oder ihres Amtes enthoben werden, wenn sie Mitarbeiter in kollegialer Weise auf das unsolidarische ihrer Handlungsweise bei Annahme von Streikarbeit aufgefordert haben.

24. Direkte oder indirekte Streikaufforderungen von Betriebsvertretungsmitgliedern stellen nach einer Entscheidung des Schlichtungsausschusses Stuttgart vom 7. Juli 1921 (Deutsche Bergwerkszeitung 1925/283) in jedem Falle eine grobe Pflichtverletzung dar, die zur Absetzung der beteiligten Betriebsvertretungsmitglieder oder Auflösung der gesamtverantwortlichen Betriebsvertretung berechtigen.

25. Wegen Aufforderung der Belegschaft zur Nichtbefolgung von Anordnungen der Geschäftsleitung können Betriebsvertretungen gemäß Entscheidung des Schlichtungsausschusses Frankfurt/Main vom 15. Februar 1923 (Deutsche Bergwerkszeitung 1925/283) auf Antrag des Arbeitgebers aufgelöst werden.

26. Die Verteilung von Flugblättern außerhalb der Arbeitszeit durch Betriebsvertretungsmitglieder stellt nach einem Urteil des Gewerbegerichtes Mannheim vom 25. Mai 1925 (Schlichtungswesen 1925, S. 47) nur dann eine grobe, die Absetzung gemäß § 39 des Betriebsrätegesetzes rechtfertigende Pflichtverletzung dar, wenn die Arbeitnehmer durch die Flugblätter zu einem vertragswidrigen Verhalten im Betriebe direkt oder indirekt aufgefordert werden.

27. Keine Absetzung von Betriebsvertretungsmitgliedern wegen Organisationsterrors ist gemäß einem Urteile des Gewerbegerichtes Karlsruhe vom 9. Juni 1925 (Arbeitsrecht 1925, S. 1036) schon aus dem Grunde zulässig, weil die betreffenden Betriebsvertretungsmitglieder als Funktionäre, Kassierer oder Mitglieder ihrer Gewerkschaft, wenn auch unter gewissen Drohungen, ihre Mitarbeiter zur Beitragszahlung angehalten haben.

28. Absetzung von Betriebsvertretungsmitgliedern wegen gewerkschaftlicher Agitationstätigkeit im Betriebe. Es stellt nach einem Urteil des Gewerbegerichtes Luckenwalde vom 13. Oktober 1925 (Magazin für Arbeitsrecht, Sozial-Politik und verwandte Gebiete 1925, S. 247) eine grobe, die Absetzung des betr. Betriebsvertretungsmitgliedes rechtfertigende Pflichtverletzung dar, wenn ein Betriebsvertretungsmitglied innerhalb des Betriebes und während der Arbeitszeit unter Ausnutzung seiner Betriebsvertretungseigenschaft oder gar unter Ausübung eines rechtswidrigen Zwanges Mitarbeiter zu veranlassen versuchen, ihrer Gewerkschaft als Mitglieder beizutreten.

29. Amtsenthebung von Betriebsvertretungsmitgliedern wegen Organisationszwanges ist gemäß einem Urteile des Gewerbegerichtes Berlin vom 18. 6. 1925, Nr. 43/25 (Deutsche Arbeitsrechts-Kartothek, Karte Rechtsprechung 67 vom 1. 11. 1925) schon dann zulässig, wenn die betreffenden Betriebsvertretungsmitglieder es unterlassen, die Belegschaft ernstlich davon abzuhalten, in Betriebsversammlungen terroristisches Vorgehen gegen nicht oder anders als die Mehrheit der Belegschaft organisierte Mitarbeiter zu beschließen.

Vgl. auch die Entscheidungen des Schlichtungsausschusses Groß-Berlin vom 8. Januar 1923 (Deutsche Bergwerks zeitung 1925/283) und des Schlichtungsausschusses Lörrach vom 7. März 1921 (Deutsche Bergwerkszeitung 1925/283).

30. Verteilung von Fragebogen durch Betriebsvertretungsmitglieder. In der viel umstrittenen Frage, ob und wieweit Betriebsvertretungsmitglieder aus eigenem Antriebe oder auf Veranlassung einer Gewerkschaft ihren Mitarbeitern Fragebogen zur Ausfüllung vorlegen dürfen, stellte sich das Gewerbegericht Zwickau mit Urteil vom 8. November 1924 (Schlichtungswesen 7, 12, S. 236) auf den Standpunkt, daß die Verteilung von Fragebogen nur dann eine Pflichtverletzung darstellt, wenn die Fragebogen sich nicht auf reine Arbeits- und Lohnverhältnisse des einzelnen Betriebes beschränken. Auch in diesem Falle ist jedoch nach Ansicht des Gewerbegerichtes Zwickau im allgemeinen nur in mehrmaliger Verteilung solcher Fragebogen eine grobe, die Absetzung rechtfertigende Pflichtverletzung zu erblicken.

(Weitere Entscheidungen siehe unter Nr. XVIII B k.)

n) Ist nach Beendigung eines Arbeitskampfes eine Neuwahl der Betriebsvertretung notwendig?

1.—4. siehe Band I, Seite 169—170.
5.—9. » » II, » 146—147.
10.—12. » » III, » 137—138.

13. Wiederaufleben des durch Streik erloschenen Betriebsvertretungsamtes. Während nach der herrschenden Ansicht, z. B. nach einem Urteile des Gewerbegerichtes Oberlahnstein (N. Z. f. AR. 1926/117), das durch Streikentlassung erloschene Betriebsvertretungsamt nur durch ordnungsmäßige Neuwahl zum Wiederaufleben gebracht werden kann, entschieden die Urteile des Gewerbegerichtes Zwickau vom 4. November 1925, Nr. GG 22 A/25/5, des Landgerichtes Rudolstadt vom 26. November 1925 und des Landgerichtes Halle vom 21. November 1925, Nr. 2 O 319/25 (Merkblätter des Einheitsverbandes der Eisenbahner Deutschlands vom 15. Februar 1926 und Arbeiterrecht und Arbeiterversicherung 1926/5/69), daß das durch Streikentlassung erloschene Betriebsvertretungsamt auch schon durch die geschlossene Wiedereinstellung der gesamten Belegschaft einschließlich der streikentlassenen Betriebsvertretungsmitglieder auf Grund einer sog. Maßregelungs- oder Wiedereinstellungsklausel zum Wiederaufleben gebracht wird. Ebenso entschied ein Urteil des Amtsgerichtes Görlitz vom 21. April 1925 (Merkblatt des D.E.V. 1925, Nr. 9, S. 72).

o) Wie weit ist Verzicht auf den Kündigungssonderschutz möglich?

1.—2. siehe Band I, Seite 170.
3. » » II, » 147—148.

4. Einen Verzicht auf den Kündigungssonderschutz der §§ 96f. des Betriebsrätegesetzes erblickt ein Urteil des Gewerbegerichtes Pirna vom 20. Februar 1924 (Arbeitsrecht 1925, S. 1033) in der widerspruchslosen Annahme der Entlassungspapiere durch ein Betriebsvertretungsmitglied, obwohl für die Kündigung durch den Arbeitgeber weder ein wichtiger, zur fristlosen Entlassung berechtigender Kündigungsgrund, noch die Zustimmung der Betriebsvertretung bzw. die Ersatzzustimmung des Arbeitsgerichtes vorhanden war.

(Weitere Entscheidungen siehe unter Nr. XIII B s.)

p) Wer darf an Betriebsversammlungen teilnehmen?

1. siehe Band II, Seite 148.

2. Auswahl der in Betriebsversammlungen zu entsendenden Gewerkschaftsvertreter. Nach einer Entscheidung des Schlichtungsausschusses Karlsruhe vom 2. Mai 1921 sind die zur Entsendung von Vertretern in die Betriebsversammlungen legitimierten Gewerkschaften in der Auswahl der zu entsendenden Mitglieder völlig frei und können auch Personen entsenden, die nicht als Gewerkschaftsbeamte in ihren Diensten tätig sind.

3. Teilnahme von Gewerkschaftsvertretern an Betriebsratssitzungen und Betriebsversammlungen gegen den Willen des Arbeitgebers. Gewerkschaftsvertreter machen sich nach den Entscheidungen des Gewerbegerichtes Dresden vom 27. Januar und 12. Februar 1926, Nr. VIII b 1/32 und VIII b/43 und des Landgerichtes Schweinfurt vom 12. März 1925 (Holzarbeiterzeitung 1926/1/3) auch dann nicht des

Hausfriedensbruches schuldig, wenn sie gegen den ausdrücklichen Willen des Unternehmers auf Grund der Bestimmungen der §§ 31 und 47 des Betriebsrätegesetzes an Betriebsratssitzungen und Betriebsversammlungen im Betriebe des Arbeitgebers teilnehmen.

4. **Hausfriedensbruch wegen Teilnahme an Betriebsversammlungen?** Nach einer allerdings umstrittenen Entscheidung des Amtsgerichtes Schmalkalden vom 28. Mai 1921 machen sich Gewerkschaftsvertreter des Hausfriedenbruches schuldig, wenn sie entgegen einem ausdrücklichen Verbote des Arbeitgebers den Betrieb zur Teilnahme an Betriebsversammlungen betreten.

5. **Kein Hausfriedensbruch** im strafbaren Sinne liegt nach einem Urteile des Landgerichtes Stuttgart (Arbeitsrecht 1925, S. 1035) vor, wenn Gewerkschaftsangestellte an Betriebsversammlungen, die innerhalb der Betriebsräume stattfinden, teilnehmen, obwohl sie eine Einladung zu den betreffenden Betriebsversammlungen nicht erhalten haben.

q) Wie weit macht sich der Arbeitgeber durch Nichtbestellung eines Wahlvorstandes oder durch sonstige Verstöße gegen das Betriebsrätegesetz schadensersatzpflichtig oder strafbar?

1. siehe Band II, Seite 148.
2.—3. » » III, » 139.

4. **Keine Verpflichtung des Arbeitgebers zur wiederholten Bestellung eines Wahlvorstandes.** Der Arbeitgeber ist gemäß einem Urteile des Gewerbegerichtes Offenbach a. M. vom 19. 6. 1925 (Schlichtungswesen 7, 9, S. 176) nicht verpflichtet, zur Vermeidung von Schadenersatzverpflichtungen auch in den späteren Jahren erneut einen Wahlvorstand zu bestellen, wenn die Belegschaft infolge Wahlmüdigkeit in einem Jahre trotz rechtzeitiger Bestellung eines Wahlvorstandes von einer Wahl Abstand genommen hat. Wenn also beispielsweise der Arbeitgeber im Jahre 1925 einen Wahlvorstand bestellt, die Belegschaft jedoch eine Wahl nicht vorgenommen hat, so macht der Arbeitgeber sich nach dieser Entscheidung nicht schadenersatzpflichtig, wenn er im Jahre 1926 von der erneuten Bestellung eines Wahlvorstandes Abstand nimmt.

5. **Wiederholte Bestellung eines Wahlvorstandes** während derselben Wahlperiode ist gemäß einem Urteile des Gewerbegerichtes Breslau vom 20. November 1925 (Blätter für Arbeitsrecht 4, 28) auch dann nicht erforderlich, wenn auf die erstmalige Bestellung des Wahlvorstandes hin wegen Wahlenthaltung der Belegschaft eine Betriebsvertretungswahl nicht zustande gekommen ist.

6. **Schadenersatzpflicht des Arbeitgebers wegen Nichtbestellung oder verspäteter Bestellung eines Wahlvorstandes.** Die Entscheidungen des Gewerbegerichtes Essen vom 13. Dezember 1922, des Gewerbegerichtes Köln vom 31. Oktober 1925, des Landgerichtes Erfurt vom 20. November 1925, des Kaufmannsgerichtes Offenbach, des Amtsgerichtes Berlin-Mitte vom 18. März 1926, Nr. 17 C 2605/25, des Landgerichtes Berlin vom 7. Dezember 1925, Nr. O 451/25/7, und des Gewerbegerichtes Magdeburg vom 9. Februar 1924 verurteilten Arbeitgeber, die es entgegen der ihnen gesetzlich obliegenden Pflicht unterlassen hatten, rechtzeitig einen Wahlvorstand zu bestellen, zum Ersatz der Schäden, die gekündigten Arbeitnehmern dadurch entstanden waren, daß sie wegen des Fehlens einer Betriebsvertretung sonst aussichtsreichen Kündigungseinspruch nicht einlegen konnten.

7. **Schadenersatzpflicht des Arbeitgebers bei Verstößen gegen den § 95 des Betriebsrätegesetzes.** Gemäß einem Urteile des Amtsgerichtes Langensalza vom 8. September 1925 (Stichworte des Arbeitsrechtes 1925, Nr. 24) macht sich der Arbeitgeber nicht nur strafbar, sondern unter Umständen auch dem betreffenden Betriebsvertretungsmitgliede gegenüber schadenersatzpflichtig, wenn er dasselbe unter Verstoß gegen den § 95 des Betriebsrätegesetzes lediglich wegen seiner Betriebsratstätigkeit oder Betriebsratzugehörigkeit benachteiligt bzw. maßregelt.

8. **Keine Schadenersatzpflicht des Arbeitgebers wegen Nichtbestellung eines Wahlvorstandes nach mehrjähriger Wahlenthaltung.** Gemäß einem Urteile des Amtsgerichtes Hamburg vom 30. September 1925 (Mitteilungen d. Arbeitgeberverb. Unterelbe und Hamburg-Altona, 1926, Nr. 1, S. 58) ist der Arbeitgeber jedenfalls dann gekündigten Arbeitnehmern für den durch die Nichtbestellung eines Wahlvorstandes und die dadurch bedingte Unmöglichkeit eines Kündigungseinspruches entstandenen Schaden nicht ersatzpflichtig, wenn in einem Betriebe jahrelang eine Betriebsvertretung nicht bestanden hat.

9. Bestrafung wegen Nichtbestellung eines Wahlvorstandes. Gemäß Urteil des Amtsgerichtes Hennef (Kölner Stadtanzeiger Nr. 20/1926) können Arbeitgeber wegen nicht rechtzeitiger Bestellung eines Wahlvorstandes nur dann bestraft werden, wenn eine ordnungsmäßig bestehende Betriebsvertretung innerhalb dreier Monate seit der Versäumnis einen ordnungsmäßigen Strafantrag im Sinne des § 99 des Betriebsrätegesetzes gestellt hat.

r) Wann sind Betriebsratsmitglieder wegen Verstoßes gegen Betriebsratspflichten schadenersatzpflichtig oder bestrafbar?

1.—2. siehe Band II, Seite 148—149.

3. Schadenersatzpflicht der Betriebsvertretung wegen pflichtwidriger Behandlung eines Kündigungseinspruches. Nach den Entscheidungen des Amtsgerichtes Kiel vom 30. September 1925, Nr. 13 a C 522/25 (Arbeiterrecht und Arbeiterversicherung 1925/92), des Amtsgerichtes Hamburg vom 27. November 1925 (Gewerbe- und Kaufmannsgericht 1926/256) und des Landgerichtes Altona vom 6. Oktober 1925, Nr. 1 S 403/25 (Holzarbeiterzeitung 1926/1/3) sind Betriebsvertretungsmitglieder wegen Nichtbilligung eines Kündigungseinspruches den betroffenen Arbeitnehmern gegenüber nur ausnahmsweise dann schadenersatzpflichtig, wenn sie bewußt pflicht- und sittenwidrig den Einspruch für unbegründet erklärt haben.

4. Wegen Verdrängung von Arbeitnehmern sind Betriebsvertretungsmitglieder nach einem Urteil des Landgerichtes Frankfurt-Main vom 4. Dezember 1925 (Gewerkschaftszeitung, Abt. Arbeitsrecht 25, S. 10) dann nicht schadenersatzpflichtig, wenn sie den Arbeitgeber unter Hinweis auf sonst drohende Betriebsschwierigkeiten veranlaßt haben, Arbeitnehmer zu entlassen bzw. nicht wieder einzustellen, die durch Unverträglichkeit nachweislich das gute Einvernehmern im Betriebe gefährdet haben.

5. Betriebsvertretungsmitglieder sind dem Arbeitgeber gegenüber schadenersatzpflichtig, wenn sie im Einspruchsverfahren vor dem Arbeitsgerichte eine Verurteilung des Arbeitgebers zur Weiterbeschäftigung eines Arbeitnehmers oder zur Zahlung einer Abfindungssumme dadurch verursachen, daß sie wahrheitswidrig als Zeugen oder als Vertreter des betreffenden Arbeitnehmers bestreiten, daß der Betriebs- oder Gruppenrat sich in dem Vorverfahren mit der Kündigung des betreffenden Arbeitnehmers einverstanden erklärt hat. (Urteil des Landgerichtes Berlin, Speditions- und Schiffahrtszeitung 1925, S. 1107.)

6. **Schadenersatzpflicht der Betriebsvertretung.** Nach einem Urteil des Oberlandesgerichtes Hamm vom 21. November 1925, Nr. 5 U 191/25 (Arbeiterrecht und Arbeiterversicherung 1926, Nr. 4, S. 29) sind Betriebsvertretungsmitglieder dem Arbeitgeber gegenüber nur ausnahmsweise dann schadenersatzpflichtig, wenn sie den Arbeitgeber durch vorsätzliche rechtswidrige Handlungen unter Verstoß gegen die guten Sitten geschädigt haben; nicht jedoch trotz objektiv rechtswidriger Handlungen auch dann, wenn sie durch eine rechtswidrige Forderung des Arbeitgebers zu ihrem Vorgehen veranlaßt worden sind und sich bezüglich der Zulässigkeit ihres Vorgehens in einem entschuldbaren Irrtum befunden haben.

7. **Bestrafung von Betriebsvertretungsmitgliedern auf Grund der Strafbestimmungen einer Arbeitsordnung** ist gemäß einem Urteil des Amtsgerichtes Königsberg vom 1. September 1925 (Gewerkschaftszeitung, Abt. Arbeitsrecht 26, S. 13) nur bei Verstößen gegen die Verpflichtungen aus dem Arbeitsvertrage und nicht auch bei Verstößen gegen die besonderen Betriebsratspflichten zulässig.

(Weitere Entscheidungen siehe unter Nr. XIII Bi und XVII B d.)

s) Welche Besonderheiten gelten bezüglich der Arbeitsbedingungen von Betriebsvertretungsmitgliedern?

1. siehe Band II, Seite 149.

t) Wie weit besitzt die Betriebsvertretung ein selbständiges Anschlagrecht?

1. siehe Band III, Seite 139.

2. **Keine Gegenzeichnung der Bekanntmachungen der Betriebsleitung** durch den Betriebsrat. Gemäß Entscheidung des Schlichtungsausschusses Groß-Berlin (Deutsche Berg-

werkszeitung 1926/28) bedarf der Arbeitgeber in keinem Falle zum Erlaß einer Betriebsbekanntmachung der Gegenzeichnung des Betriebsrates.

3. Entfernung von Anschlägen der Betriebsvertretung durch den Arbeitgeber. Wenn auch die Betriebsvertretung nach den Entscheidungen des vorläufigen Reichswirtschaftsrates vom 28. 3. 1922 und 10. 6. 1923 (Der Kaufmann in Wirtschaft und Recht 1925, Heft 10, S. 498) und des Schlichtungsausschusses Gelsenkirchen vom 20. Februar 1922 (s. Bergwerksztg. 1925/283) berechtigt ist, Anschläge betreffend seine gesetzlichen Betriebsvertretungsaufgaben ohne besondere Genehmigung des Arbeitgebers an den allgemeinen Anschlagtafeln des Betriebes anzubringen unter der Bedingung, daß sie spätestens im Zeitpunkte der Anbringung dem Arbeitgeber eine Abschrift des Anschlages vorlegt, so ist der Arbeitgeber doch nach denselben Entscheidungen kraft des gesetzlichen Selbsthilfe- und Notwehrrechtes der §§ 207 und 226 des Bürgerlichen Gesetzbuches berechtigt, eigenmächtig solche Anschläge der Betriebsvertretung von den Anschlagtafeln zu entfernen, welche einen rechtswidrigen Angriff gegen ihn darstellen oder durch welche er geschädigt werden soll.

(Weitere Entscheidungen siehe unter Nr. XVIII B c.)

u) Wie weit kann und muß der Arbeitgeber Betriebsversammlungen dulden, Kosten tragen, Verdienstausfälle vergüten usw.?

1. siehe Band III, Seite 140.

2. Beantragung von Betriebsversammlungen durch den Arbeitgeber. Nach einer Entscheidung des Schlichtungsausschusses Hanau (Blätter für Arbeitsrecht 1926/4) muß der Betriebsratsvorsitzende auf Verlangen des Arbeitgebers in jedem Falle ohne Rücksicht auf den Beratungsgegenstand eine Betriebsversammlung anberaumen.

3. „Teilbetriebsversammlungen“ im Sinne des Betriebsrätegesetzes liegen nach den Entscheidungen des Schlichtungsausschusses Stuttgart vom 28. August 1921 und des Gewerbegerichtes Spandau vom 27. Oktober 1922 (Blätter für Arbeitsrecht 1925/286) nur dann vor, wenn zu den Versammlungen mindestens alle Arbeitnehmer einer geschlossenen Betriebsabteilung Zutritt haben, nicht jedoch auch dann, wenn die Versammlung nur für bestimmte Arbeitnehmergruppen, z. B. nur für Dreher oder nur für Gewerkschaftsfunktionäre abgehalten wird. Dementsprechend braucht der Arbeitgeber auch nur im ersteren Falle Versammlungsräume zur Verfügung zu stellen und die Kosten der Betriebsversammlung zu tragen.

4. Erhebung von Eintrittsgeld bei Betriebsversammlungen. Wird bei Betriebsversammlungen aus irgendwelchen Gründen ein Eintrittsgeld erhoben, so ist der Arbeitgeber nach einem Urteil des Gewerbegerichtes Hannover vom 16. Juni 1924 (Blätter für Arbeitsrecht 1926/4) zur Bereitstellung von Versammlungsräumen und zur Vergütung der Versammlungskosten nicht verpflichtet.

5. Teilnahme von Betriebsfremden oder Nachbarbelegschaften an Betriebsversammlungen. Nehmen an Betriebsversammlungen Arbeitnehmer eines Nachbarbetriebes oder Betriebsfremde oder auch nur Angehörige von Arbeitnehmern beispielsweise die Väter der im Betriebe beschäftigten Lehrlinge teil, so liegt nach den Entscheidungen des vorläufigen Reichswirtschaftsrates vom 31. Januar 1922, Nr. 454, des Gewerbegerichtes Hannover vom 16. Juni 1924 und des Schlichtungsausschusses Stuttgart vom 28. Juli 1922 Betriebsversammlungen im Sinne des Betriebsrätegesetzes nicht vor.

6. Bei Behandlung betriebsfremder Angelegenheiten in Betriebsversammlungen ist der Arbeitgeber nach einem Urteil des Gewerbegerichtes Durlach vom 21. Juli 1924 (Deutsche Bergwerkszeitung 1925/286) weder zur Bereitstellung eines Versammlungsraumes noch zur Vergütung der durch die betr. Betriebsversammlung entstandenen Unkosten verpflichtet.

7. Die Kosten der mietweisen Beschaffung von Sälen für Betriebsversammlungen hat der Arbeitgeber nach einer Entscheidung des Gewerbeaufsichtsamtes Gelsenkirchen, (Blätter für Arbeitsrecht 1926/4) nicht nur dann zu tragen, wenn er die Gestellung von Versammlungsräumen innerhalb des Betriebes grundlos abgelehnt hat, sondern auch dann, wenn im Betrieb geeignete Räume nicht zur Verfügung stehen.

(Weitere Entscheidungen siehe unter Nr. XVIII B m.)

v) Wie weit darf und muß der Arbeitgeber an Betriebsratssitzungen teilnehmen, wen darf er mitbringen und welche Rechte besitzt er in den Betriebsratssitzungen?

1. siehe Band III, Seite 140.

2. **Kein Zwang zur Teilnahme des Arbeitgebers an Betriebsratssitzungen.** Nach den Entscheidungen des Reichsarbeitsministers vom 11. Mai 1920, des Bergrevierbeamten des Betriebsrevieres Essen II vom 27. August 1921 des Oberbergamtes Dortmund vom 6. April 1921, des Bergrevierbeamten des Bergrevieres Dortmund I vom 21. November 1921 und des Gewerberates der Stadt Leipzig vom 9. Januar 1923 (Deutsche Bergwerkszeitung 1925/186) ist der Arbeitgeber in keinem Falle zur Teilnahme an Sitzungen der Betriebsvertretung verpflichtet.

3. **Zuziehung weiterer Personen durch den Arbeitgeber zu Betriebsratssitzungen.** Nach einer Entscheidung des vorläufigen Reichswirtschaftsrates vom 21. Mai 1923 (Deutsche Bergwerkszeitung 1925/186) steht es im freien Ermessen des Arbeitgebers, zu den Sitzungen, an denen er teilzunehmen berechtigt ist, zu seiner Unterstützung Sachverständige oder sachkundige Betriebsangehörige mitzubringen, deren Auswahl ihm allein zusteht.

4. **Stenographische Aufnahme der Betriebsratssitzung.** Gemäß einer Entscheidung des Schlichtungsausschusses Opladen (Betr. und Wirtschaft 1925, Nr. 4) hat der Arbeitgeber auch in solchen Sitzungen der Betriebsvertretung, an denen er teilzunehmen berechtigt ist, kein Recht, eine stenographische Niederschrift der Verhandlungen aufnehmen zu lassen.

(Weitere Entscheidungen siehe unter Nr. XVIII B β.)

w) Wie weit muß der Arbeitgeber der Betriebsvertretung Bericht erstatten, Auskünfte geben usw.?

1. **Grenzen der Auskunftspflicht gemäß § 71 des Betriebsrätegesetzes.** Für den Arbeitgeber besteht nach einer Entscheidung des bayerischen Ministeriums für soziale Fürsorge vom 12. Januar 1922 (Blätter für Arbeitsrecht 1926/9) eine Auskunfts- oder Aufschlußpflicht gegenüber der Betriebs-

vertretung nur in bezug auf solche Betriebsvorgänge, von denen der Dienstvertrag oder die Tätigkeit der Arbeitnehmer unmittelbar berührt wird.

2. Kein Recht der Betriebsvertretung auf Einblick in die Geschäftsbücher einer Betriebswohlfahrtseinrichtung. Gegen den Willen der Betriebsleitung kann die Betriebsvertretung nach einer Entscheidung des Schlichtungsausschusses Augsburg (Blätter für Arbeitsrecht 1926/9) keinen Einblick in die Geschäftsbücher einer Betriebswohlfahrtseinrichtung verlangen.

3. Eine Verpflichtung des Arbeitgebers zur Verständigung der Betriebsvertretung vor Verkauf oder Veräußerung des Betriebes besteht nach einem Urteil des Schlichtungsausschusses Groß-Berlin vom 23. März 1921 (Blätter für Arbeitsrecht 1926/9) nicht.

(Weitere Entscheidungen siehe unter Nr. XI B c.)

x) Welche Sonderbestimmungen gelten für die Vorlage und Erläuterung der Betriebsbilanz?

1. Nur Vorlage der Bilanz des Gesamtunternehmens, nicht auch Vorlage und Erläuterung von Sonderbilanzen der Zweigniederlassungen bzw. Einzelbetriebe des in Frage kommenden Unternehmens kann die Betriebsvertretung nach den Entscheidungen des Bezirksausschusses Schleswig vom 16. Januar 1923 und des vorläufigen Reichswirtschaftsrates vom 5. September 1922, Nr. 568/567 (Blätter für Arbeitsrecht 1926/9) verlangen.

2. Nur Vorlage der Betriebsbilanz und Einsichtnahme in dieselbe, nicht auch eine Abschrift der Bilanz usw. kann der Betriebsrat bzw. der Betriebsausschuß nach den Entscheidungen der Bergrevierbeamten der Bergreviere Lünen vom 31. August 1921 und Oberhausen vom 14. Juni 1921, des Schlichtungsausschusses Weimar vom 21. März 1922, des Stadtrates Meißen vom 6. November 1922 und des Bergrevierbeamten des Bergreviers Aachen vom 3. März 1922 verlangen.

y) Wie weit ist die Betriebsvertretung prozeßfähig?

1. Prozeßfähigkeit besitzt die Betriebsvertretung nach einem Urteil des Kammergerichtes vom 22. Januar 1926 (Reichsarbeitsblatt 1926/22/174) auch vor den ordentlichen

Gerichten insoweit, als es sich um die Einreichung von Beschwerden und weiteren Beschwerden gegen Entscheidungen von Arbeitsgerichten in Verfahren handelt, an denen die Betriebsvertretung beteiligt war.

z) Welche Grundästze gelten bezügl. der Geschäftsführung, Vertretung usw.?

1. Ungültigkeit von Betriebsratsbeschlüssen wegen nicht rechtzeitiger Bekanntgabe des Beratungsgegenstandes. Gemäß Urteil des Kaufmannsgerichtes Gelsenkirchen vom 13. Januar 1926 (Stichworte des Arbeitsrechtes 1926, Nr. 5) sind Beschlüsse eines Betriebs-, Arbeiter- oder Angestelltenrates ungültig, wenn der Gegenstand, den die Beschlüsse betreffen, nicht bei der Einladung zur Sitzung mit der Tagesordnung bekanntgegeben worden ist.

2. Die Vernichtung erledigter Betriebsratsakten durch Betriebsvertretungsmitglieder auf Grund eines ausdrücklichen Beschlusses der Betriebsvertretung stellt nach einem Urteile des Landgerichtes I Berlin (Merkblatt des D.E.V. 1925, Nr. 8) keine strafbare Handlung dar.

3. Kein Rechtsanspruch des Arbeitgebers auf die Akten der Betriebsvertretung. Nach einem Bescheide des Reichsarbeitsministers (Blätter für Arbeitsrecht 1926/9) steht dem Arbeitgeber auch nach Ablauf der Wahlperiode einer Betriebsvertretung ein Rechtsanspruch auf Aushändigung der Akten der Betriebsvertretung nicht zu.

(Weitere Entscheidungen siehe unter Nr. XIII B i und XVIII B e und g.)

XIX. Arbeitgeber- und Arbeitnehmervereinigungen.

A. Einschlägige Gesetzesbestimmungen.

1.—3. siehe die unter Nr. XVII 1—3 angeführten Gesetze.

4. Verordnung über Tarifverträge, Arbeiter- und Angestelltenausschüsse und Schlichtung von Arbeitsstreitigkeiten vom 23. Dezember 1918 (RGBl. S. 1457).

5. Betriebsrätegesetz vom 4. Februar 1920 (RGBl. S. 147).

B. Die wichtigsten Einzelfragen.

a) Wie weit kann auf Einhaltung der Verbandssatzung geklagt werden?

1. siehe Band I, Seite 171.
2.—4. siehe Band II, Seite 150.
5. siehe Band III, Seite 141.

(Weitere Entscheidungen siehe unter Nr. XVII und XXI.)

b) Ist Ausschluß und fristloser Austritt aus Arbeitgeber- und Arbeitnehmer-Vereinigungen zulässig?

1. siehe Band I, Seite 171.

2. Ausschluß von Arbeitgebern aus Arbeitgeberverbänden wegen Nichtbefolgung von Verbandsbeschlüssen kann nach einem Urteil des Oberlandesgerichtes Dresden vom 8. Juli 1925, Nr. 3 O 107/25 durch die Gerichte nicht auf seine Berechtigung hin nachgeprüft werden, es sei denn, daß der Ausschlußbeschluß offenbar aus besonderen Gründen gegen die guten Sitten oder gegen die Verbandssatzungen verstößt.

c) Wie weit haftet eine Arbeitgeber- oder Arbeitnehmervereinigung für Handlungen ihrer Organe?

1. siehe Band I, Seite 172.

2. **Haftung der Verbände für rechtswidrige Verbandshandlungen ihrer Angestellten.** Für Handlungen, welche Gewerkschaftsangestellte namens und im Auftrage ihrer Gewerkschaft vorgenommen haben, haftet neben den Gewerkschaftsangestellten die Gewerkschaft selbst gemäß einem Urteil des Landgerichtes Stettin vom 19. Januar 1925, Nr. 3 S 664/24 (Nachrichtenblatt des Zechenverbandes I/29).

(Weitere Entscheidungen siehe unter Nr. XXII B e.)

d) Wer ist zur Vertretung einer Arbeitgeber- oder Arbeitnehmervereinigung berechtigt?

1. siehe Band I, Seite 172.

e) Wie weit kann ein Arbeitgeberverband seine Tariffähigkeit aufheben?

1. siehe Band I, Seite 173.
2.—3. siehe Band II, Seite 151.
4. siehe Band III, Seite 142.

5. **Beschränkung der Tariffähigkeit eines Arbeitgeberverbandes.** Im Gegensatz zu einer Entscheidung des Schlichtungsausschusses Köln entschied der Schlichter für das Rheinland (s. Deutsche Werkmeisterzeitung 25, Nr. 10), daß ein Arbeitgeberverband sich durch entsprechende Satzungsbestimmungen ganz oder in bezug auf einzelne Arbeitnehmergruppen tarifunfähig machen kann mit der Wirkung, daß er beim Vorliegen solcher Satzungsbestimmungen auch nicht durch Schiedssprüche und deren Verbindlichkeitserklärung an Zwangstarife in bezug auf solche Arbeitnehmergruppen gebunden werden kann, für die er selbst nach der einschlägigen Satzung Tarifabschlüsse nicht tätigen darf.

(Weitere Entscheidungen siehe unter Nr. XXI B a.)

f) Wie weit sind Arbeitgeber- und Arbeitnehmerverbände prozeßfähig?

1.—2. siehe Band III, Seite 142.

3. Passive Prozeßfähigkeit nicht eingetragener Gewerkschaften. Nach den Urteilen des Oberlandesgerichtes Hamburg vom 8. April 1924, Nr. B F II 79/24, des Landgerichtes Leipzig vom 19. Januar 1921 und des Oberlandesgerichtes Düsseldorf vom 8. März 1910 (Entscheidungen der Oberlandesgerichte, Bd. 22, S. 116, und deutsche Arbeitsrechtskartothek, Karten: Streik, Bekämpfung des Terrors und Streikposten) können auch solche Gewerkschaften auf Ersatz von Streikschäden verklagt werden, die es unterlassen haben, durch Erwirkung ihrer Eintragung ins Vereinsregister die Rechtsfähigkeit zu erwerben.

g) Wie weit können Arbeitgeber- und Arbeitnehmerverbände ihre Eintragung ins Vereinsregister verlangen?

1. Eintragung wirtschaftlicher Arbeitgeber- und Arbeitnehmervereinigungen in das Vereinsregister. Gemäß Urteil des Kammergerichtes vom 10. März 1925, Nr. 8 U 10528/24 (Schlichtungswesen 1925, S. 212) wird eine tariffähige Arbeitgeber- oder Arbeitnehmervereinigung deshalb, weil sie satzungsgemäß die Förderung der wirtschaftlichen Interessen ihrer Mitglieder bezweckt, noch nicht zu einem Verein, der selbst wirtschaftlich geartete Geschäfte betreibt und dessen Eintragung in das Vereinsregister verweigert werden dürfte.

XX. Arbeitsordnung und Betriebsvereinbarung.

A. Einschlägige Gesetzesbestimmungen.

1. Gewerbeordnung für das Deutsche Reich vom 26. Juli 1900 (RGBl. S. 871 ff.), insbesondere deren §§ 134a—k und 147 und 148.
2. Betriebsrätegesetz vom 4. Februar 1920 (RGBl. S. 147), insbesondere dessen §§ 66, 75, 78 u. 80.
3. Verordnung über die Regelung der Arbeitszeit gewerblicher Arbeiter vom 23. November und 17. Dezember 1918 (RGBl. S. 1334 und 1436).
4. Verordnung über die Regelung der Arbeitszeit der Angestellten vom 18. März 1919 (RGBl. S. 315).
5. Verordnung über die Arbeitszeit vom 21. Dezember 1923 (RGBl. S. 1249).

B. Die wichtigsten Einzelfragen.

a) Wann und in welcher Weise ist eine Arbeitsordnung zu erlassen?

1.—2. siehe Band I, Seite 174—175.
3. siehe Band II, Seite 152.
4. » » III, » 143.

b) Was gilt bei Konkurrenz zwischen Bestimmungen eines Tarifvertrages, einer Arbeitsordnung und einer Betriebsvereinbarung?

1. siehe Band I, Seite 175.

(Weitere Entscheidungen siehe unter der Nr. XXI.)

c) Ist der Arbeitgeber zur selbständigen Straffestsetzung auf Grund der Arbeitsordnung berechtigt?

1. siehe Band I, Seite 175—176.
2. » » II, » 153.
3.—4. siehe Band III, Seite 144—145.

5. Keine Mitwirkung der Betriebsvertretung bei der Festsetzung von Ordnungsstrafen in nicht gewerblichen Betrieben. Nach einem Urteil des Gewerbegerichtes Berlin vom 24. November 1925 (Gewerbe- und Kaufmannsgericht 1926, S. 251) steht dem Betriebs- bzw. Gruppenrat bei der Festsetzung von Ordnungsstrafen in nicht gewerblichen Betrieben ein Mitwirkungsrecht grundsätzlich nicht zu.

(Weitere Entscheidungen siehe unter Nr. XVIII B c.)

d) Wie weit gilt der Inhalt der Arbeitsordnungen und Betriebsvereinbarungen im einzelnen Dienstverhältnis?

1.—2. siehe Band II, Seite 153—154.

3. Keine Abänderung der Kündigungsklauseln einer Arbeitsordnung durch einseitigen Werksanschlag. Im Gegensatz zu der herrschenden Meinung entschied das Landgericht Essen mit Urteil vom 24. September 1924, Nr. 6 S 55/24, daß die in einer Arbeitsordnung für die Kündigung der Einzeldienstverhältnisse vorgesehenen Kündigungsklauseln nicht schon durch einseitige Werksanschläge des Arbeitgebers abgeändert werden können.

e) Unter welchen Voraussetzungen ist der Rücktritt von Betriebsvereinbarungen zulässig?

1. siehe Band II, Seite 154.

XXI. Tarifverträge.

A. Einschlägige Gesetzesbestimmungen.

1. Verordnung über Tarifverträge, Arbeiter- und Angestelltenausschüsse und Schlichtung von Arbeitsstreitigkeiten vom 23. Dezember 1918 (RGBl. S. 1456).
2. Bekanntmachung über die Übertragung der dem Reichsarbeitsministerium hinsichtlich der allgemeinen Verbindlichkeit von Tarifverträgen obliegenden Aufgaben auf das Reichsamt für Arbeitsvermittlung vom 1. Juni 1922 (Reichsarbeitsblatt 1922, Nr. 11, S. 292).
3. Bestimmungen des Reichsarbeitsministers über die Veröffentlichung der auf die allgemeine Verbindlichkeit von Tarifverträgen bezüglichen Bekanntmachungen im Reichsarbeitsblatt (Reichsarbeitsblatt 1920, Nr. 1, S. 9).
4. Verordnung über das Schlichtungswesen vom 30. Oktober 1923 (RGBl. S. 1043).
5. Betriebsrätegesetz vom 4. Februar 1920 (RGBl. S. 147).

B. Die wichtigsten Einzelfragen.

a) Wer ist tariffähig und wie weit kann man die Tariffähigkeit beseitigen?

1. siehe Band I, Seite 177.
2.—4. siehe Band II, Seite 155—156.
5.—7. » » III, » 146—147.

8. Tariffähigkeit von Spitzenverbänden der Arbeitgeber. Auch sog. Spitzenverbände von Arbeitgebern besitzen nach einem Urteil des Oberlandesgerichtes Frankfurt/Main

(Deutsche Werkmeister-Zeitung 1925, Nr. 46, S. 566) die Tariffähigkeit.

9. Auch Innungen sind tariffähig gemäß einer Entscheidung des Schlichters für Mitteldeutschland vom 23. September 1925 (Neue Zeitschrift für Arbeitsrecht 1926/116).

10. Satzungsmäßiger Ausschluß der Tariffähigkeit ist nach einer allerdings umstrittenen Entscheidung des Schlichters für Mitteldeutschland vom 23. September 1925 (Neue Zeitschrift für Arbeitsrecht 1926/116) bei an sich tariffähigen Arbeitgeberverbänden unmöglich.

11. Beschränkte Tariffähigkeit von Arbeitgeberverbänden. Bestimmt die Satzung eines Arbeitgeberverbandes ausdrücklich, daß der Arbeitgeberverband zum Abschluß von Tarifverträgen für bestimmte Arbeitnehmergruppen nicht ermächtigt sein soll, so kann der betreffende Arbeitgeberverband gemäß Urteil des Schlichtungsausschusses Hannover vom 9. Oktober 1925 (Mitteilungen der Arbeitgeberverbände Unterelbe und Hamburg-Altona 1925, Nr. 21, S. 128) auch durch Schiedssprüche und Verbindlichkeitserklärungen nicht zwangsweise an Tarifbedingungen für die betreffenden Arbeitnehmergruppen gebunden werden.

12. Aufhebung der Tariffähigkeit von Arbeitgeberverbänden. Arbeitgeberverbände können nach einem Bescheide des Preußischen Ministers für Handel und Gewerbe vom 25. September 1925 (Gewerkschaftszeitung 1925/47/687) ihre Tariffähigkeit durch entsprechende Satzungsbestimmungen ganz oder teilweise aufheben.

(Weitere Entscheidungen siehe unter Nr. XIX B e.)

b) Welche Formvorschriften gelten beim Abschluß von Tarifvereinbarungen?

1.—3. siehe Band I, Seite 177—178.
4.—5. » » II, » 156.

6. Verlängerung eines Tarifvertrages durch Briefwechsel. Nach einem Urteil des Landgerichtes I Berlin vom 9. Oktober 1924 (Gewerbe- und Kaufmannsgericht 1925, Nr. 6) erhält ein durch Zeitablauf bzw. durch Kündigung abgelaufener Tarifvertrag durch eine lediglich in einem Briefwechsel zwischen den Tarifparteien festgelegte Verlängerung nur obligatorische Wirkung für die Vertragsparteien selbst und nicht auch unabdingbare Normativwirkung für deren Mitglieder.

c) Wie weit sind Tarifvereinbarungen abdingbar?

1.—4. siehe Band I, Seite 178—180.
5.—10. » » II, » 156—158.
11.—13. » » III, » 147—148.

14. Abdingbarkeit von Tarifverträgen bei Betriebs- und Wirtschaftskrisen. Vereinbarungen zwischen einem Arbeitgeber und seinen Arbeitnehmern betr. die vorübergehende Zahlung untertariflicher Löhne oder Gehälter stellen nach den Entscheidungen des Landgerichtes Osnabrück vom 11. Februar 1926 (Industrieschutz 1926/108, S. 5), des Gewerbegerichtes Königsberg vom 10. November 1920 (Jahrb. arbeitsr. Entsch. II 53), des Amtsgerichtes Koburg vom 29. August 1925, Nr. 1725, und des Gewerbegerichtes Bautzen vom 24. Februar 1925 (Blätter für Arbeitsrecht 5, 6) Vereinbarungen »zugunsten« der Arbeitnehmer und daher rechtsgültige, nicht gegen die tarifliche Unabdingbarkeit verstoßende Vereinbarungen dar, wenn nachweislich oder durch Zahlung geringerer als der tariflich zustehenden Löhne der Betrieb produktiv aufrechterhalten und die Entlassung der beteiligten Arbeitnehmer vermieden werden kann. Ein durch das vorerwähnte Urteil aufgehobenes Urteil des Amtsgerichtes Meppen hatte dagegen derartige Vereinbarungen trotz vorliegender Wirtschafts- und Betriebskrisen wegen Verstoßes gegen die tarifliche Unabdingbarkeit für unwirksam gehalten. Ebenso steht auch ein Urteil des Landgerichtes Duisburg vom 16. Februar 1926, Nr. 4 S 276/25 (Die Schiffahrt 1926/9/47), auf dem Standpunkte der unbedingten Unabdingbarkeit der Tarifverträge.

15. Verlängerung der tariflichen Arbeitszeit durch eine Arbeitsordnung. In der Bestimmung einer Arbeitsordnung, durch welche die tariflich vorgesehene regelmäßige Arbeitszeit verlängert wird, liegt nach einem allerdings umstrittenen Urteil des Gewerbegerichtes Plauen vom 17. Februar 1925 (Schlichtungswesen 25, S. 216) im allgemeinen eine für Arbeitnehmer günstige und daher nicht tarifwidrige Abweichung von Tarifverträgen, weil durch die Verlängerung der regelmäßigen Arbeitszeit der Lohnanspruch der Arbeitnehmer erhöht und den Arbeitnehmern auf Grund des § 615 des BGB. auch dann der Lohn für die erhöhte Arbeitszeit zusteht, wenn der Arbeitgeber die verlängerte Arbeitszeit nicht voll ausnutzt.

16. Versäumung der Lohnverwirkungsfristen der Arbeitsordnung. Arbeitnehmer, die die erfolgten Lohnzahlungen nicht innerhalb der in der Arbeitsordnung vorgesehenen Beanstandungsfristen beanstanden, verlieren nach einem Urteil des Amtsgerichtes Gehren vom 2. Juli 1925 (Holzarbeiter-Zeitung 1925, Nr. 47, S. 239) trotz der tariflichen Unabdingbarkeit auch für die rückliegende Zeit den Anspruch auf die nicht ausgezahlten Teile der tariflich zustehenden Lohn- oder Gehaltsbeträge. Dagegen vertritt das Gewerbegericht Altenburg in einer Entscheidung vom 26. Februar 1926, Nr. G G 2/1926 (Arbeiterrecht und Arbeiterversicherung 1926/5/39) den Standpunkt, daß solche Lohnverwirklichungsklauseln insoweit unwirksam sind, als sie Arbeitnehmern, die die Einspruchsfristen versäumt haben, Nachforderungsansprüche wegen untertariflicher Lohn- und Gehaltszahlungen absprechen.

(Weitere Entscheidungen siehe unter Nr. V B l.)

d) Wie weit kann auf Tarifgehalt verzichtet werden?

1. siehe Band I, Seite 180.
2.—8. siehe Band II, Seite 158—160.
9. siehe Band III, Seite 148.

10. Widerspruchslose Annahme geringerer als der tariflich zustehenden Beträge trotz Kenntnis der höheren Tarifansprüche stellt nach den Entscheidungen des Reichsgerichtes vom 27. November 1925, Nr. III 621/24 (Blätter für Arbeitsrecht 1926/6 und des Kaufmannsgerichtes Kassel vom 14. April 1926, Nr. Z 63/26 (Blätter für Arbeitsrecht 1926/11), einen rechtsgültigen Tarifverzicht für die Vergangenheit dar, nimmt aber nicht den Anspruch auf Forderung des vollen Tariflohnes oder Tarifgehaltes für die künftige Zeit.

11. Rechtsgültiger Verzicht auf Teile des Tariflohnes oder Tarifgehaltes liegt gemäß einem Urteile des Kaufmannsgerichtes Dresden vom 16. Februar 1925 (Gewerbe- und Kaufmannsgericht, Bd. 31, S. 79) vor, soweit der Verzicht nach Fälligkeit des Lohn- oder Gehaltsanspruches und deshalb ausgesprochen worden ist, weil der Betrieb oder das Geschäft sich tatsächlich in einer ungünstigen Lage befindet.

12. Keine Wirkung eines Tarifverzichtes für die Zukunft. Nach einem Urteil des Reichsgerichtes vom 27. November 1925, Nr. III 621/24 (Blätter für Arbeitsrecht 1926/6 und 12), nimmt ein rechtswirksam, für die Vergangenheit bezüglich bereits fällig gewordener Teile des Tariflohnes oder Tarifgehaltes ausgesprochener Verzicht nicht auch das Recht, für die Zukunft auf der vollen Einhaltung der Tarifbedingungen zu bestehen.

13. Verzicht auf Einhaltung der tariflichen Kündigungsfristen ist unwirksam gemäß einem Urteil des Kaufmannsgerichtes Chemnitz vom 19. März 1926 (Gewerbe- und Kaufmannsgericht 1926/379), soweit er im voraus ausdrücklich oder durch Vereinbarung kürzerer Kündigungsfristen erklärt ist.

14. Stillschweigender rechtsgültiger und unwiderruflicher Verzicht auf Einhaltung der tariflichen Kündigungsfrist liegt nach einem Urteil des Kaufmannsgerichtes Essen vom 2. März 1926 (Gewerbe- und Kaufmannsgericht 1926/8/334) vor, wenn ein Arbeitnehmer gegen eine Kündigung nicht spätestens vor der Entlassung Einspruch oder Klage erhebt, obwohl die Kündigung trotz Fehlens eines wichtigen Kündigungsgrundes mit kürzerer als der tariflich vorgesehenen Kündigungsfrist vom Arbeitgeber ausgesprochen worden ist.

15. Eine Billigung untertariflicher Lohn- und Gehaltszahlung durch die tarifbeteiligten Gewerkschaften liegt nach einer Entscheidung des Gewerbegerichtes Königsberg (Gewerbe- und Kaufmannsgericht 26, 88) darin, daß die tarifbeteiligten Gewerkschaften keine Klagen auf Einhaltung des Tarifvertrages bzw. auf Zahlung der nicht zur Auszahlung gekommenen Tarifdifferenzen erheben, obwohl sie seit längerer Zeit wissen, daß ihren Mitgliedern von tarifbeteiligten Arbeitgebern geringere als die tariflich zustehenden Lohn- und Gehaltsbeträge gezahlt werden.

16. Kein Widerruf eines ausdrücklichen oder stillschweigenden Verzichtes auf den Tariflohn. Arbeitnehmer, welche auf den ihnen tariflich zustehenden Mindestlohn ausdrücklich oder durch widerspruchslose Annahme eines geringeren als des tariflich zustehenden Lohn- oder Gehaltsbetrages verzichtet haben, können diesen Verzicht nach einem Urteil des Landgerichtes Dortmund vom 28. Januar 1926 (Neue Zeitschrift für Arbeitsrecht 1926/306) nur mit Wirkung für die künftige und nicht auch mit Wirkung für die rückliegende Zeit widerrufen.

17. Keine Nachforderung der Tarifdifferenz nach längerer widerspruchsloser Annahme geringerer Beträge. Nach den Entscheidungen des Kaufmannsgerichtes Offenburg vom 17. März 1922 (Gewerbe- und Kaufmannsgericht 27, 175) und des Landgerichtes München (Gewerbe- und Kaufmannsgericht 27, 271) können Arbeitnehmer nach widerspruchloser Entgegennahme geringerer als der tariflich zustehenden Lohn- und Gehaltsbeträge keine Nachforschungsansprüche mehr stellen, weil es gegen Treu und Glauben verstoßen würde, wenn Arbeitnehmer sich ihre Arbeitsstellen dadurch erhalten, daß sie zunächst gegen zu geringe Lohn- und Gehaltszahlungen keinen Widerspruch erheben, wenn sie jedoch nachträglich gleichwohl Nachzahlung der Tarifdifferenz verlangen, obwohl sie sich sagen mußten, daß der Arbeitgeber bei sofortiger Forderung der vollen Tariflöhne die Dienstverträge zur Beendigung gebracht hätte oder zur Beendigung hätte bringen müssen, um ein Arbeiten des Betriebes mit Verlust zu verhüten.

18. Nachträgliche Forderung des vollen Tariflohnes. Für die Zukunft kann ein Arbeitnehmer nach einem Urteil des Kaufmannsgerichtes Frankfurt/Main vom 19. September 1925 (Betriebsräterundschau 1925, Nr. 55, S. 224) auch dann den vollen Tariflohn fordern, wenn er mit dem Arbeitgeber die Zahlung eines geringeren Lohnes vereinbart hatte.

(Weitere Entscheidungen siehe unter den Nummern III B d, V B h, IX B l und XIII B s.)

e) Wie weit besitzen Tarifvereinbarungen rückwirkende Kraft?

1.—2. siehe Band I, Seite 180—181.
3. » » II, » 160.

4. Rückwirkung der Verbindlichkeitserklärung eines Schiedsspruches auf ausgeschiedene Arbeitnehmer. Nach einem Urteil des Gewerbegerichtes Zwickau vom 29. August 1925 (Neue Zeitschrift für Arbeitsrecht 1926, S. 182) können Arbeitnehmer, die in einem beteiligten Betriebe zur Zeit der Fällung eines Schiedsspruches beschäftigt, jedoch vor der Verbindlichkeitserklärung des Schiedsspruches ausgeschieden sind, nach der Verbindlichkeitserklärung die im Schiedsspruche vorgesehenen Lohnerhöhungen bis zu ihrer tatsächlichen Entlassung noch nachträglich verlangen.

5. Rückwirkende Kraft der Allgemeinverbindlichkeitserklärung für Außenseiter. Nach einem Urteil des Amtsgerichtes Koburg vom 29. August 1925, Nr. A/25 (1925/24) kann bei der Allgemeinverbindlichkeitserklärung eines Tarifvertrages den Tarifbestimmungen mit Wirkung für die sog. Außenseiter nur höchstens bis zu dem Zeitpunkte beigemessen werden, in welchem der für verbindlich erklärte Tarifvertrag von den Tarifparteien abgeschlossen worden ist.

f) Wie weit gelten noch Bestimmungen eines bereits außer Kraft getretenen Tarifvertrages?

1.—4. siehe Band I, Seite 181—183.
5.—8. » » II, » 160—162.
9.—12. » » III, » 149—150.

13. Nachwirkung der Bedingungen abgelaufener Tarifverträge. In Übereinstimmung mit der in Literatur und Rechtsprechung vorwiegend vertretenen Auffassung haben sich neuerdings auch die Entscheidungen des Landgerichtes I Berlin vom 7. Januar 1926, des Gewerbegerichtes Hoerde vom 4. Dezember 1926 und des Gewerbegerichtes Bocholt i. W. vom 23. Mai 1925 (Gewerbe- und Kaufmannsgericht 1926, S. 304ff.), des Landgerichtes Krefeld vom 24. März 1926, Nr. 7, S. 123/25, des Landgerichtes Elberfeld vom 7. April 1926, Nr. 7, S. 126/25, des Landgerichtes Potsdam vom 4. März 1926, Nr. 4, S. 266/25, des Gewerbegerichtes Detmold vom 18. Dezember 1925, Nr. 48/25 (Arbeiterrecht und Arbeitervers. 1926/5/36), des Landgerichtes Leipzig vom 30. Januar 1925 (Schlichtungswesen 1925/112), des Oberlandesgerichtes Düsseldorf vom 8. Mai 1925, des Gewerbegerichtes Offenbach vom 18. November 1925, des Landgerichtes Essen vom 27. April 1925 und des Gewerbegerichtes Frankfurt a. M. vom 10. Februar 1926, Nr. 2211, 46/25, auf den Standpunkt gestellt, daß in tarifloser Zeit die Bedingungen abgelaufener Tarifverträge als Arbeitsbedingungen innerhalb der Einzeldienstverträge bis zur ausdrücklichen Aufkündigung von Arbeitgeber- oder Arbeitnehmerseite bzw. bis zur Vereinbarung gegenteiliger Bedingungen ihre Wirkung behalten.

14. Keine Nachwirkungen der Bedingungen abgelaufener Tarifverträge in tarifloser Zeit. Im Gegensatz zu den vorerwähnten Entscheidungen stellte sich das Amtsgericht Homburg v. d. H. mit Urteil vom 9. März 1926 (Blätter für Arbeitsrecht 5, 11) auf den Standpunkt, daß die Bedingungen abgelaufener Tarifverträge mit dem Außerkrafttreten des Tarifvertrages selbst auch ihre Nachwirkung innerhalb der

Einzeldienstverträge automatisch mangels gegenteiliger Abmachungen verlieren.

(Weitere Entscheidungen siehe unter Nr. IX B b.)

g) Welcher Tarifvertrag geht vor?

1. siehe Band I, Seite 183.
2. » » II, » 162.
3. » » III, » 150—151.

4. Anwendbarkeit von Betriebstarifen auf Handwerker anderer Berufszweige. In Übereinstimmung mit der herrschenden Ansicht entschied das Gewerbegericht Werdau mit Urteil vom 4. November 1925 (Solidarität 1925/49), daß einzelne berufsfremde Arbeitnehmer, die in berufsfremden Betrieben beschäftigt sind, ihre Entlohnung nur nach dem für den Betrieb allgemein bestehenden Tarifvertrag und nicht nach dem für ihre Berufskategorie für allgemein verbindlich erklärten Fachtarife verlangen können.

h) Wann kann ein Tarifvertrag vorzeitig gekündigt werden?

1. siehe Band I, Seite 183.

i) Für welche Arbeitgeber und Arbeitnehmer gilt ein Tarifvertrag?

1.—2. siehe Band I, Seite 183—185.
3.—6. » » II, » 162—163.

7. Vorbehalte des Arbeitgebers beim Beitritt zu einem Arbeitgeberverbande sind im Verhältnisse zwischen dem Arbeitgeber und den Gewerkschaften und deren Mitgliedern, die mit dem betr. Arbeitgeberverbande Tarifverträge abgeschlossen haben, nur dann rechtswirksam, wenn der betr. Arbeitgeberverband beim Tarifabschlusse ausdrücklich erklärt und festgelegt hat, daß der Tarifvertrag für den betr. Arbeitgeber überhaupt nicht oder nur in dem näher festgelegten beschränkten Umfange anwendbar sein soll.

8. Trotz Übertrittes eines tarifbeteiligten Arbeitnehmers zu einer anderen Arbeitnehmerorganisation bleibt nach einem Urteil des Landgerichtes Zwickau vom 30. Dezember 1925 (Schlichtungswesen 1926, S. 64) der betr. Tarifvertrag im

Verhältnis zwischen dem Arbeitnehmer und seinem tarifbeteiligten Arbeitgeber für die Dauer des Arbeitsvertrages in Kraft, gleichgültig, ob der betr. Arbeitnehmer unorganisiert bleibt oder zu einer anderen Gewerkschaft übertritt.

9. Überführung aus dem Angestellten- in das Arbeiterverhältnis trotz Fortsetzung der Angestelltentätigkeit. Das Gewerbegericht Iserlohn vertritt in einem allerdings umstrittenen Urteil vom 9. Juni 1926, Nr. 44/26, den Standpunkt, daß die Überführung von Arbeitnehmern aus dem Angestellten- in das Arbeiterverhältnis trotz Fortsetzung der im Tarifvertrag für Angestellte vorgesehenen Tätigkeit rechtsgültig ist und den betr. Arbeitnehmern die tariflich für Angestellte vorgesehenen Ansprüche nimmt, wenn der Arbeitgeber die Überführung unter Einhaltung der im Einzelfalle geltenden gesetzlichen oder vertraglichen Kündigungsfrist angekündigt hat und wenn die früheren Angestellten ihre Tätigkeit über den Kündigungstermin hinaus fortgesetzt haben, ohne nachdrücklich sofort und dauernd auf den Ansprüchen aus dem Angestelltentarif zu bestehen.

10. Bescheide der Reichsversicherungsanstalt für Angestellte besitzen bei Prüfung der Frage, ob die Tätigkeit von Arbeitnehmern als eine unter einen Angestelltentarif fallende Tätigkeit anzusehen ist, für die entscheidenden Gerichte nach einem Urteil des Gewerbegerichtes Iserlohn vom 9. Juni 1926, Nr. 44/26, keine bindende Beweiskraft, und zwar auch dann nicht, wenn der betr. Angestelltentarif besagt, daß er für alle »angestelltenversicherungspflichtigen Arbeitnehmer« der beteiligten Betriebe gilt.

k) Welche Wirkung hat die Übernahme eines fremden Tarifvertrages?

1. siehe Band I, Seite 185.

2. Anwendbarkeit von Schiedsgerichtsklauseln von Tarifverträgen nach Allgemeinverbindlichkeitserklärung. Auch dann, wenn ein Tarifvertrag für allgemein verbindlich erklärt worden ist, sind die im Tarifvertrage vorgesehenen besonderen Schieds- und Schlichtungsinstanzen gemäß einem Urteile des Gewerbegerichtes Hamburg vom 1. Juli 1925 (Stichworte des Arbeitsrechtes 1926 Nr. 2) nur für solche Arbeitgeber, Arbeitgeberverbände, Arbeitnehmer und Gewerkschaften zuständig, die bzw. deren Verbände als Vertragsparteien an dem Tarifabschluß beteiligt gewesen sind, nicht also auch für die sog. Außenseiter, für die der Tarifvertrag nur durch Anschlußerklärung oder durch Allgemeinverbindlichkeitserklärung Rechtswirkung erhalten hat.

l) Wie weit können die Arbeitsbedingungen für Lehrlinge tariflich geregelt werden?

1.—4. siehe Band I, Seite 185—187.
5.—7. » » II, » 163—164.

8. Ausdehnung der Allgemeinverbindlichkeit eines Tarifvertrages auf Lehrlinge. Nach einem Urteil des Landgerichtes I Berlin vom 22. Oktober 1925 (Gastwirtsgehilfen-Zeitung 1926/8/9) erstreckt sich die Allgemeinverbindlichkeit eines Tarifvertrages auch auf die im Tarifvertrage vorgenommene Regelung der Vergütungen für Lehrlinge.

m) Wie weit befreit der Austritt aus einem Arbeitgeberverbande von den Tarifverpflichtungen?

1. siehe Band I, Seite 187—188.

n) Welche Rechtsfolgen hat ein Tarifbruch?

1. siehe Band I, Seite 188.

2. Klageansprüche von Tarifparteien wegen Tarifverletzungen bestehen nach einem Urteil des Schiedsgerichtes der Seeschiffahrt (Schiffs-Ingenieur 1926, S. 219) nur gegenüber den auf der Gegenseite am Tarifabschluß beteiligt gewesenen Verbänden und nicht etwa auch gegenüber den einzelnen Mitgliedern der auf der Gegenseite beteiligten Verbände.

3. Verletzung des Tarifvertrages begründet keine Unzuständigkeit des Schlichtungsausschusses bzw. der tariflichen Schlichtungsinstanz gemäß einer Entscheidung des Schlichtungsausschusses Köln vom 5. Februar 1926 (Schlichtungswesen 1925/85).

(Weitere Entscheidungen siehe unter Nr. XXII B e.)

o) Wann sind Tarifabschlüsse nichtig oder anfechtbar?

1.—3. siehe Band II, Seite 165.

p) Wie weit besteht tarifliche Friedepflicht?

1. siehe Band II, Seite 165.
2. » » III, » 152.

(Weitere Entscheidungen siehe unter Nr. XXII B e.)

q) Wie weit können übertariflich entlohnte Arbeitnehmer bei Tariferhöhungen Aufbesserung ihrer Bezüge verlangen?

1.—2. siehe Band III, Seite 152.

3. Leistungszulagen und Aufrücken in eine höhere Tarifgruppe. Sieht ein Tarifvertrag höhere Bezüge beim Aufrücken in eine höhere Altersstufe vor, so können Arbeitnehmer, die vor dem Aufrücken in die höhere Alters- bzw. Tarifstufe Leistungszulagen erhielten, nach einem Urteile des Gewerbegerichtes München vom 12. 3. 1925 (Recht und Rechtpraxis 25, 9) ohne Rücksicht auf die Höhe ihrer Leistungszulagen die Differenz zwischen der bisherigen und der neuen zuständig gewordenen Tarifstufe unverkürzt außer ihren sonstigen Bezügen verlangen, es sei denn, daß bei der Bewilligung der Leistungszulagen ausdrücklich festgelegt war, daß die Leistungszulage auf etwaige Tariferhöhungen bzw. Aufrückungsansprüche angerechnet werden sollte.

4. Anspruch auf die tariflichen Höchstbezüge der jeweiligen Altersstaffel. Hat ein Arbeitgeber einem Arbeitnehmer den Höchstsatz der für die betr. Altersgruppe vorgesehenen Tarifsätze bewilligt, so kann der betr. Arbeitnehmer nach einem Urteil des Kaufmannsgerichtes Fürth vom 5. Februar 1926 (Gewerbe- und Kaufmannsgericht 1926, S. 313) auch beim Aufrücken in höhere Altersgruppen den jeweiligen Tarifhöchstsatz der betr. Gruppe bis zur ordnungsmäßigen befristeten Aufkündigung verlangen, sofern er in seinen Arbeitsleistungen nicht nachläßt und der Arbeitgeber sich bei der ersten Bewilligung des Tarifhöchstsatzes der alten Altersgruppe nicht ausdrücklich das Recht vorbehalten hat, die Bewilligung des Höchstsatzes jederzeit zu widerrufen.

(Weitere Entscheidungen siehe unter Nr. V B c.)

r) Wann und mit welchen Wirkungen können Tarifverträge für allgemein verbindlich erklärt werden?

1. Geltungsbereich der allgemeinen Verbindlichkeit eines Tarifvertrages. Tarifverträge, die für einen bestimmten Bezirk und Berufskreis für allgemein verbindlich erklärt worden sind, sind gemäß einer Entscheidung des Landgerichtes Köln vom 23. Dezember 1925 (Mitteilungen der Arbeitgeberverbände Unterelbe und Hamburg-Altona 1926, Nr. 3, S. 171) im Einzelfalle nur dann anwendbar, wenn nicht nur der Betreffende, die Tarifbedingungen in Anspruch nehmende Arbeitnehmer Dienstverrichtungen leistet, die unter den betr. Tarifvertrag fallen, sondern wenn auch der Arbeitgeber zu den Berufskreisen gehört, für den der Tarifvertrag ergangen oder für allgemein verbindlich erklärt ist.

2. Wirkung der Allgemeinverbindlichkeitserklärung eines Tarifvertrages auf die Tarifparteien selbst. Nach einem allerdings umstrittenen Urteile des Landgerichtes Koburg vom 6. November 1925 (Der Grundstein, Nr. 2/1926, S. 6) behalten Tarifverträge, die für allgemein verbindlich erklärt worden sind, auf Grund der sog. Gesetzestheorie auch für die Vertragsparteien selbst nach dem ursprünglich vorgesehenen Ablauf des Tarifvertrages ihre Wirkung noch so lange, bis die Reichsarbeitsverwaltung die Allgemeinverbindlichkeit aufgehoben hat.

3. Kündigung für allgemein verbindlich erklärter Tarifverträge. Nach einem allerdings umstrittenen Urteil des Gewerbegerichtes Detmold vom 18. Dezember 1925 (Industrieschutz 1926/102) verlieren für allgemein verbindlich erklärte Tarifverträge automatisch auch für die sog. Außenseiter ihre Rechtswirkung, wenn eine der Tarifparteien den Tarifvertrag mit der im Tarifvertrage vorgesehenen Frist aufgekündigt hat und wenn die Kündigungsfrist abgelaufen ist.

XXII. Arbeitskämpfe.

A. Einschlägige Gesetzesbestimmungen.

1. Artikel 159 der Reichsverfassung vom 11. August 1919 (RGBl. S. 1383).
2. Verordnung über das Schlichtungswesen vom 30. Oktober 1923 (RGBl. I, S. 1043).
3. Verordnung über Tarifverträge, Arbeiter- und Angestelltenausschüsse und Schlichtung von Arbeitsstreitigkeiten vom 23. Dezember 1918 (RGBl. S. 1456).
4. Betriebsrätegesetz vom 4. Februar 1920 (RGBl. S. 147).
5. Verordnung betr. Maßnahmen gegenüber Betriebsabbrüchen und Betriebsstillegungen vom 8. November 1920 (RGBl. S. 1901).
6. Verordnung über Betriebsstillegung und Arbeitsstreckung vom 15. Oktober 1923 (RGBl. S. 983).
7. Arbeitsnachweisgesetz vom 22. Juli 1922 (RGBl. S. 657).
8. Gesetz über die Beschäftigung Schwerbeschädigter vom 12. Januar 1923 (RGBl. S. 57).

B. Die wichtigsten Einzelfragen.

a) Wie weit berechtigen Arbeitskämpfe zu Entlassungen?

1.—4. siehe Band I, Seite 189—191.
5.—10. » » II, » 166—168.
11.—12. » » III, » 153—154.

13. Teilnahme an kurzfristigen Demonstrationen stellt gemäß einem Urteile des Landgerichtes Berlin vom 12. Oktober 1925 (Gewerbe- und Kaufmannsgericht 31, 2, S. 198) im allgemeinen keine beharrliche, zur fristlosen Entlassung berechtigende Arbeitsverweigerung im Sinne des § 123, Ziffer 3 der Gewerbeordnung dar, es sei denn, daß der Arbeitgeber die Arbeitnehmer ausdrücklich vor der Demonstration darauf aufmerksam gemacht hat, daß er mit der auch nur kurzfristigen Arbeitseinstellung nicht einverstanden sei und im Falle der tatsächlichen Durchführung der Demonstration die beteiligten Arbeitnehmer fristlos entlassen werde.

14. Fristlose Aussperrung wegen passiver Resistenz. Wird durch passive Resistenz der Betrieb erheblich beeinträchtigt, so ist der Arbeitgeber nach den Entscheidungen des Berggewerbegerichtes Dortmund vom 20. Dezember 1923 und vom 10. Januar 1924, und des Gewerbegerichtes Luckenwalde vom 9. Juli 1925 (Magazin für Arbeitsrecht 1926, Nr. 2, Seite 29) berechtigt, die gesamte durch die passive Resistenz an produktiver Arbeitsleistung gehinderte Belegschaft einschließlich der Arbeitswilligen und Schwerbeschädigten unter sofortiger Einstellung der Lohn- und Gehaltszahlungen und ohne Einhaltung der Kündigungsfrist solange auszusperren, bis die Gewähr geboten ist, daß die Wirtschaftlichkeit des Betriebes nicht mehr durch passive Resistenz beeinträchtigt ist.

(Weitere Entscheidungen siehe unter Nr. XI, XIII u. XVIII.)

b) Wie weit haben Arbeitswillige bei Arbeitskämpfen Anspruch auf Lohn?

1.—4. siehe Band I, Seite 191—192.
5.—6. » » II, » 168.
7.—10. » » III, » 154—155.

11. Lohn- und Gehaltsansprüche Arbeitswilliger bei Teilstreiks. Im Gegensatz zu dem Urteile des Reichsgerichtes in der Sammlung der Reichsgerichtsentscheidungen, Bd. 106, S. 272, führt das Badische Oberlandesgericht in Karlsruhe in einem Urteil vom 20. Januar 1926, Nr. Z I B R 204/25 (Arbeiterrecht und Arbeiterversicherung 1926, S. 23) aus, daß die durch einen Teilstreik herbeigeführte Arbeitsbehinderung den Arbeitgeber nur ausnahmsweise dann gegenüber den an sich arbeitswilligen Arbeitnehmern von der Lohn- und Gehaltszahlungspflicht befreit, wenn es ihm nachweislich unmöglich war, den Teilstreik durch entsprechendes Entgegenkommen oder durch geeignete Verhandlungen mit der Betriebsvertretung oder der Belegschaft zu verhindern. Ebenfalls im Gegensatze zu dem Urteil des Reichsgerichts vom 6. Februar 1923 stellte sich ein allerdings lebhaft umstrittenes Urteil des Landgerichtes Dresden vom 22. April 1925 (Neue Zeitschrift für Arbeitsrecht 6, 1, S. 43) auf den Standpunkt, daß die durch einen Teilstreik bedingte Arbeitsunmöglichkeit von der Lohn- und Gehaltszahlung gegenüber Arbeitswilligen im allgemeinen nicht befreit.

12. Bezahlung kranker Werksangehöriger bei Streiks. Arbeitnehmer, die beim Ausbruch eines Streiks arbeitsunfähig erkrankt und an dem Arbeitskampfe nicht aktiv beteiligt sind, behalten gemäß einem Urteile des Gewerbegerichtes Hamburg vom 24. August 1925 trotz des Streikausbruches den tariflich, vertraglich oder gesetzlich vorgesehenen Anspruch auf Fortzahlung der Bezüge für die gesetzlich oder vertraglich vorgesehene weiter zu bezahlende Krankheitsdauer.

13. Kein Lohn- und Gehaltsanspruch Arbeitswilliger bei Teilstreiks. In Übereinstimmung mit der grundsätzlichen Reichsgerichtsentscheidung vom 6. Februar 1923 entschieden auch das Gewerbegericht Dresden mit Urteil vom 22. Oktember 1925 und das Landgericht Frankenthal mit Urteil vom 23. September 1925, Nr. F 108/25 II, daß der Arbeitgeber ohne Rücksicht auf die im Einzelfalle geltenden gesetzlichen oder vertraglichen Kündigungsfristen berechtigt ist, bei Teilstreiks die Lohn- und Gehaltszahlung für die Zeit der Arbeitsbehinderung auch an solche Arbeitswillige einzustellen, von deren Arbeitskraft er mit Rücksicht auf den Streik eines Teiles der Belegschaft keinen produktiven Gebrauch machen kann.

(Weitere Entscheidungen siehe unter Nr. V, IX, XI, XV und XVIII.)

c) Wie weit sind Streikentlassene wieder einzustellen?

1.—3. siehe Band I, Seite 192—193.
4.—13. » » II, » 168—172.
14.—16. » » III, » 155—156.

17. Kein Klageanspruch der Verbandsmitglieder auf Grund von Maßregelungsklauseln. Enthalten Vereinbarungen oder für verbindlich erklärte Schiedssprüche, die zwecks Beilegung eines Arbeitskampfes zwischen einem Verbande der Arbeitgeber und der Arbeitnehmer getroffen bzw. ergangen sind, eine sog. Maßregelungsklausel, so können auf Grund einer solchen Klausel gemäß einem Urteile des Amtsgerichtes Sommerfeld vom 12. August 1925 (Mitteilungen der Arbeitgeberverbände Unterelbe und Hamburg-Altona 1925, Nr. 21, S. 128) nicht etwa auch einzelne Mitglieder des beteiligten Arbeitnehmerverbandes gegen ein Mitglied des beteiligten Arbeitgeberverbandes auf Wiedereinstellung bzw. Schadenersatz wegen Nichtwiedereinstellung auf Grund dieser Maßregelungsklausel klagen.

18. **Klagbare Rechtsansprüche der einzelnen Arbeitnehmer auf Grund von Wiedereinstellungsklauseln.** Im Gegensatz zu einem Urteil des Gewerbegerichtes Hamburg vom 2. März 1925 (Hanseatische Gerichtszeitung, Abt. Arbeitsrecht 1925, Nr. 51, S. 297) entschieden das Gewerbegericht Hamburg mit Urteil vom 4. Juli 1924 und 29. Februar 1924 sowie das Landgericht Hamburg mit Urteil vom 9. Februar 1925 (Hanseatische Gerichtszeitung, Abt. Arbeitsrecht 1926, Nr. 2, S. 5) und das Landgericht Gotha mit Urteil vom 12. August 1925, Nr. 1, S. 116/25, daß auf Grund von Wiedereinstellungsklauseln oder Maßregelungsverboten, die in Vereinbarungen oder in für verbindlich erklärten Schiedssprüchen zur Beilegung eines Arbeitskampfes enthalten sind, die einzelnen, am Streik bzw. an der Aussperrung beteiligt gewesenen Arbeitnehmer unmittelbar gegen ihren Arbeitgeber auf Wiedereinstellung bzw. auf Zahlung des Lohnes oder Gehaltes für mindestens 6 Wochen klagen können.

(Weitere Entscheidungen siehe unter Nr. XI B m und XV Bd.)

d) Ist Streikpostenstehen zulässig?

1.—2. siehe Band I, Seite 192—194.
3.—4. » » II, » 172.
5.—8. » » III, » 156—157.

e) Wer haftet für Streikschäden?

1.—2. siehe Band I, Seite 194—195.
3.—10. » » II, » 172—174.
11.—13. » » III, » 157—158.

(Weitere Entscheidungen siehe unter den Nr. XIX c und XXI n und p.)

f) Statistik der Arbeitskämpfe.

1. siehe Band I, Seite 195—196.

g) Wer ist zur Leistung von Notstands- und Streikarbeiten verpflichtet?

1.—10. siehe Band II, Seite 174—176.
11. siehe Band III, Seite 159.

12. **Nur beschränkte Verpflichtung zur Leistung von Streikarbeit.** Nach den Grundsätzen von Treu und Glauben kann der Arbeitgeber gemäß einem Urteile des Gewerbegerichtes Altona vom 11. Juni 1925 (Hanseatische Gerichtszeitung, Abt. Arbeitsrecht 2, 36, S. 215) im Streikfalle von den am Streik nicht beteiligten Arbeitnehmern nur solche Arbeiten verlangen, die zu ihren gewöhnlichen Dienstobliegenheiten gehören oder doch von der üblichen Beschäftigungsart nicht wesentlich abweichen.

13. **Verweigerung von Streikarbeit bei wilden Streiks.** Die Verweigerung von Streikarbeit durch Arbeitswillige gibt dem Arbeitgeber nach einer Entscheidung des Landgerichtes Dortmund vom 11. März 1926, Nr. II 1 S 297/25 (Arbeiterrecht und Arbeiterversicherung 1926/5/57) jedenfalls dann einen wichtigen, die fristlose Entlassung rechtfertigenden Kündigungsgrund, wenn vor dem in Frage kommenden Streik keine Geheimabstimmung im Sinne der gewerkschaftlichen Streikregeln stattgefunden hat, welche die satzungsmäßig erforderliche Stimmenmehrheit für den Streik erbracht hat.

14. **Die Verweigerung von Notstandsarbeiten im Streik verpflichtet** nach den Entscheidungen des Landgerichtes Plauen vom 15. Mai 1924, Nr. C g 314/22, und des Oberlandesgerichtes Hamm vom 4. März 1925, Nr. 5 U 3/24 (Blätter für Arbeitsrecht 1925/16 und Reichsarbeitsblatt 1925/240), die beteiligten Arbeitnehmer und diejenigen, die als Betriebsvertretungsmitglieder, Gewerkschaftsvertreter oder Mitglieder der Streikleitungen zur Verweigerung der Notstandsarbeiten aufgefordert haben, den geschädigten Arbeitgebern gegenüber zum Ersatz aller durch die Verweigerung der Notstandsarbeiten nachweislich entstandenen Schäden.

15. **Fristlose Entlassung wegen Verweigerung von Streikarbeit.** Während das Gewerbegericht Hirschberg (Arbeits-

recht 1925, S. 1040) und die im Bd. II, S. 174, veröffentlichten Entscheidungen aus der allgemeinen Treuepflicht der Arbeitnehmer auch die Verpflichtung zur Leistung aller Streikarbeiten folgern, die den betreffenden Arbeitnehmern nach den Grundsätzen von Treu und Glauben billigerweise zugemutet werden können, stehen die Urteile des Landgerichtes Elberfeld vom 14. Oktober 1924, des Landgerichtes Landsberg/Warthe vom 20. Februar 1925 und des Gewerbegerichtes Altona vom 11. Juni 1925 (Deutsche Werkmeisterzeitung 25, Nr. 14 und 28) auf dem Standpunkte, daß Arbeitnehmer nur ausnahmsweise dann wegen Verweigerung von Streikarbeiten entlassen werden können, wenn die betreffenden Streikarbeiten zu dem normalen Arbeitsgebiete der betreffenden Arbeitnehmer gehören.

16. Schadenersatzpflicht wegen Verweigerung von Notstandsarbeiten im Streik. Nach den Entscheidungen des Gewerbegerichtes Magdeburg vom 4. November 1921 und des Landgerichtes Magdeburg vom 22. September 1922 (Gewerbe- und Kaufmannsgericht 28, 90ff.) verstößt ein Arbeitskampf wegen Anwendung zu scharfer Kampfmittel in zum Schadenersatz verpflichtender Weise gegen die guten Sitten, wenn betriebsnotwendige Notstandsarbeiten verweigert werden, obwohl der Arbeitgeber rechtzeitig auf die ihm durch etwaige Verweigerung der Notstandsarbeiten drohenden übermäßig hohen Schäden aufmerksam gemacht hat.

(Weitere Entscheidungen siehe unter Nr. XV B k.)

h) Wie weit sind Zuzugswarnungen und ähnliche Kampfmittel erlaubt?

1.—5. siehe Band II, Seite 176—177.
6. siehe Band III, Seite 159.

7. Zulässigkeit des Boykottes bei Arbeitskämpfen. Sofern die Arbeitsniederlegung im Einzelfalle nicht gegen bestehende Arbeits- und Tarifverträge verstößt, stellt es nach einem Urteil des Kammergerichtes vom 7. November 1925, Nr. 30 U 7813/25 (Arbeiterrecht und Arbeiterversicherung 1926, Nr. 4, S. 26) keinen zum Schadenersatz verpflichtenden Verstoß gegen die guten Sitten dar, wenn ein Arbeitgeberverband oder eine Streikleitung zum Boykott der Waren des bestreikten Unternehmens auffordert. (Anderer Ansicht einem Urteil des Landgerichtes Cottbus vom 26. Juni 1925, Nr. 30 3000/25.)

8. Verhängung der Sperre über einen Betrieb wegen verspäteter Lohnzahlung. Nach einem Urteil des Landgerichtes Hamburg vom 14. Oktober 1925 (Grundsteine 1925, Nr. 47, S. 366) machen sich Gewerkschaften nicht schadenersatzpflichtig, wenn sie über einen Betrieb die Sperre verhängen, weil und solange der betr. Betrieb mit fälligen Lohn- oder Gehaltszahlungen im Rückstande ist.

9. Sperrmaßnahmen von Arbeitgeberverbänden. Ohne sich strafbar oder schadenersatzpflichtig zu machen, dürfen Arbeitgeberverbände nach einem Urteil des Amtsgerichtes Bischofwerda vom 16. Oktober 1925 (Neue Zeitschrift für Arbeitsrecht 6, 1, S. 53) bei Arbeitskämpfen nicht nur ihre Verbandsmitglieder, sondern auch Außenseiterfirmen veranlassen, von der Einstellung der an den Arbeitskämpfen beteiligten Arbeitnehmer Abstand zu nehmen oder auch an den Arbeitskämpfen nicht unmittelbar beteiligte Arbeitnehmer zu entlassen.

i) Welche Kampfmittel sind verboten?

1.—8. siehe Band III, Seite 159—161.

XXIII. Schlichtung von Arbeitsstreitigkeiten.

A. Einschlägige Gesetzesbestimmungen.

1. Verordnung über Tarifverträge, Arbeiter- und Angestelltenausschüsse und Schlichtung von Arbeitsstreitigkeiten vom 23. Dezember 1918 (RGBl. S. 1456).
2. Verordnung über das Schlichtungswesen vom 30. Oktober 1923 (RGBl. S. 1043).
3. Verordnung zur Ausführung der Verordnung über das Schlichtungswesen vom 10. Dezember 1923 (RGBl. S. 1191).
4. Zweite Verordnung zur Ausführung der Verordnung über das Schlichtungswesen vom 29. Dez. 1923 (RGBl. 1924, S. 9).

B. Die wichtigsten Einzelfragen.

a) Für welche Streitigkeiten sind die Schlichtungsausschüsse zuständig?

1. siehe Band I, Seite 197.

2.—4. siehe Band III, Seite 162—163.

5. Keine Wiederaufnahme von Schlichtungsverfahren auf Veranlassung der Betriebsvertretung. Eine auf Veranlassung der Gewerkschaft vor dem Schlichtungsausschuß ausgetragene Streitsache kann nach einer Entscheidung des Schlichtungsausschusses Kiel (Deutsche Bergwerkszeitung 1926/28) auch nicht etwa von der Betriebsvertretung mit der Begründung beim Schlichtungsausschuß wiederaufgenommen werden, daß die Belegschaftsangehörigen mit der Schiedsspruchrerledigung nicht einverstanden seien.

6. Einleitung eines neuen Schlichtungsverfahrens. Die Bestimmung des § 12 Abs. 3 der 2. Ausführungsverordnung zur neuen Schlichtungsverordnung legt der preußische Minister für Handel und Gewerbe in einem Bescheide vom 23. Juli 1925, Nr. IIIa 1926 dahin aus, daß nach Ablauf einer angemessenen Frist ein früheres Schlichtungsverfahren der Einleitung eines neuen Schlichtungsverfahrens nicht im Wege steht, und zwar auch dann nicht, wenn der im alten Schlichtungsverfahren gefällte Schiedsspruch sich eine mehrjährige Rechtswirkung beimißt. Nach Ansicht des preußischen Ministers für Handel und Gewerbe müssen die Bestimmungen der Schlichtungsordnung mit einer gewissen Beweglichkeit und Freiheit so ausgelegt werden, wie es das öffentliche Interesse insbesondere das Interesse an der Festigung der Arbeits- und Betriebsruhe verlangt.

7. Unzuständigkeit der gesetzlichen Schlichtungsinstanzen wegen schwebender Reichsverhandlungen. Bestimmt ein Reichstarif, daß örtliche und betriebliche Einzelverhandlungen über Löhne und Gehälter nicht stattfinden sollen, so können die örtlichen gesetzlichen Schlichtungsinstanzen von tarifbeteiligten Arbeitgebern und Gewerkschaften nach einer Entscheidung des Schlichtungsausschusses Groß-Berlin vom 9. Juni 1922 (Mitteilungsblatt der Schlichtungsausschüsse Groß-Berlin 1922/140) solange zwecks Herbeiführung von Bezirks- oder Ortstariflöhnen nicht angerufen werden, als schwebende Reichsverhandlungen noch nicht zum Abschluß gebracht werden konnten.

b) Wann und wie weit sind tarifliche oder vereinbarte Schlichtungsstellen zuständig?

1.—2. siehe Band I, Seite 198.
3. siehe Band III, Seite 163.

4. Vorliegen einer vereinbarten Schlichtungsstelle. Wenn der amtliche Schlichter eine besondere Schlichterkammer berufen und diese abweichend von den allgemeinen Besetzungsvorschriften zusammengesetzt hat, so gilt die Zusammensetzung der besonderen Schlichtungsstelle gemäß einer Entscheidung des Gewerbegerichtes Delmenhorst vom 28. 7. 1925, Nr. 34/25, schon dann als von den Parteien vereinbart, und die Schlichtungsstelle ist schon dann als vereinbarte Schlichtungsstelle im Sinne der Schlichtungsordnung anzusehen, wenn die am Streit beteiligten Parteien gegen die Zusammensetzung der Schlichtungsstelle keinen Widerspruch erhoben haben, sodaß der Schiedsspruch einer solchen Schlichtungsstelle als Schiedsspruch einer vereinbarten Schlichtungsstelle von dem Schlichter, und falls dieser am Schiedsspruche persönlich teilgenommen hat, von seinem Stellvertreter für verbindlich erklärt werden kann. Dagegen entschied das Landgericht Oldenburg mit Urteil vom 4. Dezember 1925 (Arbeitsrecht 1926, S. 422), daß eine Schlichterkammer nicht schon deshalb als vereinbarte Schlichtungsstelle anzusehen ist, weil der Schlichter mit ausdrücklicher oder stillschweigender Zustimmung der Parteien 2 weitere Unparteiische zugezogen hat.

5. Entscheidung über die Zuständigkeit bei Konkurrenz zwischen tariflichen und staatlichen Schlichtungsinstanzen. Bestreitet bei einem Verfahren vor dem Schlichtungsausschuß eine Partei die Zuständigkeit des staatlichen Schlichtungsausschusses mit der Begründung, daß nicht der staatliche, sondern ein tariflicher Schlichtungsausschuß zuständig ist, der tarifliche Schlichtungsausschuß sich auch bereits für zuständig erklärt habe, so ist nach einer Entscheidung des Schlichtungsausschusses Köln vom 5. Februar 1926 (Das Schlichtungswesen 8, 4, S. 85) der staatliche Schlichtungsausschuß selbst für die Entscheidung der Frage zuständig, ob er oder der tarifliche Schlichtungsausschuß zuständig ist.

(Weitere Entscheidungen siehe unter Nr. XXI B n.)

c) Wie sind die Schlichtungsausschüsse zu besetzen und welche Verfahrensvorschriften sind zu beachten?

1.—2. siehe Band I, Seite 198—199.
3.—4. » » II, » 178—179.
5.—6. » » III, » 163—164.

7. Aufwandsentschädigungen für die Schlichtungsausschußbeisitzer. Mit Wirkung vom 15. März 1926 ab sind durch einen Erlaß des Reichsarbeitsministers vom 8. März 1926, Nr. III A 1070, die Aufwandsentschädigungen für die Beisitzer bei den Schlichtungsausschüssen und den arbeitsgerichtlichen Kammern der Schlichtungsausschüsse neu festgesetzt worden.

8. Einkommensteuer- und Steuerabzugspflicht der Vergütung der Schlichtungsausschußbeisitzer und -vorsitzenden. Gemäß einem Erlaß dbs Reichsarbeitsministers vom 7. Januar 1926 Nr. III 8715/25 (Reichsarbeitsblatt 1926 Nr. 4 S. 24) sind die den Beisitzern der Schlichtungsausschüsse gewährten Aufwandsentschädigungen in vollem Umfange und die den nebenamtlich tätigen Vorsitzenden sowie den stellvertretenden Vorsitzenden gewährten Monatsvergütungen bezw. Sitzungsgebühren zu $^1/_5$ einkommensteuer- und steuerabzugsfrei.

d) Wie weit besteht für die Mitglieder der Schlichtungsausschüsse Schweigepflicht?

1. siehe Band I, Seite 199.

2. **Schweigepflicht der Beisitzer der Schlichtungsausschüsse.** Nach einem Bescheide des Reichsarbeitsministers vom 18. Juni 1925, Nr. III A 3700 (Neue Zeitschr. f. Arbeitsrecht 1925, Nr. 9, S. 558) sind die Beisitzer der Schlichtungskammern und Schlichtungsausschüsse nach allgemeinen Grundsätzen trotz des Fehlens ausdrücklicher Gesetzesbestimmungen verpflichtet, über den Verlauf der Beratung und das Abstimmungsergebnis Stillschweigen zu bewahren.

e) Wer kann den Schlichtungsausschuß anrufen?

1. siehe Band I, Seite 199.
2.—7. siehe Band II, Seite 179—180.
8.—9. » » III, » 164—165.

f) Wann und mit welchen Wirkungen ist die Verbindlichkeitserklärung eines Schiedsspruches zulässig?

1.—4. siehe Band I, Seite 200—201.
5.—6. » » II, » 180—181.
7.—8. » » III, » 165.

9. **Keine Verbindlichkeitserklärung von Unkündbarkeitsklauseln.** Im Gegensatz zu einem Urteile des Oberlandesgerichtes Düsseldorf vom 8. Mai 1925, Nr. 10 U. 17/25 (Volkstümliche Zeitschr. f. d. gesamte Sozialversicherung XXXI, S. 198), welches die Verbindlichkeitserklärung auch der sog. Unkündbarkeitsklauseln für zulässig hält, steht ein Urteil des Landgerichtes Duisburg vom. 2. Dezember 1924,

Nr. 4 O 4/24 auf dem Standpunkte, daß Bestimmungen eines Schiedsspruches, welche besagen, daß die unter den Schiedsspruch fallenden Dienstverträge als auf Lebenszeit abgeschlossen anzusehen sind, nicht für verbindlich erklärt werden können, und daß auch Tarifverträge, welche derartige Tarifklauseln enthalten, nicht mit rechtsverbindlicher Kraft für allgemein verbindlich erklärt werden können, bezw. daß derartige Tarifklauseln trotz ev. Allgemeinverbindlichkeitserklärung nichtig sind.

10. Verbindlichkeitserklärung von Schiedssprüchen zuungunsten der Reichsbahn. Nach einer Entscheidung des Reichsbahngerichtes vom 9. Juni 1926 (Gewerkschaftszeitung 1926/353) steht die Verbindlichkeitserklärung von Schiedssprüchen über die Arbeitsbedingungen der Reichsbahnarbeiter nicht in Widerspruch zu dem Reichsbahngesetz oder der Gesellschaftssatzung der Reichsbahn.

11. Verbindlichkeitserklärung abgeänderter Schiedsprüche. Hat die für die Verbindlichkeitserklärung zuständige Stelle vor der Verbindlichkeitserklärung irrtümlicherweise angenommen, daß die Parteien mit der Abänderung einzelner Bestimmungen einverstanden waren, so ist die Verbindlichkeitserklärung auch dann rechtsgültig und unanfechtbar, wenn sich nachträglich herausstellen sollte, daß die Parteien in Wirklichkeit nicht sämtlich mit der Abänderung einverstanden waren. (So Urteil des Landgerichtes Arnsberg vom 29. September 1925 (Juristische Wochenschrift 1926, S. 882.)

12. Festsetzung des Wirksamkeitsbeginnes eines Schiedsspruches bei der Verbindlichkeitserklärung. Gemäß einem Urteil des Landgerichtes Arnsberg vom 29. September 1925 (Juristische Wochenschrift 1926, S. 872) ist die für die Verbindlichkeitserklärung eines Schiedsspruches zuständige Stelle berechtigt, mit verbindlicher Wirkung für die Parteien des Schlichtungsverfahrens einen von dem Schiedsspruch abweichenden Wirksamkeitsbeginn des Schiedsspruches festzusetzen.

13. Zuständigkeit des Schlichters für Verbindlichkeitserklärungen. Ist die Zuständigkeit eines ständigen Schlichters für bestimmte Gewerbe oder Gewerbezwecke über seinen Schlichterbezirk hinaus erweitert worden, so gilt diese Erweiterung der Zuständigkeit nach einer Entscheidung des Reichsarbeitsministers vom 3. Dezember 1925 (Neue Zeitschrift für Arbeitsrecht 6, 3, S. 185) nicht nur für die Übernahme von Schlichtungsverfahren sondern auch für die Verbindlichkeitserklärung von Schiedssprüchen.

14. Kein Eingriff in bestehende Vertragsrechte durch Verbindlichkeitserklärungen. Verbindlichkeitserklärungen von Schiedssprüchen sind gemäß einem Urteile des Landgerichtes I Berlin vom 15. Oktober 1925, Nr. 3 O 379/25/23, unwirksam, soweit die für verbindlich erklärten Schiedsspruchbedingungen, wenn auch nur gegen den Willen einer der streitenden Parteien in bestehende Vertragsrechte eingreifen.

g) Wie weit unterliegen Schiedssprüche und Verbindlichkeitserklärungen der Nachprüfung?

1.—3. siehe Band II, Seite 181.

4. siehe Band III, Seite 166.

5. Nachprüfung von Verbindlichkeitserklärung von Schiedssprüchen. Während ein Urteil des Landgerichtes I Berlin vom 4. März 1926, Nr. 23 Q 61/26 (Gewerkschaftszeitung 1926/163), das Gericht für befugt hält, für verbindlich erklärte Schiedsprüche auch in materieller Beziehung nachzuprüfen, steht das Landgericht Arnsberg nach den Urteilen vom 24. Februar 1925 und 29. September 1925, Nr. 3 S 210/24 und 3 S 117/25 (Juristische Wochenschrift 1926/872), auf dem Standpunkte, daß die Gerichte Schiedssprüche und Verbindlichkeitserklärungen nur daraufhin überprüfen können, ob sie unter Beachtung der gesetzlich vorgeschriebenen Formbestimmungen erlassen sind.

6. Keine Nachprüfung der sachlichen Entscheidung des Schlichters. Nach einem Bescheide des Reichsarbeitsministers vom 3. Dezember 1925 (Neue Zeitschrift für Arbeitsrecht 6, 3, S. 185) unterliegt die vom Schlichter nach pflichtmäßigem Ermessen zu treffende Entscheidung, ob das öffentliche Interesse ein neues Schlichtungsverfahren erfordert, nicht der Nachprüfung durch die Gerichte.

7. Nachprüfung von Schiedssprüchen und Verbindlichkeitserklärungen durch die Gerichte. Nach den Entscheidungen des Reichsgerichtes Bd. 104, S. 182, und vom 30. Juni 1925, Nr. III 371/24 (Blätter für Arbeitsrecht 1926/25), sind die Gerichte bei Streitigkeiten über die Rechtsgültigkeit von Schiedssprüchen und Verbindlichkeitserklärungen lediglich befugt, nachzuprüfen, ob die Schlichtungsinstanzen ordnungsmäßig besetzt waren, im

Rahmen ihrer Zuständigkeit gehandelt haben und keine zwingenden Verfahrensvorschriften verletzt haben.

h) Wer ist als Vertreter im Schlichtungsverfahren zuzulassen?

1.—2. siehe Band II, Seite 181—182.

XXIV. Arbeitsgerichte.

A. Einschlägige Gesetzesbestimmungen.

1. Gewerbegerichtsgesetz vom 29. September 1901 (RGBl. S. 353 ff.).
2. Gesetz betr. Kaufmannsgerichte vom 6. Juli 1904 (RGBl. S. 266).
3. Zivilprozeßordnung vom 30. Januar 1877 in der Fassung vom 13. Mai 1924 (RGBl. S. 437).

4.—6. Siehe die unter Nr. XXIII 2—4 angeführten Verordnungen.

B. Die wichtigsten Einzelfragen.

a) Welches Gericht ist im Einzelfalle zuständig?

1.—5. siehe Band I, Seite 202—203.
6.—14. » » II, » 183—185.
15.—21. » » III, » 167—169.

22. Zuständigkeit tariflicher Schiedsgerichte. Schiedsgerichte, die in Tarifverträgen für Streitigkeiten über die Auslegung und Anwendung der Tarifbedingungen vorgesehen sind, sind nach einem Urteil des Gewerbegerichtes Treuen vom 4. Februar 1926 (Stichworte des Arbeitsrechtes 1926/4) auch für solche Streitigkeiten zwischen tarifbeteiligten Arbeitnehmern und Arbeitgebern zuständig, die sich auf Löhne oder Gehälter beziehen, welche über die im Tarifvertrage vorgesehenen Mindestbezüge hinausgehen.

23. Für Klagen auf Schadenersatz wegen ungünstiger Auskunfterteilung des Arbeitgebers über einen noch beschäftigten oder früheren Arbeitnehmer sind gemäß einem Urteile des Kaufmannsgerichtes Stuttgart vom 5. Januar 1925 (Gewerbe- und Kaufmannsgericht 31, 3, S. 199) jeweils die Gerichte zuständig, die für Streitigkeiten aus dem betreffenden Arbeitsvertrage selbst zuständig sind, im allgemeinen die etwa vorhandenen Gewerbe- bzw. Kaufmannsgerichte.

24. Die Zuständigkeit der Gewerbe- und Kaufmannsgerichte für Klagen auf Einhaltung von Pensions- und Ruhegehaltszusagen bejaht eine Entscheidung des Landgerichtes Leipzig vom 5. Februar 1926, Nr. 4 D g 320/25 (Neue Zeitschrift für Arbeitsrecht 1926/378).

25. Unzuständigkeit der Gewerbe- und Kaufmannsgerichte für Streitigkeiten mit Notstandsarbeitern. Für Streitigkeiten zwischen einem Arbeitgeber und Erwerbslosen, die ihm als Notstandsarbeiter überwiesen worden sind, sind nach den Entscheidungen des Gewerbegerichtes Essen vom 22. Dezember 1925 (Gewerbe- und Kaufmannsgericht 1926, S. 303) und des Gewerbegerichtes Köln (Kölner Stadtanzeiger 1926/229) die Gewerbe- und Kaufmannsgerichte unzuständig, da nach der Urteilsbegründung die Beschäftigung von Notstandsarbeiten ein Arbeitsverhältnis im Sinne des Gewerbe- oder Kaufmannsgerichtes gesetzlich nicht begründet.

26. Zuständigkeit der Gewerbe- und Kaufmannsgerichte für Schadenersatzklagen wegen Nichtbestellung eines Wahlvorstandes. Nach den Entscheidungen des Landgerichtes Erfurt vom 20. November 1925 (Arbeiterrecht und Arbeiterversicherung 1926, Nr. 4, S. 30) und des Landgerichtes Frankfurt a. M. vom 21. September 1925 (Gewerbe- und Kaufmannsgericht 31, 4, S. 226) sind die Gewerbe- und Kaufmannsgerichte auch für Klagen gekündigter Arbeitnehmer gegen den Arbeitgeber auf Schadenersatz wegen Nichtbestellung eines Wahlvorstandes zuständig.

27. Zuständigkeit des Arbeitsgerichtes bei Streitigkeiten über die Festsetzung von Ordnungsstrafen. Auf Grund der neuen Schlichtungsordnung sind gemäß Urteil des Gewerbegerichtes Magdeburg vom 23. Januar 1925 (Merkblatt des D.E.V. 25, Nr. 4) für Streitigkeiten betr. die Festsetzung von Ordnungsstrafen auf Grund der Arbeitsordnung jetzt an Stelle der Schlichtungsausschüsse die Arbeitsgerichte zuständig.

28. Auch für Klagen von Wahlvorstandsmitgliedern auf Ersatz des durch ihre Wahlvorstandstätigkeit entstandenen Verdienstausfalles sind gemäß Urteil des Gewerbegerichtes Mannheim vom 22. April 1925 (Das Schlichtungswesen 7, 11, S. 219) die für gewöhnliche Steitigkeiten aus dem Arbeitsverhälinisse zuständigen Gewerbe- und Kaufmannsgerichte zuständig.

29. Die Gewerbe- und Kaufmannsgerichte sind auch im Konkursverfahren gemäß Urteil des Kaufmannsgerichtes

Dresden vom 26. Februar 1925 (Das Schichtungswesen 7, 11, S. 218) für Streitigkeiten zwischen den Arbeitnehmern und dem in Konkurs geratenen Arbeitgeber bzw. der in Konkurs geratenen Arbeitgeberfirma in allen denjenigen Fällen zuständig, in denen sie zuständig wären, falls über die betreffende Firma das Konkursverfahren nicht eröffnet wäre.

b) Wie sind die Gerichte zu besetzen?

1.—3. siehe Band I, Seite 203—204.
4. siehe Band II, Seite 185.
5. » » III, » 169.

c) Wer ist zur Vertretung vor den Gerichten berechtigt?

1. siehe Band I, Seite 204.
2.—3. siehe Band II, Seite 185.
4. siehe Band III, Seite 169.

5. **Auch Beamte einer Gewerkschafts- oder Betriebsrätezentrale** sind gemäß einem Urteile des Oberlandesgerichtes Karlsruhe vom 2. Juli 1925 (Arbeitsrecht 1925, S. 956) auf Grund des § 31, Abs. 2 des Gewerbegerichtsgesetzes zur Vertretung von Arbeitnehmern vor den Gewerbe- und Kaufmannsgerichten berechtigt, ohne Rücksicht darauf, ob sie gleichzeitig für mehrere oder nur für eine Gewerkschaft beruflich tätig sind.

6. **Zulassung von Rechtsanwälten vor den Gewerbe- und Kaufmannsgerichten.** Nach einem Urteil des Landgerichtes I Berlin vom 9. November 1925 Nr. 23 T 22/25 (Reichsarbeitsblatt 1926 Nr. 7, S. 47) sind Rechtsanwälte nicht nur bei den mündlichen Verhandlungen sondern auch bei allen sonstigen Verfahrensmaßnahmen ausgeschlossen.

7. **Vergleichsvollmacht des prozeßvertretenden Gewerkschaftssekretärs.** Hat ein prozeßbevollmächtigter Gewerkschaftssekretär mit dem Arbeitgeber namens des vertretenden Arbeitnehmers einen Vergleich abgeschlossen, so kann der betr. Arbeitnehmer gemäß einem Urteil des Gewerbegerichtes Plauen vom 9. Dezember 1925 nicht etwa nachträglich persönlich über den Vergleich hinausgehende Forderungen gegen den Arbeitgeber geltend machen.

d) Welche Verfahrensvorschriften gelten?

1.—4. siehe Band I, Seite 205—206.
5.—9. » » II, » 186—187.
10.—12. » » III, » 169—170.

13. Keine passive Parteifähigkeit von Belegschaften. Da die Belegschaften von Einzelbetrieben keine Partei- oder Prozeßfähigkeit besitzen, können nach einem Urteil des Landgerichtes Dortmund vom 23. Oktober 1924 Belegschaften als solche, etwa vertreten durch den Betriebsrat, nicht mit Erfolg verklagt werden.

14. Entscheidung durch den Vorsitzenden im Beschlußverfahren. Auf Grund des § 53 des Gewerbegerichtes kann nach einem Urteil des Amtsgerichtes Bamberg vom 25. Januar 1926 (Gewerkschaftszeitung, Abt. Arbeitsrecht 26, S. 25) auch im Beschlußverfahren nach Anhörung der Beteiligten ohne mündliche Verhandlung die Entscheidung durch den Vorsitzenden allein erlassen werden.

15. Versäumnisurteile im Kündigungseinspruchsverfahren. Gemäß einem Urteile des Gewerbegerichtes Berlin vom 29. August 1925 (Gewerbe- und Kaufmannsgericht 31, 4, S. 223) kann im Kündigungseinspruchsverfahren beim Ausbleiben des Arbeitgebers der Einspruchsklage nur dann im Wege des Versäumnisurteils stattgegeben werden, wenn die Einspruchsklage schlüssig begründet war.

16. Zeugnisverweigerungsrecht in bezug auf erteilte Auskünfte über Führung und Leistung von Arbeitnehmern. Auskünfte, die ein Arbeitgeber bzw. ein leitender Angestellter einem anderen Arbeitgeber bzw. einem leitenden Angestellten einer anderen Firma vertraulich über die Führung und Leistung eines Arbeitnehmers erteilt hat, gelten gemäß einem Urteil des Oberlandesgerichtes München vom 23. September 1925 (Schlichtungswesen 1926, S. 86) als Gewerbegeheimnisse im Sinne des § 384 der Zivilprozeßordnung, so daß derjenige, der eine solche Auskunft erteilt hat, in einem Prozesse es ablehnen kann, als Zeuge Mitteilungen über den Inhalt der erteilten Auskunft vor Gericht zu machen. [A. A. Urteil des Oberlandesgerichtes Kolmar (Rechtsprechung der Oberlandesgerichte 25, S. 108)].

e) Wie weit sind die Entscheidungen nachprüfbar?

1.—2. siehe Band I, Seite 206—207.
3.—4. » » II, » 187.
5.—8. » » III, » 170—171.

9. Beschwerde gegen die Zulassung oder Ablehnung von Organisationsvertretern bei den Gewerbe- und Kaufmannsgerichten an das Landgericht und weitere Beschwerden an das Oberlandesgericht ist nach einer Entscheidung des Landgerichtes I Berlin vom 22. Februar 1926, Nr. 23 T 3/26 (Neue Zeitschrift für Arbeitsrecht 1926/379) trotz der Bestimmung des § 157 Absatz 3 der Zivilprozeßordnung zulässig.

10. Beschwerde gegen Entscheidungen im Beschlußverfahren des Ersatzarbeitsgerichtes sind nach einer Entscheidung des Kammergerichtes vom 22. Januar 1926, Nr. 8 W 239/26 (Reichsarbeitsblatt 1926/22/174), zulässig und an das übergeordnete Landgericht zu richten, soweit es sich nicht um Beschlüsse handelt, durch welche sich die Ersatzarbeitsgerichte für zuständig erklärt haben. Sind danach Beschwerden an das Landgericht zuständig, so kann gegen die vom Landgericht im Beschwerdeverfahren getroffene Entscheidung weitere Beschwerde an das übergeordnete Oberlandesgericht eingereicht werden.

f) Wer trägt die Kosten und wie werden sie berechnet?

1.—2. siehe Band I, Seite 207.

3. Berechnung des Streitwertes bei Verbandsklagen auf Feststellung der Rechtsverbindlichkeit bzw. Unwirksamkeit eines für verbindlich erklärten Schiedsspruches. Nach einer Entscheidung des Kammergerichtes (Rheinisch-Westfälische Zeitung 1926/364 vom 28. Mai 1926) ist zur Berechnung des Streitwertes bei Klagen von Verbänden auf Feststellung der Rechtsgültigkeit bzw. Unwirksamkeit eines für verbindlich erklärten Schiedsspruches nur das Interesse des klagenden Verbandes selbst zugrunde zu legen, das sich aus dem Verhältnis der Verbandsbeiträge zu dem durch Schiedsspruch geregelten Mehr- oder Minderarbeitseinkommen seiner Mitglieder ergibt.

XXV. Werkswohnungen.

A. Einschlägige Gesetzesbestimmungen.

1. Gesetz über Mieterschutz und Mieteinigungsämter vom 1. Juni 1923 (RGBl. S. 353) mit den in Abschnitt C unter Nr. 97 angeführten Abänderungsbestimmungen.
2. Wohnungsmangelgesetz vom 26. Juli 1923 (RGBl. S. 751).
3. Reichssiedelungsgesetz vom 11. August 1919 (RGBl. S. 1429).
4. Reichsheimstättengesetz vom 10. Mai 1920 (RGBl. S. 962).
5. Kleingarten- und Kleinpachtlandordnung vom 31. Juli 1919 (RGBl. S. 1371).
6. Reichsmietengesetz vom 24. März 1922 (RGBl. I, S. 273) nebst den in Abschnitt C unter Nr. 89 angeführten Abänderungsbestimmungen.

B. Die wichtigsten Einzelfragen.

a) Was gilt als Werkswohnung und unter welchen Voraussetzungen kann die Räumung von Werkswohnungen verlangt werden?

1.—2. siehe Band I, Seite 208—209.
3.—9. » » II, » 188—189.
10.—15. » » III, » 173—174.

16. Zum Begriff der Werkswohnungen. Nach einem Urteil des Amtsgerichtes Plauen vom 11. Januar 1926 kann jede beliebige Wohnung zur Werkswohnung im Sinne des Mieterschutzgesetzes gemacht werden.

17. Wegfall des Werkswohnungscharakters. Nach einem Urteile des Oberlandesgerichtes Darmstadt vom 20. April 1925, Nr. N 134/25, verliert eine Werkswohnung dadurch ihren Werkswohnungscharakter im Sinne der Mieterschutzbestimmungen, daß sie während eines erheblichen Zeitraumes mit Zustimmung des Arbeitgebers von Werksfremden, sei es auch von früheren Werksangehörigen oder deren Angehörigen, ausschließlich benutzt wird. In dem dem Urteile zugrunde liegenden Einzelfalle hat das Oberlandesgericht Darmstadt beispielsweise entschieden, daß die Benutzung einer früheren Werkswohnung durch frühere Werksangestellte und deren Angehörige in den Jahren 1911 bis 1925 der betreffenden Werkswohnung den Charakter als Werkswohnung genommen hat.

18. Als Werkswohnungen im Sinne des Mieterschutzgesetzes gelten gemäß einem ohne Orts- und Zeitangabe in der Deutschen Bergwerkszeitung Nr. 305 vom 31. Dezember 1925 veröffentlichten Amtsgerichtsurteile Wohnungen, die einem Arbeitnehmer von seinem Arbeitgeber während des Arbeitsverhältnisses überlassen worden sind, auch dann, wenn nicht ausdrücklich bestimmt worden ist, daß die Wohnung als Werkswohnung gelten sollte, wenn jedoch nach den Umständen des Einzelfalles anzunehmen ist, daß der Arbeitgeber dem betreffenden Arbeitnehmer die Wohnung nicht überlassen haben würde, falls derselbe nicht bei ihm im Dienstverhältnisse gestanden hätte.

19. Änderungen des Mieterschutzgesetzes und Räumung von Werkswohnungen. Durch ein im Reichsgesetzblatt I, Nr. 40, S. 317ff., veröffentlichtes Gesetz zur Abänderung des Mieterschutzgesetzes vom 29. Juni 1926 sind u. a. auch die Bestimmungen, betreffend die Klagen auf Räumung von Werkswohnungen, in verschiedenen Punkten abgeändert worden. Nach diesen Abänderungen, die mit Wirkung vom 1. Juli 1926 ab in Kraft gesetzt sind, kann in Zukunft die Räumung von Werkswohnungen wegen Verzuges mit der Mietzahlung schon dann im Wege der Klage verlangt werden, wenn der Werkswohnunginhaber mehr als 14 Tage mit einem Mietzinsbetrage in Rückstand ist, der die Miete für einen Monat übersteigt. Trotz eines solchen Rückstandes mit der Mietzahlung muß allerdings vom Gericht die Räumungsklage abgewiesen werden, wenn der Mieter bis zum Ablauf von zwei Wochen seit Erhebung der Klage, spätestens jedoch bis zum Schlusse derjenigen mündlichen Verhandlung erster Instanz, auf welche das Urteil ergeht, die rückständige Miete bezahlt oder eine gegenüber der Mietzinsforderung zulässige Aufrechnung erklärt. In diesen Fällen hat aber der Mieter die Kosten des Rechtsstreites zu tragen, wenn der Vermieter alsbald nach Zahlung des rückständigen Mietbetrages beantragt, den Rechtsstreit in der Hauptsache für erledigt zu erklären. Die Bestimmung des Absatzes 2 des § 3 des Mieterschutzgesetzes ist dahin abgeändert worden, daß trotz Verzuges mit der Mietzahlung die Wohnungsräumung nicht verlangt werden kann, wenn der Verzug auf Unkenntnis des Mieters oder auf irrige Annahme eines Aufrechnungs-, Minderungs- oder Zurückbehaltungsrechtes zurückzuführen ist, es sei denn, daß die Unkenntnis oder der Irrtum auf Fahrlässigkeit beruht. Bei Klagen auf Wohnungsräumung wegen Mietrückstandes muß das Gericht der zuständigen Fürsorgebehörde von der Klage Mitteilung machen, um dieser Gelegenheit zur Zahlung der rückständigen Miete zugunsten eines Fürsorgebedürftigen zu geben. Als Abfindungssumme im Sinne des § 22, Satz 2, des Mieterschutzgesetzes muß »ein angemessener Geldbetrag für den Umzug und die Unterkunftsbeschaffung« gewährt werden.

b) Welches Gericht ist für Räumungsklagen zuständig und welche Verfahrensvorschriften gelten?

1.—2. siehe Band I, Seite 209—210.

3. siehe Seite II, Seite 190.

4. Keine einstweilige Verfügung betr. Räumung von Werkswohnungen. Nach einem Urteil des Landgerichtes II Berlin vom 18. April 1925 (Juristische Wochenschrift 1925, S. 2382) kann auf Antrag des Arbeitgebers auch nach Auflösung eines mit Gestellung einer Werkswohnung verknüpften Dienst- oder Arbeitsverhältnisses dem Werkswohnungsinhaber nicht im Wege der einstweiligen Verfügung die Freigabe der Werkswohnung bzw. die Räumung aufgegeben werden.

5. Feststellung eines Rechtes zur fristlosen Entlassung im Sinne des Mieterschutzgesetzes. Nach einem Urteil des Landgerichts Mainz vom 8. März 1926 (Arbeitsrecht 1926/9/747) und Gewerbe- und Kaufmannsgericht Band 31, S. 403, kann der Arbeitgeber gemäß § 256 der ZPO. auf Feststellung klagen, ob der Arbeitnehmer einen Grund zur fristlosen Entlassung gegeben hat, wenn eine solche Feststellung für ihn deshalb wertvoll ist, weil er auf Grund des Mieterschutzgesetzes die Räumung einer dem betreffenden Arbeitnehmer überlassenen Werkswohnung im Klagewege durchsetzen will. Nach derselben Entscheidung sind für solche Feststellungsklagen die für Streitigkeiten aus dem Dienstvertrage allgemein zuständigen Gerichte, sofern es sich um gewerbliche oder kaufmännische Arbeiter bzw. Angestellte handelt, im allgemeinen also die Gewerbe- und Kaufmannsgerichte zuständig.

c) Wann ist polizeiliche Wiedereinweisung in Werkswohnungen zulässig?

1.—2. siehe Band I, Seite 210—211.

3. siehe Band II, Seite 190.

4. Polizeiliche Wiedereinweisung in Werkswohnungen. In einem Runderlasse vom 22. September 1925, Nr. IV E 2270 und II 7/1422 (Reichsarbeitsblatt 1925, Nr. 43, S. 511) weisen die preußischen Minister des Innern und für Volkswohlfahrt erneut die Polizeibehörden an, Wiedereinweisungen in Wohnungen, die auf Grund vollstreckbaren Urteiles zu räumen sind, nur ausnahmsweise dann vorzunehmen, wenn sich keine andere Möglichkeit bietet, die betreffenden Personen, wenn auch nur notdürftig, unterzubringen. Bei tatsächlichen Wiedereinweisungen soll außerdem die Wiedereinweisung nicht nur zeitlich sehr eng begrenzt werden, sondern sie soll auch nach Möglichkeit auf einen zur notdürftigen Unterbringung ausreichenden Teil der in Frage kommenden Räume beschränkt werden. Durch einen gemeinsamen Runderlaß vom 20. November 1925 haben die Preußischen Minister des Innern und für Volkswohlfahrt (Reichsarbeitsblatt 1926, Nr. 3, S. 15) diese Richtlinien dahin gemildert, daß polizeiliche Wiedereinweisung bei sonst drohender Obdachlosigkeit auch schon vor der Vollziehung der Zwangsräumung vorgenommen werden darf, und daß die Wiedereinweisung nur dann unzulässig ist, wenn zur behelfsmäßigen Unterbringung keine Räume zur Verfügung stehen, die zur Unterbringung von Menschen geeignet sind.

d) Unter welchen Bedingungen werden Zuschüsse für den Bau von Werkswohnungen gewährt?

1.—3. siehe Band I, Seite 211—212.

e) Welche Wohnungsentschädigungen sind für Werkswohnungen zu zahlen?

1. siehe Band III, Seite 174.

f) Wie weit steht der Betriebsvertretung ein Mitwirkungsrecht an der Verwaltung von Werkswohnungen zu?

1. Das Mitwirkungsrecht der Betriebsvertretung bei der Verwaltung von Werkswohnungen. Nach den Entscheidungen des Schlichtungsausschusses Lörrach vom 22. März 1923, des Gewerbeaufsichtsamtes Düren vom 2. Okt. 1921, der Amtshauptmannschaft Bautzen vom 8. Juni 1923, des Schlichtungsausschusses Soest vom 27. Jan. 1922 und 17. Febr. 1922, des Schlichtungsausschusses Recklinghausen vom 16. Dez. 1921, des Bergrevierbeamten des Bergrevieres Essen I vom 31. Dez. 1921, des Oberbergamtes Dortmund vom 29. April 1922, des Schlichtungsausschusses Aachen vom 19. Nov. 1921, des Bergrevierbeamten des Bergrevieres Essen II vom 9. Sept. 1921, des Gewerbeaufsichtsamtes Gelsenkirchen vom 1. Sept. 1922, des Schlichtungsausschusses Senftenberg vom 11. Nov. 1922, der Kreishauptmannschaft Dresden vom 21. Dez. 1922 und des Preußischen Ministers für Handel und Gewerbe vom 24. Sept. 1921 beschränkt sich das Mitwirkungsrecht der Betriebsvertretung bei der Verwaltung von Werkswohnungen auf die Mitwirkung bei der Aufstellung allgemeiner Richtlinien für die Vergebung von Werkswohnungen, bei der Aufstellung der Werkshausordnungen und bei ähnlichen allgemeinen Fragen. Dagegen ist die Zuteilung einer Werkswohnung innerhalb der allgemein vereinbarten Richtlinien sowie die Erteilung von Bestellungen für die Reparatur von Werkswohnungen, die Festsetzung der Preise für die Lieferung von Licht usw. nach den vorerwähnten Entscheidungen ausschließlich Sache des Arbeitgebers, und es steht hierbei den Betriebsvertretungen ein Mitwirkungsrecht nur ausnahmsweise dann zu, wenn der Arbeitgeber ein solches Mitwirkungsrecht ausdrücklich eingeräumt hat.

(Weitere Entscheidungen siehe unter Nr. XVIII B c.)

XXVI. Betriebsdiebstähle.

A. Einschlägige Gesetzesbestimmungen,

1.—3. Siehe die unter Nr. III 1—3 angeführten Gesetze.

4.—7. Siehe die unter Nr. XIII 4—7 angeführten Gesetze.

B. Die wichtigsten Einzelfragen.

a) Wie weit berechtigen Betriebsdiebstähle den Arbeitgeber zur Anfechtung und fristlosen Kündigung von Dienstverträgen?

1. siehe Band I, Seite 213.
2.—3. siehe Band II, Seite 191.

b) Wie weit berechtigt Diebstahl oder Diebstahlsverdacht den Arbeitgeber zur Bekanntgabe?

1. siehe Band I, Seite 213—214.
2.—3. siehe Band III, Seite 175.

c) Wie weit haftet der Arbeitgeber für Betriebsdiebstähle an Sachen seiner Arbeitnehmer?

1. siehe Band I, Seite 214.
2.—7. siehe Band II, Seite 192—193.

8. Haftung des Arbeitgebers für Sachen entlassener Arbeitnehmer. Die aus dem Arbeitsvertrage von der herrschenden Ansicht abgeleitete Verpflichtung des Arbeitgebers für die sichere Aufbewahrung der Sachen seiner Arbeitnehmer im Betriebe zu sorgen, endet gemäß einem Urteil des Berggewerbegerichtes Dortmund, Kammer Lünen vom 15. Oktober 1925 (Nachrichtenblatt des Zechen verbandes 1925, S. 199, Nr. 178) mangels gegenteiliger ausdrücklicher Vereinbarung, wenn der Arbeitnehmer innerhalb einer angemessenen Frist seit seiner Entlassung die im Betriebe zurückgelassenen Kleider, Werkzeuge usw. nicht abgeholt hat.

9. Schadenersatzpflicht des Arbeitgebers bei Beschädigungen von Kleidern der Arbeitnehmer durch Ratten. Sofern der Arbeitgeber seine Arbeitnehmer verpflichtet hat, ihre bei der Arbeit nicht benötigten Straßenkleider an bestimmten Stellen unterzubringen, hat er nach einem Urteil des Gewerbegerichtes Berlin vom 3. Dezember 1925 (Gewerbe- und Kaufmannsgericht 1926/333) für Beschädigungen dieser Kleidungsstücke durch Ratten innerhalb des Betriebes Schadenersatz zu leisten, wenn er nicht alles getan hat, was nach Lage der Sache zweckmäßig und möglich war, um Beschädigungen der Kleidungsstücke der Arbeitnehmer durch Ratten zu verhüten.

10. Unwirksamkeit von Haftungsausschlußklauseln einer Arbeitsordnung bzw. einer Betriebsanordnung. Es verstößt gemäß einem Urteil des Gewerbegerichtes Berlin, Kammer 11, vom 17. November 1925, Nr. 1404/25 (Neue Zeitschrift für Arbeitsrecht 1926, S. 180) gegen die guten Sitten, und es macht die Haftungsausschlußklausel nichtig, wenn der Arbeitgeber auf der einen Seite den Arbeitnehmer zwingt, seine Sachen an bestimmten Stellen abzulegen, und wenn er anderseits jede Haftung für die Sachen der betreffenden Arbeitnehmer ablehnt. Auch dann sind Haftungsausschlußklauseln einer Arbeitsordnung nach der vorerwähnten Entscheidung nichtig, wenn sie im Widerspruche stehen zu einer vom Arbeitgeber tariflich übernommenen Verpflichtung, für die sichere Unterbringung der Sachen seiner Arbeitnehmer im Betriebe zu sorgen.

d) Wie weit sind die Arbeitnehmer verpflichtet, sich der Torkontrolle und Leibesvisitation zu unterwerfen?

1.—4. siehe Band II, Seite 193—194.
5. siehe Band III, Seite 176.

XXVII. Arbeitsgemeinschaften.

XXVIII. Sozialisierung.

XXIX. Gewerbeaufsicht.

XXX. Internationales Arbeitsrecht.

Siehe Band III, Seite 177—181.

C. Zusammenstellung der am 30. Juni 1926 geltenden arbeitsrechtlichen Gesetze und Verordnungen.

Lfd. Nr.	Tag des Gesetzes	Titel des Gesetzes	RGBl. Seite	Abgeändert durch	RGBl. Seite
1	21. 6. 69	Gesetz betr. die Beschlagnahme des Arbeits- oder Dienstlohnes	242	RG. v. 29. 3. 97	159
				RG. v. 17. 5. 98	332
				Bek. v. 17. 5. 15	285
				RG. v. 13. 12. 17	1102
				V. v. 2. 5. 18	382
				V. v. 22. 6. 19	587
				RG. v. 10. 8. 20	1572
				RG. v. 23. 12. 21	1657
				RG. v. 26. 10. 22	806
				V. v. 23. 2. 23	153
				V. v. 5. 7. 23	554
				V. v. 13. 8. 23	783
				V. v. 22. 11. 23	1110
				RG. v. 13. 12. 23	1186
				V. v. 7. 1. 24	25
2	17. 5. 74	Strandungsordnung	73	RG. v. 30. 12. 01	1
3	30. 1. 77	Zivilprozeßordnung (insbesondere der § 850 Nr. 1 über die Pfändung des Arbeits- und Dienstlohnes und die §§ 887—888 über die Zwangsvollstreckung bei Verurteilung zur Leistung von Diensten	410	RG. v. 20. 5. 98	369
				RG. v. 5. 6. 05	536
				RG. v. 1. 6. 09	475
				RG. v. 22. 5. 10	767
				RG. v. 24. 6. 14	233
				RG. v. 13. 9. 19	1448
				RG. v. 18. 12. 19	2113
				RG. v. 17. 8. 20	1579
				RG. v. 11. 3. 21	229
				RG. v. 23. 3. 21	329
				RG. v. 23. 12. 21	1658
				RG. v. 8. 3. 22	269
				RG. v. 8. 7. 22	569
				RG. v. 11. 7. 22	573
				RG. v. 26. 10. 22	805
				RG. v. 21. 12. 22	1
				RG. v. 27. 3. 23	217
				RG. v. 13. 5. 24	552
				Neufassung vom 13. 5. 24	437
4	10. 2. 77	Konkursordnung, insbesondere deren §§ 17, 22, 23, 27 und 61	612	Neufassung 20. 5. 98	612
5	15. 6. 95	Gesetz betr. die privatrechtlichen Verhältnisse der Binnenschiffahrt	301	RG. v. 20. 5. 98	868

Lfd. Nr.	Tag des Gesetzes	Titel des Gesetzes	RGBl. Seite	Abgeändert durch	RGBl Seite
6	15. 6. 95	Gesetz betr. die privatrechtlichen Verhältnisse der Flößerei vom 15. 6. 1895	341		
7	18. 6. 96	Bürgerliches Gesetzbuch, insbesondere dessen §§ 610—630 betr. den Dienstvertrag	195		
8	10. 5. 97	Handelsgesetzbuch, insbesondere dessen §§ 59 ff., 83, 511 ff. betr. Handlungsgehilfen, Lehrlinge u. Schiffer	219	RG. v. 2. 6. 92	218
				RG. v. 12. 5. 04	168
				RG. v. 30. 5. 08	307
				RG. v. 7. 1. 13	90
				RG. v. 10. 6. 14	209
				RG. v. 12. 7. 21	927
				RG. v. 21. 7. 22	652
				RG. v. 22. 12. 22	967
				V. v. 6. 7. 23	618
				V. v. 30. 8. 23	845
				V. v. 23. 10. 23	990
9	26. 7. 00	Gewerbeordnung für das Deutsche Reich	871	RG. v. 30. 5. 08	356
				RG. v. 28. 12. 08	667
				RG. v. 27. 12. 11	139
				RG. v. 22. 5. 18	423
				RG. v. 23. 11. 18	1329
				RG. v. 23. 11. 18	1334
				RG. v. 17. 12. 18	1436
				RG. v. 5. 2. 19	176
				RG. v. 18. 3. 19	315
				RG. v. 3. 2. 21	142
				RG. v. 27. 3. 23	247
10	29. 9. 01	Gewerbegerichtsgesetz	353	V. v. 12. 5. 20	958
				V. v. 29. 10. 20	1843
				V. v. 19. 3. 21	234
				V. v. 14. 1. 22	155
				V. v. 27. 11. 22	887
				V. v. 15. 3. 23	193
				V. v. 16. 6. 23	384
				V. v. 12. 7. 23	614
				V. v. 9. 8. 23	765
				V. v. 30. 8. 23	845
				V. v. 6. 6. 24	645
11	2. 6. 02	Seemannsordnung, insbesondere die §§ 27 ff. betr. den Heuervertrag	175	RG. v. 23. 3. 03	57
				RG. v. 12. 5. 04	167
12	30. 3. 03	Gesetz betr. die Kinderarbeit	113	RG. v. 31. 7. 25	161

Lfd. Nr.	Tag des Gesetzes	Titel des Gesetzes	RGBl. Seite	Abgeändert durch	RGBl. Seite
13	6. 7. 04	Gesetz betr. die Kaufmannsgerichte	266	Abänderungen wie b. Gewerbegerichtsgesetz	
14	7. 6. 09	Gesetz betr. den unlauteren Wettbewerb	499		
15	2. 6. 10	Stellenvermittlungsgesetz	860	RG. v. 22. 7. 22 Bek. v. 28. 4. 23 V. v. 13. 1. 19 V. v. 29. 12. 19	657 284* 85 2
16	20. 12. 11	Hausarbeitsgesetz	976	V. v. 28. 11. 24 Neufassung vom 30. 6. 23	757 472
17	19. 7. 11	Reichsversicherungsordnung	509	Neufassung: 15. 12. 24	779
18	20. 12. 11	Versicherungsgesetz für Angestellte	989	Neue Fassung v. 28. 5. 24	563
19	21. 6. 13	Verordnung über Geschäftsgang und Verfahren der Schiedsgerichte f. Angestellte	329	V. v. 13. 1. 19	42
20	14. 6. 16	Bek. betr. die Anordnung der Geschäftsaufsicht zur Abwendung des Konkurses	1363	RG. v. 12. 6. 24 V. v. 14. 6. 24	641 641
21	4. 10. 18	Erlaß über die Errichtung eines Reichsarbeitsamtes	1231	Erl. v. 21. 3. 19	327
22	12. 11. 18	Verordnung über Arbeiterschutz	1309		
23	12. 11. 18	Aufruf des Rates der Volksbeauftragten	1303		
24	23. 11. 18	Verordnung über die Arbeitszeit in den Bäckereien u. Konditoreien	1329		
25	23. 11. 18	Anordnung über die Regelung gewerblicher Arbeitszeit	1334	V. v. 17. 12. 18 V. v. 21. 12. 23 V. v. 17. 4. 24	1436 1249 416
26	2. 12. 18	Verordnung über die Entlohnung und die Errichtung von Fachausschüssen im Bäckerei- und Konditoreigewerbe	1397		
27	7. 12. 18	Verordnung betr. die vorläufige Regelung des Luftfahrtrechtes	1407	V. v. 30. 4. 20	857

* Reichsarbeitsblatt.

Lfd. Nr.	Tag des Gesetzes	Titel des Gesetzes	RGBl. Seite	Abgeändert durch	RGBl. Seite
28	9. 12. 18	Verordnung über die Gewährung v. Sterbegeld u. Hinterbl.-Rente bei Gesundheitsschädigung durch Gaskampfstoffe und Nikro-Nithan	1430		
29	23. 12. 18	Verordnung zur Sich. d. ärztlichen Versorgung bei den Krankenkassen	1454	V. v. 13. 1. 19 V. v. 14. 11. 24	41 743
30	23. 12. 18	Verordnung über Tarifverträge, Arbeiter- und Angest.-Aussch. und Schlichtung von Arbeitsstreitigkeiten	1456	V. v. 7. 5. 19 V. v. 21. 9. 19 RG. v. 4. 2. 20 V. v. 31. 5. 20 RG. v. 23. 1. 23 V. v. 30. 10. 23	446 1707 147 1128 67 1043
31	15. 1. 19	Verordnung zur Behebung der dringendsten Wohnungsnot	69	V. v. 9. 12. 19	1968
32	15. 1. 19	Verordnung über das Erbbaurecht	72		
33	18. 1. 19	Verordnung betr. den Bergbau	64	RG. v. 4. 2. 20	147
34	24. 1. 19	Verordnung betr. eine vorläufige Landarbeitsordnung	111	Berichtigung §12	184
35	26. 1. 19	Verordnung zur Beschaffung v. landwirtschaftlichem Siedelungsland	115		
36	4. 2. 19	Verordnung betr. Auskunftspflicht gegenüber der Sozialisierungskommission	198		
37	5. 2. 19	Verordnung über Sonntagsruhe im Handelsgewerbe und in Apotheken	174		
38	5. 2. 19	Verordnung über die Wahl des Vorst. u. Vorsitzenden bei d. Ortskrankenkassen u. über die Kassenangestellten	181		
39	8. 2. 19	Verordnung über die Errichtung von Arbeitskammern im Bergbau	202		

Lfd. Nr.	Tag des Gesetzes	Titel des Gesetzes	RGBl. Seite	Abgeändert durch	RGBl. Seite
40	17. 2. 19	Verordnung üb. d. Pflicht der Arbeitgeber z. Anmeldung eines Bedarfs an Arbeitskräften	201		
41	18. 3. 19	Verordnung über d. Regelung der Arbeitszeit der Angestellten während der Zeit der wirtschaftlichenDemobilmachung	315	V. v. 21. 12. 23 V. v. 17. 4. 24	1249 416
42	23. 3. 19	Sozialisierungsgesetz	341		
43	23. 3. 19	Gesetz betr. Regelung der Kohlenwirtschaft	342	Ges. v. 20. 8. 19 Ausf.-Bestimm. v. 21. 8. 19 Bek. v. 21. 8. 19 V. v. 31. 5. 20	1447 1449 1472 1107
44	14. 4. 19	Gesetz betr. Regelung der Kaliwirtschaft	413	Bek. v. 9. 7. 19 V. v. 18. 7. 19 Ges. v. 19. 7. 19 V. v. 29. 9. 19 V. v. 2. 7. 20 V. v. 22. 10. 21	642 663 661 1774 1437 1321
45	7. 5. 19	Bestimmungen üb. d. Führung des Tarifregisters	446		
46	21. 6. 19	Verordnung über die Errichtung e. Ausschusses zur Prüfung der Frage der Arbeitszeit im Bergbau des Ruhrgebietes	579		
47	25. 6. 19	Bekanntmachung d. Wortlautes der Verordnung über Lohnpfändung	589	RG. v. 10. 8. 20	1572
48	28. 6. 19	Gesetz über Landkrankenkassen, Kassenangestellte und Ersatzkassen	615		
49	16. 7. 19	Gesetz über den Friedensschluß zwischen Deutschland und den alliierten und assoziierten Mächten	687	V. v. 14. 2. 20 V. v. 14. 2. 20 RG. v. 25. 8. 21 Bek. v. 17. 11. 21	235 237 1317 1369
50	31. 7. 19	Kleingarten- und Kleinpachtlandordnung	1371		
51	11. 8. 19	Verfassung d. Deutschen Reiches, insbes. Abschnitt 5 über d. Wirtschaftsleben, Art. 151 bis 165	1383		

Lfd. Nr.	Tag des Gesetzes	Titel des Gesetzes	RGBl. Seite	Abgeändert durch	RGBl. Seite
52	11. 8. 19	Reichssiedelungsgesetz	1429		
53	26. 9. 19	Gesetz über Wochenhilfe und Wochenfürsorge	1757	Bek. v. 30. 9. 19	1813
				Ges. v. 30. 4. 20	853
				Neue Fassung v. 22. 5. 20	1069
54	31. 12. 19	Gesetz betr. Sozialisierung der Elektrizitätswirtschaft	19	Bek. v. 18. 6. 20	1456
				Bek. v. 1. 7. 20	1468
55	15. 1. 20	Gesetz über weibl. Angestellte in Gast- und Schankwirtschaften	69		
56	28. 1. 20	Verordnung über den Betrieb der Anlagen der Großeisenindustrie	75		
57	23. 1. 20	Verordnung über die Beschäftigung v. Arbeiterinnen u. jugendlichen Arbeitern in Glashütten usw.	75		
58	27. 1. 20	Verordnung über die Einrichtung und den Betrieb von Anlagen zur Herstellung von Bleifarben und anderen Bleiverbindungen	109		
59	27. 1. 20	Bekanntmachung üb. das Bleimerkblatt	118		
60	27. 1. 20	Bekanntmachung über die Dienstanweisung f. die ärztliche Untersuchung von Bleiarbeitern	120		
61	4. 2. 20	Betriebsrätegesetz	147	V. v. 24. 2. 20	259
				V. v. 14. 4. 20	522
				V. v. 21. 4. 20	563
				V. v. 27. 4. 20	682
				V. v. 30. 4. 20	902
				V. v. 12. 5. 20	961
				V. v. 5. 6. 20	1139
				V. v. 28. 9. 20	1689
				V. v. 31. 12. 20	81
				V. v. 8. 1. 21	82
				V. v. 5. 2. 21	159
				V. v. 12. 8. 21	1199
				RG. v. 15. 2. 22	209
				RG. v. 23. 3. 22	307
				RG. v. 29. 4. 23	258

Lfd. Nr.	Tag des Gesetzes	Titel des Gesetzes	RGBl. Seite	Abgeändert durch	RGBl. Seite
62	4. 2. 20	Wahlordnung zum Betriebsrätegesetz	175		
63	1. 4. 20	Verordnung zur Regelung der Eisenwirtschaft	433	V. v. 15. 6. 20	1205
64	6. 4. 20	Gesetz über die Beschäftigung Schwerbeschädigter	457	Ausführungsbestimmungen V. v. 21. 4. 20 V. v. 17. 5. 20	 521 978
65	21. 4. 20	Verordnung betr. das Verbot des Trennens, Schneidens und Sortierens von Kleidern und Lumpen usw.	563		
66	4. 5. 20	Verordnung üb. den vorläufigen Reichswirtschaftsrat	858	V. v. 20. 6. 20 V. v. 28. 6. 20	1527 1335
67	21. 4. 20	Verordnung z. Ausführung der §§ 5 und 10 des Gesetzes über die Beschäftigung Schwerbeschädigter	521		
68	27. 4. 20	Verordnung zur Ausführung des Betriebsrätegesetzes	682		
69	10. 5. 20	Reichsheimstättengesetz	962		
70	11. 5. 20	Gesetz über Maßnahmen geg. Wohnungsmangel	949		
71	12. 5. 20	Reichsversorg.-Gesetz, insbes. § 89 ff.	989		
72	15. 5. 20	Erlaß betr. die Einberufung und die Befugnisse d. Sozialisierungskommission	981		
73	21. 5. 20	Verordnung über das Inkrafttreten der Vorschriften der §§ 45 bis 52 des Einkommensteuergesetzes (Steuerabzug)	1093	V. v. 19. 12. 23 V. v. 10. 11. 24 RG. v. 29. 5. 25	1205 737 75
74	21. 5. 20	Verordnung über das Reichswirtsch.-Gericht	1167		
75	31. 5. 20	Verordnung üb. die Aufbringung der Mittel für die Kohlenwirtschaftsstellen	1107		

Lfd. Nr.	Tag des Gesetzes	Titel des Gesetzes	RGBl. Seite	Abgeändert durch	RGBl Seite
76	31. 5. 20	Verordnung über die Regelung der Schwefelsäurewirtschaft	1113		
77	31. 5. 20	Gesetz über weitere Ausdehnung der Versicherungspflicht in der Angestelltenversicherung	1144		
78	7. 6. 20	Verordnung üb. die Regelung der Teerwirtschaft	1156		
79	9. 6. 20	Pachtschutzordnung	1156	RG. v. 23. 7. 25	151
80	12. 6. 20	Gesetz betr. Übernahme einer Haftung des Reiches für Lasten des Saarbrücker Knappschaftsvereins	1433		
81	28. 6. 20	Verordnung zum Schutze der Preßluftarbeiter	1357		
82	21. 7. 20	Gesetz zur ergänzenden Regelung des Steuerabzugs vom Arbeitslohn	1463		
83	8. 11. 20	Verordnung betr. Maßnahmen gegenüber Betriebsabbrüchen und Betriebsstillegungen	1901	V. v. 8. 11. 20 V. v. 15. 10. 23	267 983
84	10. 12. 20	Verordnung betr. die Stilllegung von Betrieben, die die Bevölkerung mit Gas, Wasser und Elektrizität versorgen	1865		
85	5. 2. 21	Gesetz über die Betriebsbilanz und die Betriebsgewinn- und -verlustrechnung	159		
86	30. 3. 21	Verordnung über d. Rückgewährung von Beiträgen bei privaten Pensionseinrichtungen	369		
87	15. 2. 22	Gesetz über die Entsendung von Betriebsratsmitgliedern in den Aufsichtsrat	209		
88	23. 3. 22	Wahlordnung zum Gesetz über die Entsendung v. Betriebsratsmitgliedern in den Aufsichtsrat	307		

Lfd. Nr.	Tag des Gesetzes	Titel des Gesetzes	RGBl. Seite	Abgeändert durch	RGBl. Seite
89	24. 3. 22	Reichsmietengesetz	273	RG. v. 29. 6. 26	317
90	22. 7. 22	Arbeitsnachweisgesetz	673	V. v. 30. 10. 23	1065
				V. v. 16. 3. 25	25
				Bek. v. 2. 1. 26	5
				RG. v. 6. 4. 26	20
91	19. 10. 22	Verordnung über die Anwerbung und Vermittlung ausländ. Landarbeiter	590*	V. v. 2. 1. 23	45*
92	2. 1. 23	Verordnung über die Einstellung und Beschäftigung ausländischer Arbeiter	43*	V. v. 16. 3. 25	25
				Neufassung:	
				Bek. v. 2. 1. 26	5
93	10. 1. 23	Vorschriften über die statistische Berichterstattung bei Streiks und Aussperrungen	46*		
94	12. 1. 23	Gesetz über die Beschäftigung Schwerbeschädigter	57	V. v. 13. 2. 24	73
95	27. 3. 23	Gesetz über Gebühren für Arbeitsbücher	247	RG. v. 16. 7. 25	145
96	12. 5. 23	Allgemeine Bestimmungen für die Berufsberatung und Lehrstellenvermittlung bei den Arbeitsnachweisämtern	309*		
97	1. 6. 23	Mieterschutzgesetz	353	V. v. 24. 12. 23	1247
				V. v. 14. 2. 24	111
				RG. v. 29. 6. 26	317
98	23. 6. 23	Reichsknappschaftsgesetz	431	RG. v. 25. 6. 26	291
99	30. 6. 23	Hausarbeitsgesetz	472	V. v. 28. 11. 24	757
				V. v. 28. 3. 25	33
100	26. 7. 23	Reichswohnungsmangelgesetz	751	V. v. 24. 12. 23	1247
101	4. 10. 23	Verordnung über Anwerbung und Vermittlung von Arbeitnehmern n. dem Ausland	960	V. v. 23. 7. 24	675
102	15. 10. 23	Verordnung üb. Betriebsstillegung und Arbeitsstreckung	989		

* Reichsarbeitsblatt.

Lfd. Nr.	Tag des Gesetzes	Titel des Gesetzes	RGBl. Seite	Abgeändert durch	RGBl. Seite
103	15. 10. 23	Verordnung über die Aufbringung der Mittel für die Erwerbslosenfürsorge	984	V. v. 24. 10. 23	995
104	30. 10. 23	Verordnung über das Schlichtungswesen	1040	V. v. 10. 12. 23 V. v. 29. 12. 23	1191 9
105	30. 10. 23	Verordnung üb. Krankenhilfe bei den Krankenkassen	1054	V. v. 29. 11. 23 RG. v. 22. 5. 26	1157 243
106	21. 12. 23	Verordnung über die Arbeitszeit	1249	V. v. 17. 4. 24 V. v. 20. 1. 25	416 5
107	13. 2. 24	Verordnung über die Arbeitszeit in Krankenpflegeanstalten	66		
108	13. 2. 24	Verordnung über die Fürsorgepflicht	100	V. v. 24. 10. 24 V. v. 4. 12. 24 V. v. 7. 9. 25 RG. v. 8. 6. 26 V. v. 8. 6. 26	720 765 332 255 256
109	14. 2. 24	Verordnung über Mißstände im Auswanderungswesen	107		
110	16. 2. 24	Verordnung üb. Erwerbslosenfürsorge	127	V. v. 18. 1. 24 V. v. 13. 3. 24 V. v. 25. 3. 24 V. v. 4. 4. 24 V. v. 24. 5. 24 V. v. 11. 8. 24 V. v. 14. 11. 24 V. v. 27. 3. 25 V. v. 30. 4. 25 V. v. 2. 5. 25 V. v. 2. 5. 25 RG. v. 17. 1. 26 V. v. 18. 1. 26 V. v. 18. 1. 26 Bek. v. 18. 1. 26 V. v. 21. 1. 26 V. v. 19. 2. 26 V. v. 20. 2. 26 V. v. 30. 4. 26	3435 279 376 91 562 681 741 33 53 61 67 89 91 92 93 96 104 105 216
111	29. 3. 24	Verordnung üb. d. Reichsstelle f. d. Auswanderungswesen	395	V. v. 23. 7. 24	675

Lfd. Nr.	Tag des Gesetzes	Titel des Gesetzes	RGBl. Seite	Abgeändert durch	RGBl. Seite
112	28. 5. 24	Angestelltenversicherungsgesetz	563	V. v. 21. 11. 24	757
				V. v. 7. 2. 25	10
				RG. v. 23. 3. 25	28
				V. v. 1. 4. 25	41
				V. v. 23. 4. 25	51
				V. v. 29. 4. 26	213
				V. v. 29. 4. 26	215
				RG. v. 25. 6. 26	311
113	31. 7. 24	Verordnung üb. Wochenhilfe	673	RG. v. 28. 7. 25	157
				V. v. 24. 8. 25	320
114	7. 9. 24	Gesetz über die Ermächtigung der Reichsregierung zur Einführung einer Fürsorge für erwerbslose Seeleute	701	V. v. 30. 10. 24	722
				V. v. 25. 11. 24	756
115	24. 10. 24	Grundsätze über Voraussetzung, Art und Maß der öffentl. Fürsorge	720	V. v. 4. 12. 24	765
				V. v. 7. 9. 25	332
				V. v. 8. 6. 26	256
116	30. 10. 24	Verordnung über die Fürsorge für erwerbslose Seeleute	722	RG. v. 27. 3. 25	31
				RG. v. 4. 7. 25	95
117	15. 12. 24	Reichsversicherungsordnung	779	V. v. 10. 1. 25	2
				RG. v. 22. 1. 25	3
				V. v. 7. 2. 25	10
				V. v. 7. 2. 25	11
				V. v. 10. 2. 25	13
				V. v. 14. 3. 25	25
				RG. v. 23. 3. 25	27
				V. v. 1. 4. 25	40
				V. v. 12. 5. 25	69
				V. v. 8. 5. 25	70
				RG. v. 14. 7. 25	97
				RG. v. 28. 7. 25	157
				V. v. 24. 8. 25	320
				Bek. v. 9. 1. 26	9
				RG. v. 26. 3. 26	179
				V. v. 31. 3. 26	192
				V. v. 29. 4. 26	213
				RG. v. 22. 5. 26	243
				V. v. 14. 6. 26	269
				V. v. 14. 6. 26	271
				V. v. 14. 6. 26	272
				V. v. 14. 6. 26	272
				RG. v. 25. 6. 26	311

Lfd. Nr.	Tag des Gesetzes	Titel des Gesetzes	RGBl. Seite	Abgeändert durch	RGBl. Seite
118	29. 5.25	Steuerüberleitungsgesetz, insbesondere dessen 3. Abschnitt betr. den Steuerabzug vom Arbeitslohne	75		
119	28. 5. 25	Verordnung über die Beschäftigung von Arbeiterinnen und jugendlichen Arbeitern in Walz- und Hammerwerken	82		
120	25. 5. 25	Gesetz über den Verwaltungsrat des Internationalen Arbeitsamtes	II 161		
121	25. 5. 25	Gesetz betreffend das Washingtoner Übereinkommens über die Arbeitslosigkeit	II 162	Bek. v. 30. 7. 25	II 737
122	25. 5. 25	Gesetz betreffend das Genueser Übereinkommen über die Stellenvermittlung für Seeleute	II 166	Bek. v. 30. 7. 25	II 737
123	25. 5. 25	Gesetz betreffend das Genueser Übereinkommen über die Stellenvermittlung für Seeleute	II 166	Bek. v. 30. 7. 25	II 737
124	25. 5. 25	Gesetz betreffend das Genfer Übereinkommen über das Vereins- und Koalitionsrecht der landwirtschaftlichen Arbeiter	II 171	Bek. v. 30. 7. 25	II 738
125	25. 5. 25	Gesetz betreffend das Genfer Übereinkommen über die Entschädigung der Landarbeiter bei Arbeitsunfällen	II 174	Bek. v. 30. 7. 25	II 738
126	16. 7. 25	Aufwertungsgesetz	117	V. v. 21. 7. 25 V. v. 29. 11. 25	154 392
127	16. 7. 25	Gesetz über Gebühren für Arbeitsbücher	145		
128	23. 7. 25	Pachtschutzordnung (neue Fassung)	152		
129	21. 7. 25	Verordnung über die Einrichtung und das Verfahren der Aufwertungsstellen	154	V. v. 27. 11. 25	392

Lfd. Nr.	Tag des Gesetzes	Titel des Gesetzes	RGBl. Seite	Abgeändert durch	RGBl. Seite
130	28. 7. 25	Gesetz über Ausbau der Angestellten- und Invalidenversicherung u. über Gesundheitsfürsorge in der Reichsversicherung	157	V. v. 29. 4. 26	215
131	4. 8. 25	Verordnung zur Durchführung der Angestelltenversicherung bei den Ersatzkassen	187		
132	10. 8. 25	Einkommensteuergesetz	189	RG. v. 19. 12. 25 RG. v. 26. 2. 26	469 107
133	24. 8. 25	Verordnung über die Gewährung v. Leistungen der Invaliden- und der Angestelltenversicherung nach ausländisch. Grenzgebieten	320		
134	3. 9. 25	Gesetz üb. Beschränkung der Einnahmen aus der Lohnsteuer	331		
135	2. 1. 26	Verordnung über die Einstellung und Beschäftigung ausländ. Arbeiter	5		
136	27. 2. 26	Gesetz über die Regelung der fürsorgerechtl. Beziehungen z. Saargebiet	149		
137	4. 3. 26	Verordnung über die Beschäftigung von Arbeiterinnen und jugendlichen Arbeitern in Glashütten, Glasschleifereien und Glasbeizereien sowie Sandbläsereien	157		
138	26. 3. 26	Gesetz über die Bereitstellung v. Kredit zur Förderung des Kleinwohnungsbaues	179		
139	15. 4. 26	Gesetz über einen Ausschuß zur Untersuchung der Erzeugungs- u. Absatzbedingungen der deutschen Wirtschaft	195		

D. Sachverzeichnis.

(I. bedeutet Band I, II. bedeutet Band II, III. bedeutet Band III, IV. bezieht sich auf den vorliegenden Band IV.)

www.ingramcontent.com/pod-product-compliance
Lightning Source LLC
LaVergne TN
LVHW092108300926
849161LV00002B/74